Das adaptive Team

Europäische Hochschulschriften
Publications Universitaires Européennes
European University Studies

Reihe V
Volks- und Betriebswirtschaft

Série V Series V
Sciences économiques, gestion d'entreprise
Economics and Management

Bd./Vol. 2947

PETER LANG
Frankfurt am Main · Berlin · Bern · Bruxelles · New York · Oxford · Wien

Christoph Niehus

Das adaptive Team

Eine institutionenökonomische Untersuchung volatiler Kooperationsbeziehungen

PETER LANG
Europäischer Verlag der Wissenschaften

Bibliografische Information Der Deutschen Bibliothek
Die Deutsche Bibliothek verzeichnet diese Publikation in der Deutschen Nationalbibliografie; detaillierte bibliografische Daten sind im Internet über <http://dnb.ddb.de> abrufbar.

Zugl.: Hamburg, Univ., Diss., 2002

D 18
ISSN 0531-7339
ISBN 3-631-50612-0

www.peterlang.de

Inhaltsverzeichnis

Anhang: Fallbeispiele ... 181

Abbildungsverzeichnis

Tabellenverzeichnis

Abkürzungsverzeichnis

Aufl.	Auflage
Bd.	Band
c.p.	ceteris paribus
ders.	derselbe
ebd.	ebenda
f.	folgende
ff.	fortfolgende
GF	Geschäftsführer (-führung)
H.i.O.	Hervorhebung im Original
H.n.i.O.	Hervorhebung nicht im Original
i.d.R.	In der Regel
i.w.S.	Im weiteren Sinne
IKT	Informations- und Kommunikationstechnologie
Insb.	insbesondere
MA	Master of Arts
rel.	relativ
S.	Seite
sog.	sogenannt
u.a.	und andere(s)
V.i.V.	Veröffentlichung in Vorbereitung
vgl.	vergleiche
z.B.	zum Beispiel

Einleitung

Seit Adam Smith's Stecknadelbeispiel haben sich Ökonomen immer wieder mit den Möglichkeiten und Bedingungen potenzieller Wohlfahrtsgewinne durch arbeitsteilige Spezialisierung und Leistungsaustausch auf Märkten, aber auch durch Hierarchien befasst. Aber erst die Transaktionskostenökonomik[1] vermochte in den vergangen Jahren überzeugend zu demonstrieren, von welchen Bedingungen es abhängt, ob ein Tausch zustande kommt oder nicht. Schon Smith hat darauf hingewiesen, dass die Motivation zum Tausch nicht ausreicht.[2] Zur Sicherstellung der Erfüllung von Versprechen[3] bei Tauschakten sind vielmehr auch die institutionellen Bedingungen zu berücksichtigen.[4]

In der Institutionenökonomik wird die Problematik der arbeitsteiligen Spezialisierung im Anschluss an die bahnbrechenden Arbeiten zur ‚Nature of the Firm'[5] von *Coase* unter dem Stichwort ‚Make or Buy' diskutiert. Dabei erweisen sich schwer definierbare Gutseigenschaften und/oder hohe Spezifitätsgrade des für die Produktion notwendigen Ressourceneinsatzes in soweit als Hauptprobleme ihres (Spot-) Marktbezuges, als dieser nur standardisierte Gutsqualitäten bereitstellt. Die Teamproduktion[6] durch organisationsinterne Kooperation ist demgegenüber mit schwer lösbaren Problemen von Anreizinkompatibilitäten, Kontroll- und Sanktionsdefiziten konfrontiert.[7]

Die neuere industrieökonomische Forschung beschäftigt sich seit geraumer Zeit mit einer Vielfalt von Kooperationsbeziehungen im Überschneidungsfeld ‚Markt und Hierarchie', für die sich unter dem Erkenntnisinteresse einer sowohl positiven wie normativen (oder soziotechnologischen) Analyse ‚hybrider Organisationsformen' neue Terminologien oder sogar Forschungsrichtungen zu ‚strategischen Allianzen',

---

1 Vgl. exemplarisch Williamson (1996).

2 Dies vor dem Hintergrund, dass er den Menschen (Akteur) als *genuin* soziales Wesen diskutierte. Die Herstellung eines Gemeinschaftsgefühls galt für ihn als Voraussetzung menschlichen Zusammenseins. Vgl. Smith (1759, 1776).

3 Vgl. u.a. Macaulay (1963), Fried (1981), Schelling (1989).

4 Zu diesen Bedingungen zählen wir auch die *rechtlichen* und *organisatorischen* Regelungen.

5 Vgl. Coase (1937).

6 Zum hier verwendeten Teambegriff vgl. sogleich S. 12.

7 Vgl. Coase (1972), Hart (1998).

‚dynamischen Netzwerken' oder ‚symbiotischen Arrangements' herausgebildet haben.[8]

Im Zuge der jüngst zu beobachtenden Innovationsschübe im Bereich der Informations- und Kommunikationstechnologien[9] (IKT), als deren Folge manche Beobachter in den Wirtschafts- und Sozialwissenschaften bereits ähnlich dramatische gesellschaftliche Umbrüche prophezeien wie zu Zeiten der industriellen Revolution, scheinen derartige neue Kooperationsformen Dimensionen und Qualitäten zu gewinnen, deren Analyse und Beherrschung die Neue Institutionenökonomik und speziell auch die ökonomische Analyse des Rechts vor neue Herausforderungen stellt.[10] Die neuen Technologien ermöglichen nämlich wesentlich differenziertere und zugleich kostengünstigere Kooperationsbeziehungen zwischen Disponenten über Ressourcen und Ressourcenbesitzern, die - so sie denn überhaupt verfügbar waren - bei gegebenem Spezifitätsgrad vordem organisationsinterner Einbindung und Kontrolle bedurften.[11]

Zudem wird die Zusammenarbeit im Team zunehmend *unabhängiger* davon, an welchen Orten sich die (potenziellen) Partner jeweils physisch aufhalten. Auf diese Weise wird auch die Produktion immer komplexerer Güter möglich; deren (Ko-) Produzenten stehen in nur loser Verbindung, die aber gleichwohl nachhaltiger als eine reine (Spot-[12]) Markt Beziehung ist und auch substanziell nicht-standardisierbare Leistungen beinhaltet. Derartige (Ko-) Produktionsbeziehungen sind aber auch nicht Ausdruck vertikaler Integration, weil sie über weite Strecken nur ‚latent' bestehen und jeweils nur *temporär*, im Extrem lediglich auf ein spezielles Problem bezogen, aktiviert werden.[13] Sie

---

8 Vgl. zur Übersicht etwa Schanze (1991), (1998), sowie die gesamte von ihm als *guest editor* herausgegebene JITE Nr. 4, Vol. 149. Zu ‚Unternehmensnetzwerken' vgl. ebenfalls Sydow (1992).

9 Vgl. hierzu exemplarisch Schatz/Böhler (1999).

10 Für erste Reaktionen vgl., allerdings nicht ausschließlich oder auch nur überwiegend unter institutionenökonomischer, sondern eher organisationspsychologischer und betriebswirtschaftlicher Analytik, das von der DFG geförderte Graduiertenkolleg der Universität Kiel.

11 Vgl. dazu stellvertretend Picot (1993), S. 731 - 740, und die dort angegebene Literatur.

12 Zum Spot-Markt vgl. detaillierter Macneil (1974).

13 Sie als hybride Organisationsform zu bezeichnen, ist zwar nicht falsch, wäre aber ohne weitere differenzierte Analyse der Kooperationsbeziehungen zu kurz gegriffen; hierauf wird im folgenden noch näher einzugehen sein. Zu Problemen der Einordnung von distinkten institutionellen Arrangements auf dem Kontinuum zwischen Markt und interner Organi-

können sich auf individuelle Partner beschränken, sind aber auch zwischen Unternehmen (gleichsam als kollektive Akteure[14]) zu beobachten, die als Wertschöpfungspartner gemeinsame Leistungen erstellen und vermarkten. Typischerweise erlaubt die lediglich temporäre und ‚lose Verbindung' den Partnern eine schnelle Anpassung (Responsivität[15]) an veränderte und in ihrer Nachhaltigkeit noch nicht absehbare Marktbedingungen, eher ‚Kontingenzen'[16] sowie den ebenfalls raschen und zudem oft kostengünstigen Einbezug von Expertenwissen, weshalb derartige Kooperationsformen (also ggf. die Fission) einer auf Dauer angelegten organisatorischen Verbindung (Fusion) a priori vorgezogen werden könnten. Durch die höhere Variabilität der Teamzusammensetzung erlangen individuelle wie kollektive Akteure verbesserte Wettbewerbs- und Produktivitätschancen. Die Problemlösungsfähigkeit eines Teams, zu dem sich die kooperierenden Akteure verbinden, erreicht ein höheres Niveau, und die Reduktion von Reakti-

---

sation vgl. Thorelli (1986), S. 37 ff., Powell (1990), S. 295 ff., Sydow (1992), S. 82, Wolff (1994).

14 Die Unterscheidung von individuellen und kollektiven Akteuren erscheint auch in einer institutionenökonomischen Untersuchung, die sich des Axioms methodologischen Individualismus' bedient, nicht als Widerspruch. Wollte man die Rede vom kollektiven Akteur vermeiden, so könnte aus der Perspektive eines idealtypischen Individuums als eines anderen, von der jeweils analysierten Aktion betroffenen Partners in kollektiven Akteursnetzwerken und dessen potenzielle Reaktion und deren Rückwirkung auf die ursprünglich betrachtete Aktion, argumentiert werden. Da aber individuelle Akteure durch Verträge die Firma konstituieren, also "... die Firma ein Aggregat von Verträgen ist, widerspricht [dies] nicht der weiteren Annahme, daß zu dieser Akteure mit konfligierenden Nutzenfunktionen gehören." Nochmals gilt es zu betonen, "... daß vor allen intra- und interfirm-Verträgen ein konstitutioneller Akt steht, der überhaupt erst zur Bildung der Form 'Firma' führt. Ein kollektiver Akteur entsteht nicht durch die (freiwillig oder durch Kontrolle erzwungene) Aggregation individueller Präferenzen, sondern durch deren Einschränkung." Wieland (1996), S. 139 und S. 141. Vgl. ebenfalls Wiesenthal (1995), S. 137, aus unternehmensethischer Perspektive vgl. die Diskussion bei Kleinfeld (1998), S. 118ff.

15 Zu diesem Begriff vgl. Weber (1996), S. 113.

16 Als "Kontingenz" wird die "... Zufälligkeit, Nichtnotwendigkeit, das Auch-anders-sein-Können" von Zuständen bezeichnet. Vgl. dazu etwa Bertelsmann (1984), Bd. 8, S. 265. Vgl. zum Begriff der Kontingenz auch Kreps (1990), S. 116: „An unforeseen contingency is a set of circumstances that *ex ante* the parties to the transaction hat not considered." Dann aber gilt nach Ripperger (1998), S. 18.: „Die Komplexität einer Entscheidungssituation wächst mit der Vielzahl der Kontingenzen und dem Ausmaß ihrer kausalen Vernetzung untereinander, d.h. der Abhängigkeit von Ereignissen von dem Eintreten anderer Ereignisse."

onszeiten auf Kontingenzen führt zu rascher verfügbaren Ergebnissen und damit erhöhten Gewinnpotenzialen.

In Anlehnung an die einschlägige, von Alchian und Demsetz (1972) ausgehende Literatur, sprechen wir in dieser Untersuchung von *Teams*. Um die an sie gerichtete Anforderung und schließlich ihr Vermögen zur Anpassung an Kontingenzen zu betonen, kennzeichnen wir die Teams als *adaptiv* und somit die hier zu analysierende und anzustrebende organisatorische ‚Leitfigur' als *adaptives Team*. Weil die technischen Möglichkeiten weitreichende Veränderungen des Wissensaustauschs in zeitlicher, geographischer und inhaltlicher Hinsicht mit sich bringen, besteht eine qualitativ neue Basis für die Errichtung, Entfaltung und Erhaltung von Kooperationen.[17] Damit stellt sich als Hauptproblem der Arbeit die Frage nach ‚effizienten' *governance structures* für Kooperationsprozesse in und zwischen adaptiven Teams.

Da die Realisierung komparativer Produktivitäts- und Wettbewerbsvorteile gegenüber der Konkurrenz stets ein Hauptanliegen von auf dynamischen Märkten operierenden Akteuren sein muss, dürfte von einem funktionierenden Wettbewerb auf jenen Märkten ein erheblicher Druck ausgehen, der die Akteure dazu anreizen kann, sich der unter ihren Produktionsbedingungen jeweils bestgeeigneten Organisationsfigur des adaptiven Teams zu bedienen. Gleichzeitig werden dabei jedoch auch (zusätzliche) Kooperationsprobleme induziert.

Wir gehen daher für diese Untersuchung von einer wichtigen Annahme aus: Es mehren sich die Situationen, in denen die (individuellen und kollektiven) Akteure der Wirtschaft zwischen *sicheren Einbußen* an Wettbewerbschancen oder sogar -fähigkeiten einerseits und dem Risiko *nicht störungsfreier* Kooperation durch fachlich geeignete, jedoch wenig bekannte oder unbekannte Partner andererseits entscheiden müssen. Wir nennen dies ‚Kooperationsdilemma' und nehmen in der Arbeit ganz überwiegend die Sicht eines individuellen Akteurs ein, der bislang noch

---

[17] Kooperation verstehen wir etwa im Sinne Boettchers als Zusammenarbeit. Sie ist das „... bewusste Handeln von Wirtschaftseinheiten (natürlichen oder juristischen Personen) auf einen gemeinsamen Zweck hin, wobei die Einzelaktivitäten der Beteiligten durch Verhandlungen und Abmachungen koordiniert werden." Boettcher (1974), S. 22. Eschenburg (1977) ergänzt: "... das gemeinsame Wirtschaften aller Unternehmensangehörigen ist dann Kooperation, wenn sie alle ohne Ausnahme Mitglied eines der obersten Willensbildungsorgane der Unternehmung sind", S. 4. Nur diesbezüglich unterscheidet sich der hier verwendete Team-Begriff vom Kooperations-Begriff. Insbesondere den letzten Aspekt werden wir später wieder aufgreifen, vgl. S. 113ff.

keine Nicht-Markt Beziehung eingegangen ist. Diese Situation wird von der Auszahlungsmatrix einer Dilemmastruktur nicht vollständig abgebildet. Auf Märkten haben potenzielle Interaktionspartner jedoch eine *zusätzliche* Handlungsoption: Sie können den Tausch nicht zustande kommen lassen.[18] Der Unterschied ist natürlich, dass bei einem Nicht-Tausch etwaige Kooperationsgewinne zwar nicht zwingend verloren gehen, wohl aber sämtliche Chancen für die Akteure zur Realisierung derselben.

Institutionenökonomisch geht es um die Auslese und Kombination verschiedener Regelungsmöglichkeiten von Verhältnissen zwischen Akteuren, die über die Organisationsfigur des adaptiven Teams kooperieren, insbesondere um die Auseinandersetzung mit den Bedingungen geographischer und personaler Diversifität unter Managementunterstützung und Koordinationshilfe moderner IKT.[19] Denn die für längerfristig stabile Vertragsbeziehungen[20] üblichen Mechanismen der *governance* sind beispielsweise gerade wegen der geographischen Zerstreuung der Ressourcenbesitzer und aufgrund ihrer jeweils nur auf kurze Zeit aktivierten Beziehungen zueinander inhaltlich inadäquat. Nur Monitoring zur Sicherstellung der vereinbarungsgemäßen Erfüllung der Verträge scheint hier nicht effektiv Risiken zu reduzieren: Einerseits kann es im Rahmen der produktiven Verbindung *hochspezifischen* Expertenwissens nicht wirksam sein, und andererseits generieren Kontrollmechanismen wiederum Transaktionskosten, die in der Summe ein Argument für den Verzicht auf die Abwicklung von Transaktionen über diese Organisationsfigur darstellen können. Entweder ist dann ein anderes institutionelles Arrangement vorzuziehen, oder die Transaktion findet überhaupt nicht statt. Daher lautet eine

1. Hypothese: Unter den Operationsbedingungen des adaptiven Teams, nämlich u.a. der räumlichen und personalen Diversifizierung der Kooperationspartner und der ex ante indeterminierbaren Gutseigenschaften erweisen sich die für vergleichsweise stabile Vertragsbeziehungen üblichen Kontrollmechanismen als ineffizient.[21]

---

18 Vgl. zu der dann um eine Spalte erweiterten Auszahlungsmatrix Tullock (1997), S. 27.

19 Auf die Technologie werden wir freilich nur andeutungsweise eingehen.

20 Derartige Transaktionsbeziehungen bezeichnen wir in dieser Untersuchung als ‚klassische Organisation'.

21 Und dies obwohl bei Tätigkeiten, die unter Zuhilfenahme des Arbeitsgeräts ‚Computer' durchgeführt werden, die Kontrolle von Mitarbeitern durch spezielle Software vereinfacht werden soll. Derartige Programme kontrollieren jede Aktivität am Computerarbeitsplatz und protokollieren selbst Tastaturanschläge und Mausbewegungen. Webmaster können sich

Es geht hier daher um die Erkundung möglicher Methoden und Mechanismen erfolgreicher governance-Strategien der geschilderten Organisationsfigur. Ihre Ergebnisse sollen kritische Erfolgsfaktoren adaptiver Teams verdeutlichen und Gestaltungsempfehlungen formulieren, und zwar abgeleitet aus normativen Intentionen und positiven Analysen. Methodisch müssen diese die potenziellen Vorzüge informations- und kommunikationstechnologischer Neuerungen mit den gleichwohl gerade auch durch sie hervorgerufenen Steuerungsproblemen verbinden.

Wenn Teammitglieder sich aus verschiedenen Teilen der Welt rekrutieren, um beinahe ‚anonyme' Gemeinschaften zu bilden, bekommen wir es schnell mit der Tatsache zu tun, dass dieser (modernen) Gesellschaft ein Wertekonsens fehlt, der die Akteure kooperationsfähig macht: „Man kann nicht erwarten, dass die in [modernen; CN] Gesellschaften vorfindbaren Auffassungen von moralisch wünschenswertem Verhalten alle miteinander kompatibel sind."[22] Genau dies kann aber einer transaktionskostengünstigen Abwicklung entgegenstehen: „The morality of a business person is a crucial intangible asset of a market economy, and its nonexistence substantially raises transaction costs."[23] Dabei stellen wir in Frage, ob hier überhaupt von einer ‚nonexistence' der Moral gesprochen werden kann, denn intuitiv scheint tatsächlich in der *Verschiedenheit* moralischer Vorstellungen ein Hinderungsgrund für eine reibungslosere und damit überhaupt mögliche Abwicklung der Transaktionen zu liegen.

Obwohl und weil die Unterscheidung zwischen *formalen* und *informalen* Vertragsbestandteilen oft als graduelle Unterscheidung mit dann resultierenden Zuordnungsproblemen diskutiert wird[24], erweist sich für uns genau dieses Verhältnis zueinander als besonders bedeutend. Referenzpunkt für die Unterscheidung ist für diese Arbeit das Vorhandensein bzw. das Fehlen einer (ggf. externen) Sanktionsinstanz: Bei *formalen* Institutionen fungiert dafür ein spezieller ‚Agent', etwa staatliche Instanzen (jeweiliges Gesetzesrecht) bzw. eine Third Party, die

---

unbemerkt auf dem eigenen Monitor anschauen, was auf den Bildschirmen anderer Mitarbeiter angezeigt wird. Solche Überwachungssysteme mit Namen wie ‚Internet Watchdog', ‚Cyberpatrol' oder ‚TotalView' sollen u.a. feststellen helfen, ob besuchte Internetseiten als ‚geschäftlich produktiv' gelten können oder nicht. Die Programme liefern Statistiken und Kostenaufstellungen.

22 Vanberg (1994), S. 82.

23 Denzau/North (1994), S. 20.

24 Vgl. hierzu in Ansätzen Gerecke (1998), S. 141.

dazu komplementär als *Vertrauensintermediär*[25] auftreten kann.[26] Ihre Funktion besteht dann darin, instabile Interaktionen zu stabilisieren. Insoweit für Vereinbarungen zwischen Akteuren eine externe Kontroll- oder Sanktionsinstanz eine *stark handlungsbestimmende Referenz* darstellt, sprechen wir in dieser Arbeit also von *formalen* Institutionen.[27] Darunter fallen dann Rechtsregeln ebenso, wie beispielsweise die Niederschrift einer Vereinbarung, die bei abweichendem Verhalten von einer Partei *als Beleg für die Abweichung* (und damit als Referenz) herangezogen werden kann.

„It is widely recognized that in many economic transactions, informal means are employed to execute mutually beneficial agreements."[28] *Informale* Institutionen sind in der Literatur recht zurückhaltend dadurch definiert, dass bei ihnen die Akteure selbst diese Kontroll- und Sanktionsaufgaben übernehmen.[29] Unter informalen Institutionen verstehen wir darum sich herausbildenden Konventionen[30], Sitten und Gebräuche etwa im Sinne der bei Internet-Kommunikationen bereits beobachtbaren ‚Nettikette'.[31] Damit können wir sowohl den formalen wie auch den informalen Institutionen *expliziten* Charakter zuweisen.

---

25 Vgl. Coleman (1990/1991), S. 232. Zu einer Kritik an Coleman's Konzeption von Vertrauen vgl. Knight (1998), S. 757. Für einen Überblick zum Vertrauensbegriff vgl. Hosmer (1995) und Ripperger (1998). Zu dessen Relevanz für sog. ‚virtuelle' Unternehmen vgl. Handy (1995). Albach (1980) kritisiert, den Vertrauensmechanismus bis dato nicht in die ökonomische Theorie integriert zu haben.

26 Vgl. hierzu exemplarisch Barzel (1998), der überzeugend darauf verweist, dass der Staat mit Blick auf die Erzwingung von Verträgen nur *eine* Option von mehreren Third Party Enforcers darstellt.

27 Die lex mercatoria, als globales Wirtschaftsrecht, „... das in einem autonomen Prozeß der Rechtsproduktion entstanden ist und sich ständig weiterentwickelt, ..." wird häufig als *informelles* Recht bezeichnet. Sie wird aber offenbar nur deshalb so eingeordnet, weil es politik-unabhängig entstanden ist. Vgl. Lieckweg (1999), S. 4. Trotzdem hat es nach unserem Verständnis formalen Charakter.

28 Kandori (1992), S. 63.

29 Vgl. Azariadis (1987/1988) und Hart/Holmström (1987). Für Sauerland (1998) stellen informale Regeln ein ‚soziales Gut' dar, weshalb es von ihm als Sozialkapital definiert wird.

30 Konventionen (oder soziale Normen) zeigen das oben angesprochene Zuordnungsproblem auf. Sie sind sicherlich im Überschneidungsfeld formaler und informaler Handlungsbeschränkungen anzusiedeln. Vgl. hierzu Schotter (1981), Eger (1996) sowie in diesem Text S. 41, Fußnote Nr. 116, S. 45, Fußnote Nr. 131 und S. 55, Fußnote Nr. 173.

31 „By informal institutions I mean the informal rules, the social norms and conventions, that structure social life." Knight (1998), S. 754.

Hinzu kommen *implizite* Institutionen, also stillschweigende Vereinbarungen in Verträgen.[32] Herrscht über sie Einvernehmen, so erweisen sie sich wie die informellen Institutionen als oftmals transaktionskostengünstige Form der Abwicklung von Transaktionen. Damit sind auch in der Neuen Institutionenökonomik immer häufiger als unverzichtbare ökonomische Ressourcen thematisierte Aspekte wie ‚Vertrauen'[33], Reputation[34] und ‚Verlässlichkeit' der Kooperationspartner in die Betrachtung einzubeziehen. „... [T]rust is defined narrowly, excluding the possibility that one person trusts another to keep his promise because of the threat of legal enforcement."[35] Besonders für unseren Anwendungsfall formuliert Ripperger noch grundsätzlicher: „Vertrauen ist nicht nur unerlässlich im Transformationsprozess von starren Hierarchien hin zu flexiblen Unternehmensformen, sondern wird zugleich zur notwendigen Bedingung für deren Existenz."[36] Soweit sich Vertragsbestandteile als *nicht* explizierbar erweisen, werden sie, wie in der institutionenökonomischen Literatur üblich, unter dem Begriff der ‚Transaktionsatmosphäre'[37] thematisiert.

---

32 Bzw. das - dann implizite - Wissen darüber.

33 Such a "... corporation must rely on a specific code of conduct, on a specific professional sense of fairness. This can be observed in highly professional teams in the Internet-community as well as in Mafia-type organizations. Fairness in this professional sense is not pure altruism: It is coupled with a transparent system of negative reinforcement in case of one partner breaking the implicit fairness code. By that, integration resembles in some parts the clan culture (Ouchi, 1980). Therefore it is not surprising, that almost all authors dealing with the soft side of the virtual corporation emphasize the necessity of trust (e.g. Welles, 1993; Handy 1995; Fuehrer & Ashkanasy 1999)." Scholz (2000), S. 7. Zum Begriff der *Virtualität* vgl. im vorliegenden Text S. 32ff.

34 „Reputation is an intangible asset that is beneficial for transacting in environments where one frequently encounters unforeseen contingencies." Holmstrom/Tirole (1989), S. 76. Reputation kann aber auch für Unzuverlässigkeit und Opportunismus zugewiesen werden. Die Anzahl und das Ausmaß von Kooperationschancen ist eine Funktion der Reputation. „Note also that reputation can only be built if explicit contracting is costly or incomplete. Else there would be no cost to defaulting on an implicit promise; one could costlessly continue with an explicit contract after the default.", S. 77, Fußnote Nr. 13.

35 Posner, V.i.V., S. 44. H.n.i.O.

36 Ripperger (1998), S. 2. Zur Reputation vgl. in der vorliegenden Untersuchung S. 69ff.

37 Dies wird bei Williamson unter dem Stichwort "Economics of Atmosphere" behandelt. Vgl. Williamson (1975, 1985, 1993). Die ökonomische Theorie der Atmosphäre geht davon aus, daß „... in jedem formalen Arbeitsvertrag neben den expliziten eine Reihe von impliziten Beschränkungen mitlaufen, die gemeinsam die Grenze bestimmen, innerhalb deren die

Die untersuchten Interaktionsbeziehungen in adaptiven Teams basieren in institutionenökonomischer Terminologie auf unvollständigen und/oder relationalen Verträgen.[38] Bei ihnen muss vielfach auf die durchdringende Regelungen von Leistung und Gegenleistung verzichten werden. Die Akteure müssen sich dann vertrauen.[39] „The main common characteristic of trust .... is its 'dependence on something future of contingent; confident anticipation'. The trust features are thus derived from the contingency of social reality and they require a time lapse between one's expectations and the other's action. ... Trust always involves an element of risk resulting from our inability to monitor others' behaviour, from our inability to have a complete knowledge about other people's motivations and, generally, from the contingency of social reality."[40] Vermag (relationale) Stabilität in soweit nur über wechselseitige Adaptationsprozesse zu entstehen, wie sie in der institutionenökonomischen Literatur unter der Denkfigur sich selbst durchsetzender Verträge[41] oder - als individuellen Beziehungskonstellationen übergeordnetes Konstrukt - spontaner Ordnung artikuliert wird?[42] Offensichtlich fehlt unserer Organisationsfigur eine übergeordnete, konfliktregulierende Instanz, die als Vertrauensintermediär im obigen Sinne (vgl. S. 15) dienen kann.

Die geschilderten Kategorien beeinflussen (stabilisieren) sich wechselseitig und entfalten ihre allokative Wirkung simultan. Daher ist die Herausbildung genereller, sogar über die Teambeziehung im engen Sinne hinaus wirkender Verhaltensstandards für die Entwicklung nachhaltig

---

Leistungen eines Teammitglieds überhaupt gesteuert werden kann." Wieland (1995), S. 5. Zur Transaktionsatmosphäre vgl. ebenfalls Ripperger (1998) und Wieland (1995).

38 Vgl. exemplarisch Macneil (1978), S. 854 ff. „Verträge werden häufig abgeschlossen in dem Wissen, daß die gerichtliche Durchsetzung von Ansprüchen aus mannigfachen Gründen nur in Ausnahmefällen in Frage kommt. Ein wichtiger Grund dafür wird von Williamson immer wieder betont: die Unvollkommenheit des Gerichtswesens (‚imperfect legal centralism')." Schmidtchen (1995), S. 94.

39 Vgl. hierzu Homann (1997), S. 189-191 und Wieland (1993), für die aus dieser Unvollständigkeit und Unschärfe der Verträge die Notwendigkeit erwächst, die Wirtschafts- und Unternehmensethik ins Spiel zu bringen.

40 Misztal (1996), S. 18.

41 Wir folgen der Definition von Richter/Furubotn, nach der „... ein sich selbst durchsetzender Vertrag .. so angelegt [ist], daß die Vorteile einer Nichterfüllung stets geringer sind als die langfristigen Vorteile der Vertragstreue." Richter/Furubotn (1996), S. 171.

42 Die Affinität zu entsprechenden verfassungsökonomischen Diskursen klingt hier deutlich an.

wirksamer *governance structures* derartiger Organisationsformen unerlässlich. Dies führt zu einer

2. Hypothese: Bei der Suche nach effizienten governance structures für adaptive Teams müssen informale wie auch implizite Handlungsbeschränkungen berücksichtigt werden. Eine institutionelle Intervention muss folglich eine im weiteren zu spezifizierende bedingungsadäquate Kombination der beschriebenen Institutionenformen von Markt und Hierarchie umfassen. Dann - aber auch nur dann - kann sich das adaptive Team als die anderen überlegende Organisationsform zur Produktion vermarktbarer Leistungen unter Kontingenzbedingungen erweisen.

Theoretischer Ausgangspunkt der Untersuchung und der zu ihrer Durchführung heranzuziehende Analyseansatz sind für die Thematik ausgewählte Varianten der Institutionenökonomik. Dies sind die Theorie der Eigentums- und Verfügungsrechte, die Prinzipal-Agent Theorie und die Transaktionskostenökonomik. Die Verfassungsökonomik wird gestreift. Einerseits soll deren jeweilige Leistungsfähigkeit für unser Problem kritisch überprüft werden. Andererseits stellt die Untersuchung die Frage, wie diese theoretischen Konzepte problembezogen operationalisiert, kombiniert und dabei ggf. auch weiterentwickelt werden können.[43]

Es erscheint für unsere Fragestellung notwendig, die Verschiedenheit individueller Wertvorstellungen von Kooperationspartnern verschiedener ‚kultureller' Herkunft mindestens für die Dauer der Kooperationsphase oder möglichst schon im Zuge der Anbahnung der Verhältnisse zu integrieren, damit diese sich überhaupt als *kooperationsfähig* erweisen können. Anders formuliert, geht es bei alledem stets und vor allem auch um die Herstellung von produktiven *Kulturkontakten*[44]. Durch den Kulturkontakt wird eine gesellschaftliche Einheit (hier: das adaptive Team) generiert. Diese Einheit umfasst bei Kooperation über kulturelle Differenzen hinweg (mindestens) zwei Kulturen. Die entstandene Einheit des adaptiven Teams definiert sich dann jedoch *durch* die Unterschiedlichkeit der Kultur*en*; diese also mindestens zwei Dinge umfassende Einheit beschreibt Bateson (1981) als *Schismogenese*: Akteure gewinnen das Eigene erst aus der Erfahrung mit dem Anderen (dem

---

43 So rechtfertigt die traditionelle Sichtweise der Institutionenökonomik beispielsweise die Wahl hybrider Organisationsformen ‚zwischen Markt und Hierarchie', wenn die erwarteten Kosten ihrer Ingangsetzung/Erhaltung niedriger ausfallen als die Transaktionskosten marktlicher bzw. organisationsinterner, in der Regel hierarchischer Teamproduktion. Vgl. exemplarisch Williamson (1975, 1979, 1985).

44 Vgl. Bateson (1981).

ggf. Fremden). Der Kontrast (bzw. die Unterscheidung) zum Fremden bestimmt damit aber das Eigene mit. Teil der eigenen Kultur ist damit das Fremde und die Suche nach der Differenz. Dann ist es völlig indeterminiert, ob die Kulturen miteinander verschmelzen oder sogar ihre Unterschiedlichkeit pflegen. Baecker (2000) beschreibt die Problematik des Kulturkontakts systemtheoretisch als Kategorie der Beobachtung von Kommunikation. Der Kulturbegriff selbst ist für Baecker systematisch unbestimmt. „Aber diese Unbestimmtheit ist eine sachliche Unbestimmtheit. Man stößt auf keine Substanz, kein Wesen, kein tieferes Sein, wenn man einer bestimmten Kultur ‚auf den Grund' zu gehen versucht, sondern nur: auf Unterschiede zu anderen Kulturen. ... Kultur ist demnach die Form der Bearbeitung eines Problems, daß es auch andere Kulturen gibt."[45] Cleff (1997) leitet daraus die Forderung ab, von beobachtbaren sozialen Strukturen und damit abermals Institutionen, auf die jeweilige Kultur zu schließen. North (1992) bezieht die historische Dimension konkret ein und definiert Kultur als „Übertragung von Wissen, Werten und anderen verhaltensrelevanten Faktoren vermittels Lehre und Nachahmung von einer Generation auf die nächste."[46] Dorner/Klump (1996) sehen die Internalisierung von Werten als wichtiges Merkmal von Kultur an, die „... durch Restriktionen und Sanktionen Entscheidungen und Handlungen der Menschen steuern."[47] Buchanan (1995) versteht ‚Kultur' als ein umfassendes Set von informellen Regeln, das neben formellen Regeln die individuellen Handlungen kanalisiert.[48]

Für den in dieser Arbeit zu behandelnden Problemzusammenhang adaptiver Teambildung ist zu überlegen, welche Verhaltensweisen die Herstellung produktiver Kulturkontakte ermöglichen und wie trotz Temporalisierung und Diversifität personaler *und* institutioneller Kriterien für individuelle Akteure über das adaptive Team eine Transaktionsatmosphäre entstehen kann, die kooperatives Verhalten generiert und nachhaltig unterstützt. Kurzum: Wie ist der Ordnungsrahmen zu gestalten und wie funktioniert das Management von Temporalisierung und Diversifität für unsere Organisationsfigur des adaptiven Teams?

Die Anwendung der Institutionenökonomik auf die Organisationsfigur des adaptiven Teams oder ähnlicher Organisationsformen, die unter vergleichbaren Bedingungen zustande kommen, wird nach Kenntnis

---

45 Baecker (2000), S. 12.
46 North (1992), S. 44.
47 Dorner/Klump (1996), S. 40.
48 Vgl. Buchanan (1995), S. 196. Ein zusammenfassender Überblick zu Verhältnis von Kultur und Ökonomik wird von DiMaggio (1994) geliefert und braucht hier deshalb nicht detailliert referiert zu werden.

des Verfassers in der vorliegenden Arbeit erstmals versucht: „Organisationstheorien geben uns heute (noch; CN) keine Antwort auf die spezifischen Probleme der Koordination standortverteilter oder mobiler Aufgabenbewältigung."[49] Dies bedeutet für uns, eine Struktur zu finden, die auszudrücken vermag, wie die Aktionen der Akteure überhaupt zu koordinieren sind, damit Kooperationsgewinne realisiert werden können. Dies ist vor dem Hintergrund zu reflektieren, dass auch diversen, rechtlich *un*selbständigen Teileinheiten von Unternehmen ein zunehmend höherer Grad an Handlungsautonomie zugestanden wird.[50] Jedoch reicht allein die Norm nicht aus. Die Verhaltenserwartung auszudrücken stellt noch nicht sicher, dass eine Norm tatsächlich befolgt wird. Dafür sind positive und negative Sanktionen notwendig.

In adaptiven Teams konzentriert sich jeder Partner auf seine Kernkompetenzen.[51] Teamproduktion erschwert stets die Zuordnung von wahrgenommener Kompetenz im Markt und die individuelle Anteilzumessung am Teamprodukt.[52] Die räumlich getrennte hochspezifische Leistungserstellung und -verwertung verschärft das Zuordnungsproblem zusätzlich. Ein einziger Defektierer könnte das institutionelle Arrangement ‚adaptives Team' gefährden. Wir stellen die Frage, wie es abgesichert werden kann.

Gang der Untersuchung

Das Kapitel I beschreibt zunächst die relevanten Operationsbedingungen für die Organisationen der modernen Wirtschaft. Die wechselseitige Beeinflussung von Technologie und Arbeitsteilung durch Organisation ermöglicht es, weltweit kurzfristig (‚adaptiv') Humanressourcen in Produktionsprozesse einzubeziehen. Gleichwohl stellt die Emergenz solcher Wettbewerbschancen vielfältige Herausforderungen an die governance derartiger Teams, die sich beispielsweise in der (dann)

---

49 „Ebenso vernachlässigen Führungstheorien in aller Regel Fragen nach der Führung „unsichtbarer" Mitarbeiter, die nicht am gleichen Ort und zur gleichen Zeit tätig werden wie ihre Vorgesetzen. Wir sind daher nicht vorbereitet auf einen adäquaten Umgang mit den aktuellen und zukünftigen Möglichkeiten des „Anytime - Anyplace" und auf eine gezielte Umsetzung dieser Möglichkeiten in telekooperativen Arbeitsformen." Reichwald (1996), S. 5.

50 Vgl. Picot/Reichwald/Wigand (1996), S. 199 ff., S. 247 ff.

51 Vgl. Prahalad/Hamel (1990), Byrne et al.(1993), Picot/Dietl (1998) sowie Hofacker (2000).

52 Vgl. hierzu S. 61ff im vorliegenden Text.

wachsenden Bedeutung personaler Kriterien und dem ggf. verschiedenen Verständnis von Personen bezüglich Vertragstreue, Loyalität, Ehrlichkeit oder Arbeitsethos niederschlagen, wenn sie verschiedenen Kulturen entstammen und/oder füreinander unbekannte Entitäten sind.

Soweit es notwendig erscheint, stellt das Kapitel II hiernach das institutionenökonomische Analyseinstrumentarium vor, mit dem die Untersuchung erfolgt. Weiter erläutert es die Absicht, aus den Überlegungen erste Gestaltungshinweise für mögliche adaptive Team-Verfassungen in der Praxis abzuleiten. Sodann werden die von der Ökonomik identifizierten Herausforderungen der Durchsetzung von (relationalen) Verträgen behandelt. Durch diese ‚Konfrontation' der Theorie mit der idealtypischen Organisationsfigur ‚adaptives Team' wird deutlich, welche besonderen Probleme sich für dessen governance structures ergeben. Dann wird auf die Verschiedenheit und die Vielfalt von Kriterien eingegangen, die bei einer derartigen Kooperation zusammentreffen und daher transaktionskostengünstig ausgestaltet werden müssen, um dieser Organisationsfigur insgesamt den Vorzug geben zu können. Dem folgt eine Systematisierung und damit Differenzierung der Operationsbedingungen aus Kapitel I in personale und institutionelle Kriterien. Insoweit es sich für die folgenden Ausführungen zur institutionellen Intervention als hilfreich erweist, werden das Problem der Vorenthaltung von Inputleistung aus Sicht der ökonomischen Theorie der Firma sowie ihre Lösungsvorschläge knapp referiert.

Nachdem in Kapitel III das juristische und das ökonomische Vertragsverständnis differenziert wurde, werden die Vertragsbeziehungen (Verhältnisse) der Akteure des adaptiven Teams über den gesamten Interaktionsprozess analysiert. Die in der Institutionenökonomik übliche Unterscheidung von expliziten und impliziten Verträgen ist dabei ebenso bedeutsam, wie die aus der dortigen Diskussion resultierende Frage nach der Relevanz von Autorität als mögliches Steuerungsinstrument. Insgesamt wird daraus eine weitreichende ‚Selbststeuerung' der Akteure abzuleiten und herauszuarbeiten sein. Sodann wird das Vertragsmodell der ‚Intra-Team-Kooperation' vorgestellt, das als Integral von Partialsichten der unterschiedlichen Stadien des gesamten Kooperationsprozesses dient. Das Modell zeigt u.a. die wichtigen Phasen *zwischen* den einzelnen Kooperationsbeziehungen zur Produktion vermarktbarer Leistungen in adaptiven Teams. In diesen ‚Zwischenräumen' geschieht ebenfalls Kooperation im Team, jedoch zur Produktion personaler Identität. Mit diesem Konzept wird es möglich, das Kooperationssystem ‚adaptives Team' als ganzes zu erklären und daraus weiterführende Überlegungen für seine governance abzuleiten.

Kapitel IV behandelt die wegen der institutionellen und personalen Diversifitätskriterien systematisch zu lückenhafte governance, wenn diese *allein* über Rechtsregeln und formale Verträge geschehen würde. Um eine umfassendere, wenn auch niemals vollständige, jedoch vergleichsweise adäquatere governance zu erlangen, plädieren wir hier dafür, informale bzw. implizite Normativität in die governance structures aufzunehmen. Dies geschieht über die Integration wirtschaftsethischer Überlegungen. Element der governance structure, so die These, muss die Signalisierung und glaubwürdige Zusicherung moralischer Intentionen der potenziellen und aktuellen individuellen Akteure des jeweils angestrebten adaptiven Teams sein. Aus diesen Überlegungen resultiert das Plädoyer für eine institutionellen Intervention, nämlich die Einführung einer Third Party, deren Regelset die Handlungsspielräume der Akteure des jeweiligen Teams kanalisiert. Die Aufwertung informaler bzw. impliziter Normativität tritt durch die Third Party als Komplement *neben* die formale Normativität und entfaltet ihre Wirkung durch die Beeinflussung der Transaktionsatmosphäre der Organisationsfigur. Moral wird so zum funktionalen Äquivalent und Komplement von und für andere Institutionen zur Absicherung dieser Klasse von Transaktionen. Allerdings kann die Third Party ihre governance-Funktion erst entfalten, wenn die an ihr beteiligten Akteure ihre Einschätzungen von der Qualität vergangener Kooperationen zur Produktion vermarktbarer Leistungen an die jeweils anderen Akteure kommuniziert haben. Daher werden hier Erkenntnisse der Evaluationsforschung einbezogen, um für unseren Anwendungsfall einen geeigneten Mechanismus zur Aufdeckung von Abweichungen und der sich daraus ergebenen Abweichungskompensation zu entwickeln.

Das Kapitel V behandelt die Leistungsfähigkeit sowie die Grenzen der Organisationsfigur des adaptiven Teams und versucht damit eine kritische Würdigung der vorliegenden Untersuchungsergebnisse. Abschließend wird dabei die Frage erörtert, ob und inwieweit das adaptive Team im Verein mit dem entwickelten Regime das vorteilige institutionelle Arrangement bei der hier untersuchten Klasse von Transaktionen ist. Dies geschieht unter Hinzuziehung der institutionellen Intervention, die aus den Überlegungen in dieser Untersuchung hervorgeht.

Im Anhang werden anhand zweier Fallbeispiele Entwicklungen der Wirtschaft geschildert, die bereits deutlich in die Richtung einer Third Party zur Ermöglichung und Sicherstellung der Erfüllung von Leistungen in Teams weisen. Die dortigen Beschreibungen und

Diskussion verdeutlichen jedoch wesentliche Differenzen zu unserem Interventionsvorschlag, so dass aus dieser Zusammenführung von Theorie und Ereignissen der Praxis ergänzende Handlungsempfehlungen abgeleitet werden können.

Die folgende Abbildung 1 fasst den Gang der Untersuchung schematisch zusammen:

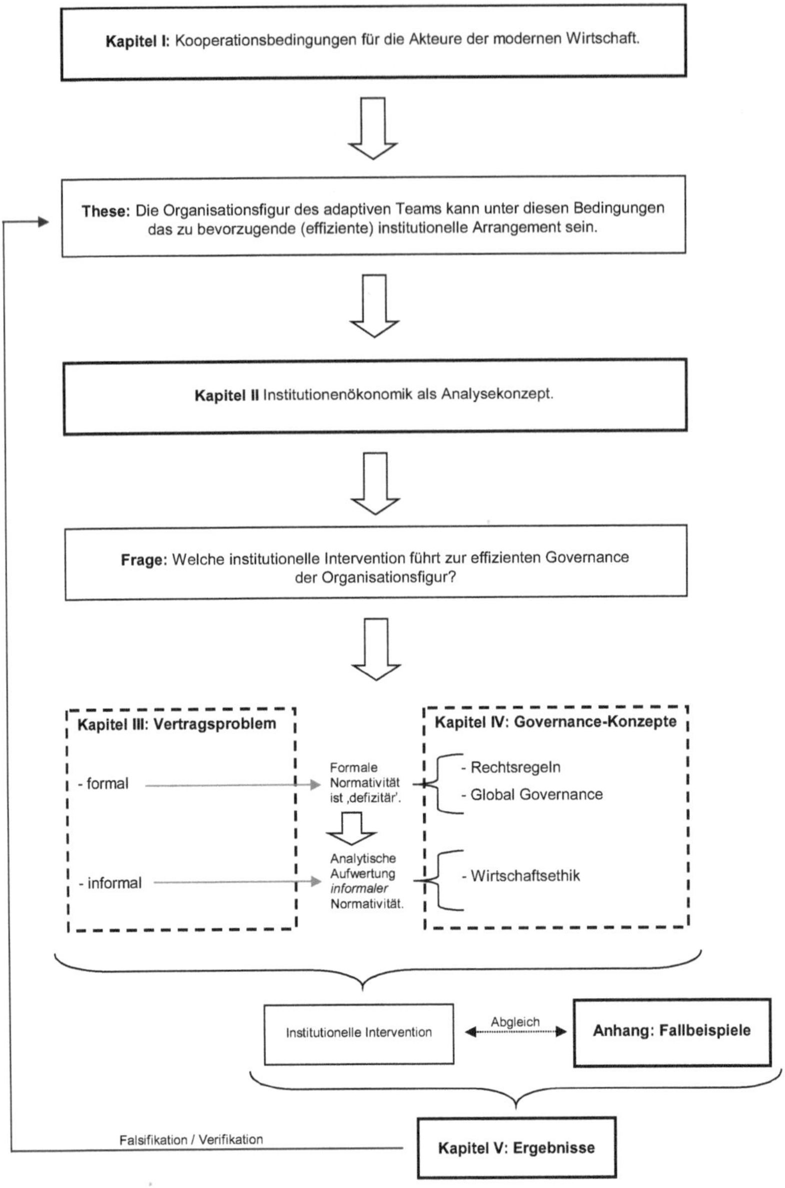

Abbildung 1: Gang der Untersuchung

Kapitel I: Operationsbedingungen für die Organisationsfigur des adaptiven Teams

1.1 Zum Verhältnis von Globalisierung und Technologie

Die nur kurzfristige Integration von Humanressourcen, die Emergenz neuer Organisationsformen, die hohen Volumina internationaler (Finanz-) Transaktionen[53] und die zunehmenden juristischen, politischen und gesellschaftlichen Interdependenzen, nicht zuletzt auch hervorgerufen durch den sekundenschnellen ,Transport' von Informationen um den gesamten Globus, bringen gravierende Konsequenzen für die Verfasstheit von nationalstaatlichen Systemen und nationalen Gesellschaften mit sich.[54] Auf diesem Hintergrund bedeutet Globalisierung[55], dass ,die Welt' der Markt ist, was aus Sicht der Konsumenten einerseits gleichlautende, gleichsam standardisierte Präferenzen bezüglich der gehandelten Güter anzeigt, gleichzeitig aber Ausdruck ist von stetig fortschreitender ,Individualisierung' von Produkten.[56] Globalisierung bedeutet daher in unserem Problemkontext, dass die Akteure der Wirtschaft sich nicht auf ,geschützte' Märkte und die Akteure des Rechts sich nicht mehr auf die territoriale Durchsetzungskraft von Normen verlassen können. Territoriale Grenzen werden für immaterielle Kommunikationen bedeutungslos.

---

53 Vgl. Kudrle (1999), S. 10ff.

54 „In diesem Netzwerk werden Regeln schneller erfunden, verändert und aufgegeben als sie Wissenschaft und Politik je herausfinden, geschweige denn steuern könnte." Hutter (1994), S. 31. Vor allem Politologen sehen daraus eine Herausforderung für die Regulierungskompetenz des klassischen Nationalstaates erwachsen. Dort ist die Rede von ,Transnationalisierung' ehemals regionaler und nationaler Beziehungen. Vgl. exemplarisch Kleinsteuber/Hagen (1998).

55 „Globalization results in continually increasing competition combined with saturated markets and shorter product life cycles in a multicultural context." Schatz/Böhler (1999), S. 127.

56 Vgl. Fisbeck (1999). Exakt solche Entwicklungen können als der Anspruch an Unternehmen beschrieben werden, zur immer flexibleren Produktion, und damit schneller *Integration* und *Desintegration* von Systemleistung befähigt zu sein.

Eine der ökonomisch relevanten Dimensionen der Globalisierung ergibt sich also aus einem zunehmenden Konkurrenzdruck für die Unternehmen. Oft geht er von Unternehmen in Ländern aus, die im Vergleich zu hoch entwickelten Industrienationen technisch aufgeholt haben, ohne gleichzeitig im Lohnniveau aufzuschließen.[57] Die rasanten Entwicklungen der IKT haben großen Anteil daran. Sie beeinflussen unser wirtschaftliches, kulturelles und soziales Leben. Es gelten andere, oft als verschärfter wahrgenommene Wettbewerbsbedingungen, was neue Unternehmensformen (Strukturen) ebenso hervorbringt wie neue (Prozess-) Regeln.

Eine zentrale These der industrieökonomischen Forschung lautet, dass durch den Einsatz elektronischer Medien, insbesondere bei der Nutzung des Internet (World Wide Web) die Kostenrelationen sich insofern in Richtung der Abwicklung über Marktbeziehungen (oder hybrider Organisationsformen) verschieben, als dass dadurch die Auslagerung peripherer Ressourceninputs aus der Unternehmensorganisation im engeren Sinne induziert wird.[58] Mit einer solchen Einordnung und der damit verbundenen Vermutung, dadurch wären sämtliche Kontingenzprobleme gelöst, würde man aber dem Charakter adaptiver Teams nicht hinreichend gerecht. Gerade aufgrund von Defiziten (sogar) hybrider Organisationsformen bezüglich der Absicherung vor potenziellem Opportunismus[59] der Kooperationspartner muss vielmehr eine adäquate, und zwar nicht nur eine ‚*inter*organizational governance structure'[60] entwickelt werden, mit deren Hilfe wechselseitige Erwartungsstabilität der jeweiligen Teampartner bezüglich der Leistungserfüllung durch die jeweils anderen durch gemeinsame Wertvorstellungen immer wieder von neuem hergestellt und gesichert werden muss.

Im Jahre 1958 formulieren Leavitt/Whisler die These, dass der Einsatz von IKT in der Tendenz zu mehr Zentralisierung führen würde. Als Vertreter des technologischen Imperativs schrieben 1978

---

57 Vgl. Zöllner/Loritz (1998).

58 Vgl. etwa Garbe (1998), Picot (1993). "The market is preferable when the cost of co-ordination is relatively low and competition leads to high efficiency, but hierarchy is often the only economically feasible solution to the problem of co-ordination. In a world in which modern information technology is radically enlarging the possibilities of co-ordination and thus greatly reducing transaction costs, one should also expect a dramatic shift from hierarchy to market." Hedberg/Dahlgren/Hansson/Olve (1997), S. 30.

59 Für detailliertere theoretische Voraussetzungen vgl. im vorliegenden Text S. 39ff. Zur begrenzten Rationalität vgl. S. 44, Fußnote Nr. 120.

60 Mathews (1994), S. 16.

Tushman/Nadler hingegen: „The basic structural problem is to design subunits and relations between subunits capable of dealing with information processing requirements faced during task execution."[61] 1987 formulieren Malone et al: „... we argue that [information technology; CN] .. will lead to an overall shift toward proportionately more market coordination [S. 484]. ... This means that information technology may (1) allow more information to be communicated in the same amount of time (or the same amount in less time), and (2) decrease the costs of this communication dramatically. These effects may benefit both, markets and hierarchies [S. 488]."[62] Das eigentliche Argument selbst folgt erst einige Seiten später: „... the result of reducing coordination costs without changing anything else should be an increase in the proportion of economic activity coordinated by markets."[63] Picot, Ripperger und Wolff sprechen 1996 von den 'verschwindenden' Unternehmensgrenzen. Das Ergebnis ihrer Überlegungen: „... [N]ew information technology offers an explanation for the fading of corporate boundaries. ... The existence of new information and communication systems decreases the level of transaction costs by reducing the 'friction' inherent in the economic system."[64] Die Autoren leiten einen Trend von hierarchischen zu hybriden und von hybriden hin zu marktlichen Abwicklungsformen von Transaktionen ab.[65] Weil die IKT prinzipiell die kostengünstige, oftmals zeitlich nur kurzfristige und rasche Verbindung von Humanressourcen[66] ermöglicht, die über das ‚Medium' Datennetz

---

61 Tushman/Nadler (1978), S. 615. Wir werden später detaillierter auf die Dominanz von Aufgaben eingehen, vgl. hierzu in diesem Text S. 85.

62 Malone/Yates/Benjamin (1987). Jedoch treffen die Autoren keine Aussagen über die dann relevanter werdende Problematik der *Bewertung* von Informationen. Es ist anzunehmen, dass die Kosten der Auslese *geeigneter*, *wahrhafter* Informationen gestiegen sind.

63 Vgl. Malone et al. (1987), S. 489. Dies zeigt auch Garbe (1998) mit Hilfe der Transaktionskostentheorie. Vgl. hierzu ebenfalls Schwartz (1996), S. 289ff. in seiner Stellungnahme zu Picot, Ripperger und Wolff (1996).

64 Picot/Ripperger/Wolff (1996), S. 68.

65 Vgl. auch Buxmann (2000), S. 715, der ebenfalls zu dieser Erkenntnis kommt.

66 Barney (1991), S. 101-102 zählt zu den Humanressourcen die Ausbildung, die Erfahrung, die Urteilsfähigkeit, die Intelligenz sowie die Beziehungen der individuellen Akteure untereinander. Diese hier schon mehrfach angesprochene Flüchtigkeit und Volatilität der Verhältnisse wird auch von Picot, Ripperger und Wolff diskutiert. Sie fassen 1996 zusammen: „[I]nformation and communication technology fosters and accelerates the diffusion of even highly specific knowledge." Damit geht für sie im Zeitverlauf die durch IKT reduzierte 'Halbwertszeit' spezifischen Wissens einher: "Thus, the half-life of specific information decreases, reducing specificity itself", Beide Zitate S. 73.

in Transformationsprozesse einfließen können, ist in der Literatur nun häufig von ihrer *Enabler*-Funktion die Rede.[67] Während also früher die Sicht klar dominiert, die Organisation werde (einseitig) durch Technologie dominiert, diskutiert man später die ‚Renaissance' der Macht der Organisation (-sstrukturen) und fasst dies mit dem Terminus ‚organisatorischer Imperativ' zusammen. Die geschilderten technologischen (und organisatorischen) Entwicklungen weisen heute auf eine wechselseitige Beeinflussung oder besser Ermöglichungsfunktion von Technologie und Organisation hin.

Die Vorzüge für die nur kurzweilige, formal und/oder informal begründete Kooperation individueller Akteure über Datennetze lassen sich also unter dem Begriff der Kosteneffizienz zusammenfassen. Es ist nicht abwegig anzunehmen, dass durch Variabilität der Teamzusammensetzung die Problemlösungsfähigkeit von Organisation ein höheres Niveau erreicht. Weiter stützen wir uns auf die plausible Überlegung, über die Reduktion von Reaktionszeiten auf Kontingenzen zu rascheren Ergebnissen zu gelangen, die gezwungenermaßen in einer technisch vernetzten, globalisierten Welt zu erlangen sein müssen.[68] Wird die derartige *Temporalisierung der ‚Form' Team* trotz der (noch detailliert zu diskutierenden) Hemmnisse volatiler Strukturen insgesamt als interessante Organisationsvariante identifiziert, so gelangen wir zum Hauptproblem der vorliegenden Arbeit: „Häufig stellen neue technische Entwicklungen weitere Gewinne in Aussicht, wie im Falle der durch Chandler analysierten Erfindungen der zweiten industriellen Revolution. Diese können jedoch erst dann realisiert werden, wenn geeignete institutionelle Lösungen für die damit verbundenen Interaktions- bzw. Organisationsprobleme gefunden worden sind."[69]

---

67 Zur Bedeutung des Begriffs und zum Begriff selbst vgl. etwa Picot/Reichwald/Wiegand (1996), S. 263, S. 270ff., sowie Scheer (1998), S. VIff. Vgl. auch Malone et al. (1987).

68 „Ist nun eine Aufgabensituation zugleich durch hohe Produktkomplexität und hohe Marktunsicherheit gekennzeichnet, so erfordert dies die Bildung temporärer aufgabenbezogener Kooperationsstrukturen (zur Unsicherheitsbeherrschung), in denen sich komplementäre Kompetenzen möglichst optimal ergänzen (zur Komplexitätsbeherrschung)." Reichwald/Möslein (1996), S. 21.

69 Gerecke (1998), S. 132.

1.2 Veränderte Kooperationsformen zwischen Markt und Hierarchie?

Betrachten wir kooperierende Unternehmen als empirisches Phänomen, so bezieht sich deren Kooperation i.d.R. nur auf bestimmte Aspekte. Oft konkurrieren dieselben Unternehmen (kollektive Akteure) simultan in den meisten anderen Bereichen.[70] Obwohl sie sich inhaltlich nicht oder kaum voneinander unterscheiden, werden für Unternehmenskooperationen Bezeichnungen wie ‚dynamische Netzwerke', ‚strategische Allianzen' oder ‚symbiotische Arrangements' verwendet.[71] Es ist charakteristisch für solche Beziehungen, deren Beendigung schon zu Beginn festzulegen. Der transaktionskostentheoretischen Terminologie Williamsons folgend, lassen sie sich zu ‚hybriden Organisationsformen' zusammenfassen.[72]

---

70 Vgl. hierzu die von der DEKRA Akademie (1999) herausgegebne Studie ‚Coopetition'.

71 Schanze diskutiert langfristige Vertragsbeziehungen zwischen rechtlich selbständigen Entitäten (Firmen) als *Symbiosen.* Den damit einhergehenden Vertragsprozeß nennt er „symbiotic contracting". Vgl. daher für viele exemplarisch Schanze (1991, 1998).
„Driven by IT's ability to produce even cheaper unit costs for coordination, organizations are implementing, increasingly rapidly, new links for relating to each other. These links take many forms, such as electronic data integration, just-in-time manufacturing, electronic hierarchies and markets, strategic alliances, networked organizations, and others. The new forms indicate an ongoing transformation of value chains due to technological change." Benjamin/Wigand (1995), S. 62/63.

72 Sie gelten als vorteilig, wenn die Bedingungen für Unternehmen die abgekürzt so genannten STURZ-Kriterien erfüllen. Verändert sich der Spezifitätsgrad während des Ressourceneinsatzes, teilweise unabhängig und teilweise als Folge von technologischem Wandel im Informations- und Kommunikationsbereich, wächst ferner die Unsicherheit über zukünftige Entwicklung in sich überschneidenden Entscheidungsbereichen der potenziellen Kooperationspartner, gibt es verstärkte Anstrengungen und dadurch auch neue Möglichkeiten zur Wahrnehmung von Kooperationschancen wegen Ressourceninterdependenzen (Synergien), und deshalb im Interesse des kollektiven Akteurs (auch) zur (Ab-) Sicherung seiner Existenz Kooperation, jedoch keine Fusion, so geschieht dies, um sich bei Fehleinschätzung wieder relativ problemlos voneinander lösen zu können. Die Risiken (und dazu gehören die Kosten der Wahrnehmung von Wettbewerbschancen) sollen geteilt werden. Emergierende Zugangsbeschränkungen sollen nicht zu einem späteren Zeitpunkt kostenintensiv oder gar nicht überwunden werden können. Vielmehr ist die Absicht dieser Bestrebungen, diese selbst aufzubauen und selbst dadurch zu unterlaufen. Vgl. Engelhardt (1998), S. 40.

Ebenso wie Unternehmen symbiotische Arrangements etablieren, um Kooperationsgewinne zu realisieren, gilt und geschieht dies nun auch auf der Ebene individueller Akteure. Auch sie gehen Vertragsbeziehungen ein, deren Ende bereits zum Beginn einer, z.B. projektbezogenen, Beziehung absehbar ist. Oft sind die (technisch vernetzten) Akteure im Zeitpunkt ihrer Entscheidung für die Mitgliedschaft zum übrigen Vertragsnetz[73] zudem Agenten eines anderen kollektiven Akteurs.[74]

Alle denkbaren Kooperationsformen *zwischen* Markt und Hierarchie als *Hybride* zu bezeichnen und sie ggf. ausschließlich auf das neoklassische Vertragsrecht zu beziehen, erscheint konzeptionell unflexibel und stark reduziert.[75] Es ist zu kurz gegriffen, von zwei völlig unterschiedlichen Formen der Abwicklung ökonomischer Aktivität zu sprechen.[76] Die ökonomische Vertragstheorie sollte hingegen differenziertere Aussagen und Gestaltungshinweise über die Vertragsbeziehungen zwischen Transaktionspartnern ermöglichen. Organisation und Vertrag sind füreinander Bedingung. Exakt dies ist die Begründung für die hier angelegte, *primär* vertragstheoretische Perspektive innerhalb der

---

73 Vgl. Holmstrom/Tirole (1989), S. 120ff.

74 Was gegenwärtig etwa im Flugzeug- und Automobilbau oder dem Verlagswesen in Form des sogenannten ‚Virtual Prototyping' oder des ‚Collaborative Engineering' praktiziert und protegiert wird, dürfte deshalb lediglich den Anfang einer immer selbstverständlicher werdenden Praxis darstellen.

75 Vgl. Wolff (1994), S. 36. Sie unterstützt diese Kritik und bezeichnet die Rede von *Hybriden* als plakative Vereinfachung. Vgl. hierzu in diesem Text S. 51, Fußnote Nr. 156.

76 Weil die Transaktionskostenökonomik, wie sie von ihrem Hauptvertreter Williamson betrieben wird, auch aus Überlegungen der Prinzipal-Agent Theorie hervorgegangen ist, erscheint vor diesem Hintergrund die Frage berechtigt, warum die Prinzipal-Agent Theorie sich kaum von der Aufhebung der skizzierten Dichotomie beeinflussen ließ. Ihre Vertreter schlagen hingegen den argumentativ gleichsam entgegengesetzten Weg ein und substituieren die ‚simple' Dichotomie ‚Markt versus Hierarchie' durch ein differenzierteres Kontinuum, dessen Pole zwar ebenfalls einerseits von isolierten Transaktionen, also Märkten, und andererseits von hierarchisch organisierten Transaktionen, also langfristigen Kooperationen, markiert werden, auf dessen Verlauf sich jedoch verschiedene ‚Hybridformen', wie langfristige Lieferverträge, Joint Ventures, Beteiligungen usf. befinden. Vgl. hierzu exemplarisch die unterscheidende Abbildung von Weber (1990), S. 272, ebenfalls zitiert in Welge/Al-Lahm (1992), S. 314.

Institutionenökonomik. Einzelne Vertragsbeziehungen zwischen distinkten Akteuren sind hier deshalb die ‚basic unit of analysis'.[77]

Langfristige, primär auf formalen Verträgen fußende Arbeitsbeziehungen sind empirisch nach wie vor dominierend. Doch auch ihre Qualität ändert sich. So ist etwa in der Tagespresse von ‚Jobtourismus' die Rede. Gemeint ist die erhöhte Mobilität, die von leitenden Mitarbeitern im Zuge von Fusionen und generell in international operierenden Unternehmen erwartet wird.[78] Mobilität meint dann nicht nur geographische Mobilität, sondern impliziert die Forderung an Mitarbeiter, sich flexibel und schnell in unterschiedlichen kulturellen Sets und Arbeitszusammenhängen einfinden zu können. Wir können gleichsam von institutioneller Mobilität sprechen.[79] Derartige Einsätze dauern oft nur einige Monate.[80] Das Projekt determiniert dabei die Anforderungen an die Teammitglieder. Es handelt sich dann um kurzfristige Verträge, deren *informaler* Bestandteil für die Dauer einer solchen Kooperation

---

77 Vgl. hierzu schon Commons (1934), für den die Transaktion die kleinste Untersuchungseinheit ist. Vgl. darauf aufbauend auch Williamson (1985), insbesondere seine Definition der *Transaktion*.

78 Meistens allerdings, so ein Bericht in der Wochenzeitung *Die Zeit* mit der Überschrift ‚Höchst beschwerlich', scheiterten solche ‚Firmenehen', und zwar am *kulturellen Dissens* der involvierten Akteure. Das Scheitern, so das dort zitierte Ergebnis der Düsseldorfer Unternehmensberatung A.T. Kearney, betrifft über die Hälfte aller bereits vertraglich (formalrechtlich) abgeschlossenen Fusionen. Vgl. Die Zeit Nr. 28 vom 8. Juli 1999, S. 25.

79 Solche Entwicklungen führen freilich zur Diskussion einer *internationalen Sozialordnung* und damit zu der Frage, „... welche Sozialstandards umsetzungsbedürftig sind und unter welchen Modalitäten ihre Gewährleistung durch das internationale Handelsrecht erfolgen soll." Wolffgang/Feuerhake (2000), S. 147ff. Vgl. zu den sozialen Auswirkungen des vermehrten Gebrauchs temporärer Arbeitsbeziehungen auch das Forschungsprojekt am Massachusetts Institute of Technology ‚Flexible Work Arrangements and 21st Century Workers' Guilds'.

80 Weil die geforderte Flexibilität auf allen Ebenen eine „erste Forderung für ein schlagkräftiges Unternehmen" sei, entstehen vielfältige Belastungen für die betroffenen Arbeitnehmer durch Wohnortwechsel, Arbeitszeiten ohne festen Rhythmus und den „Zwang zum ständigen beruflichen Update". Dies alles bedeute eine enorme Belastung für Psyche und Physis, so Sieglinde Schwarze, Professorin am Institut für Arbeits- und Sozialmedizin der Universität Düsseldorf in der *Süddeutschen Zeitung* vom 21.09.1999. Andererseits genieße so mancher Mitarbeiter „die hohe Prozessgeschwindigkeit und Wandlungsrate im flexibilisierten Unternehmen". In demselben Artikel bemerkt ein Frankfurter Unternehmensberater, daß es „schwierig [sei] ein persönliches und loyales Verhältnis zu seinen derzeitigen Vorgesetzen und Arbeitskollegen zu entwickeln, wenn man nicht weiß, an welcher Stelle man nächsten Monat rotieren wird."

eine Aufwertung erfährt. Gleichwohl basieren sie auf langfristigen *formalen* Verträgen.[81] Die Komplexität des Projektes bestimmt die Laufzeit und die Verfahren zur Behandlung von Fragestellungen, also der Koordination.

Wegen solcher klaren Hinweise kann insgesamt davon ausgegangen werden, dass sich die vertraglich begründete, aber lediglich temporäre und inhaltlich lose Kopplung[82] und damit Integration individueller Akteure und deren Wissen weiter häufen wird.[83] Den Blick auf die gezeichneten Entwicklungen gerichtet, zeigt sich die Form von Unternehmen wohl deshalb für einige Autoren als ,unscharfes' Phänomen. In der Management- und betriebswirtschaftlichen Literatur wird dafür - und kaum klarer, wenn nicht sogar missverständlich - das Attribut ,virtuell'[84] verwendet, um die geschilderten Tendenzen als Reaktionen auf Entwicklungen der sich globalisierenden und bereits globalisierten Wirtschaft zu beschreiben. In dem erwähnten Literaturzweig ist dann oft von sich ,auflösenden' Unternehmensgrenzen die Rede.[85] Dies macht die Organisation nicht zwangsläufig zu einer ,virtuellen'[86], doch ändert

---

81 Zu dieser und ähnlichen Unterscheidungen vgl. ausführlicher S. 76ff.

82 "Loosely coupled systems may be elegant solutions to the problem that adaptation can preclude adaptability." Weick (1976), S. 7. „Lose Kopplung bedeutet, daß Elemente eines Systemzusammenhangs, der kaum als ein solcher erscheint, aufeinander eher plötzlich als dauerhaft, eher unscheinbar als überdeutlich, eher indirekt als direkt und eher verzögert als sofort Einfluss nehmen." Baecker (1995), S. 25.

83 Dies ist *zunächst* unabhängig davon zu sehen, welchen Vertragsbegriff wir in dieser Untersuchung zugrunde legen.

84 So titelte die *Business Week* bereits am 08.02.1993: „Big, complex usually can't react fast enough. Small, nimble ones may not have the muscle. What's the answer? A new model that uses technology to link people, assets, and ideas in a temporary organization. After the business is done, it disbands. It's called the virtual corporation." Oft wird betont, dass ,virtuellen' Unternehmen im Vergleich zu klassischen Unternehmen ein wichtiges Kriterium fehle, welches durch die IKT substituiert werde. Dabei wird beispielsweise an das Kriterium der *Dauerhaftigkeit* von Strukturen gedacht. Vgl. Scholz (1996).

85 Vgl. Picot/Reichwald/Wiegand (1996). Eine Diskussion zum Begriff der ,virtuellen Unternehmung' findet sich beispielsweise bei Arnold et al. (1995). Für ihn handelt es sich offenbar um ein Gebilde, das der Anlage nach *als Möglichkeit* vorhanden ist. Vgl. darüber hinaus Scholz (1996, 1997). Zu den ,Auflösungstendenzen', vgl. ebenfalls Byrne/Brandt/Port (1993), Picot/Ripperger/Wolff (1996), sowie Ripperger (1998).

86 Anders die Beschreibung des Graduiertenkollegs der Universität Kiel zu diesem Thema. Dies führe zu ,virtuellen' Unternehmen wie beispielsweise *Dual,* „... unter dessen Name Produkte der Unterhaltungselektronik vertrieben werden und dessen Leistungserstellung sowie Marketing von

sich fraglos die Form der Organisation ökonomisch relevanter Aktivität. Im Rahmen dieser Untersuchung wird daher zu zeigen sein, wann der Gebrauch des Begriffs ‚virtuell' in diesem Kontext adäquat ist, um so, in Relation zu ihrem Gegenstand, seine gegenwärtig systematische Unbestimmtheit zu überwinden.[87] Wie gesagt, wird der argumentative Leitfaden dabei bei der grundlegenden Erkenntnis aufgenommen, dass es stets Vertragsbeziehungen sind, über die sich individuelle Akteure im Kollektiv organisieren.

Natürlich sind die skizzierten Vorzüge für die sich organisierenden Einzelakteure keineswegs risikolos zu erreichen. Man denke nur an das Problem der Industriespionage, um eine extreme Ausprägung einer Haltung zu erwähnen, die opportunistisch genannt werden kann. Das Erschließen neuer Wettbewerbschancen gelingt nicht, ohne die gleichzeitige Einführung von governance-Strategien und -Strukturen, die Opportunismusgefahren eindämmen können, die durch dann nur lose an die Organisation gebundenen und damit die Organisation nur locker konstituierenden Ressourcenbesitzer entstehen. Einerseits gilt es, solche Gefahren für das adaptive Team möglichst zu reduzieren, andererseits gehört dazu aber ebenfalls die Aufgabe, die Menge möglicher Kooperationschancen zu vergrößern.[88] Müssen Beschränkungen dann als gegeben und unveränderbar hingenommen werden (Diversifität), um dann innerhalb der durch sie bezeichneten Möglichkeitsräume dennoch Gewinne zu realisieren? Durch welche gezielte institutionelle Intervention, also Veränderung von Beschränkungen, könnte dies begünstigt werden?[89]

„Prozesse gemeinsamer Regelfindung und Regelanwendung vollziehen sich in einer Vielzahl und Vielfalt informeller Beziehungen der in ihr [der Gesellschaft; CN] zusammenlebenden Menschen, die das Ausmaß an menschlicher Bedürfnisbefriedigung und nicht nur ihren sichtbaren wirtschaftlichen Erfolg bestimmen."[90] Welches Institutionen-Design zur Organisation ökonomischer Aktivität kann dazu verhelfen, eine tragfähige Beziehung zu dem aktuellen und/oder potenziellen, auch

---

fünf Mitarbeitern der Karstadt AG koordiniert wird. Das selbständige Handeln kann aber durch vielfältige wechselseitige, nicht rein marktorientierte Abhängigkeiten eingeschränkt sein." Universität Kiel.

87 Vgl. hierzu S. 89.

88 Damit ist allerdings nur diese eine Herausforderung benannt. Wegen der kulturellen Unterschiede zwischen Akteuren muss darüber hinaus eine wirksame governance berücksichtigen können, dass Akteuren jede List fern liegen kann. Vgl. hierzu S. 48.

89 Vgl. North (1992), S. 94.

90 Engelhardt (1998), S. 8.

ausgeschiedenen individuellen Akteur aufzuheben oder zu erhalten, die den Interessen beider beteiligten Akteure, dem kollektiven wie dem individuellen, dienen? Zur Beantwortung dieser Frage gehört, die Simultanität von Kooperation und Konkurrenz innerhalb und zwischen organisatorischen Kontexten zur theoretischen Herausforderung und organisatorischen Gestaltungsaufgabe zu machen.[91]

1.3 Gegenläufige Marktzwänge: Outsourcing versus transaktionskostengünstige Adaptivität der Intra-Team-Kooperationen

Intra-Team-Beziehungen bezeichnen alle ökonomisch relevanten Tauschbeziehungen innerhalb eines Teams. Diese Bezeichnung trifft also auch dann zu, wenn von Interaktionen zwischen Akteuren verschiedener Teams die Rede ist.

Betrachten wir zunächst ein ‚klassisch' organisiertes Unternehmen, das über stabile Vertragsbeziehungen mit anderen interagiert. Wirkt auf einen solchen kollektiven Akteur der Marktzwang zur Entscheidung für Outsourcing-Strategien (Desintegration), so drückt sich hierdurch die Tatsache aus, die Leistungen über den Markt kostengünstiger beziehen zu können, als sie selbst intern zu erstellen. Im Zuge der Desintegration wird dann simultan die Entscheidung gegen vormals organisationseigenes bzw. -spezifisches Wissen und sein Produktivitätspotenzial getroffen. Daher hat die Entscheidung für den Fremdbezug nachhaltigen Einfluss auf die gesamte Unternehmensentwicklung. Denn das vormals dem kollektiven Akteur noch zur Verfügung stehende explizite wie implizite Wissen[92] verliert durch die Änderung von Aufgaben intern seine Anschlussfähigkeit.[93] Die starke Konkurrenzsituation in zusammenwachsenden, sich globalisierenden (oder bereits globalisierten) Märkten mag es als ‚effizient' rechtfertigen, so zu verfahren. Jedoch wird hierdurch die Anzahl der Kombinationsmöglichkeiten einzelner

---

91 Vgl. Wieland (1998) S. 14.

92 Zu dieser Unterscheidung vgl. u.a. Polanyi (1966/1983) und darauf aufbauend Neuweg (1999). Vgl. hierzu eher aus betriebswirtschaftlicher Perspektive Welge/Holtbrügge (2000), S. 762ff: „Während explizites Wissen (tacit knowledge) eindeutig durch formale Methoden kodifizierbar, in Handbüchern oder Zeichnungen dokumentierbar und dadurch leicht transferierbar ist, umfaßt implizites Wissen persönliche, wertbasierte Intuitionen und Erfahrungen, die nur schwer artikulierbar und aufgrund ihrer hohen situativen Gebundenheit verbal nur schwer zu vermitteln sind." H.i.O.

93 Wissen kann etwa durch *Kündigung* den kollektiven Akteur verlassen.

Wissensaspekte individueller Akteure und damit die Grundgesamtheit potenziell möglicher Entwicklungsrichtungen der klassischen Organisation reduziert.[94] Durch diese Entscheidung wird die Abhängigkeit des kollektiven Akteurs von Entwicklungspfaden erhöht, denn die Konzentration auf nur wenige Kompetenzfelder führt zu größerer Spezifität der Wissens-Investitionen der jenen konstituierenden individuellen Akteure. Entscheiden die individuellen Akteure für diese Strategie, so geschieht dies um den ‚Preis' der größeren Abhängigkeit des kollektiven Akteurs von einem enger gewordenen Korridor möglicher Entwicklungsrichtungen. Es kommt auf den Einzelfall an, ob dies als effizient anzusehen ist. Beachtet werden muss dabei vor allem auch die (latent/potenziell) vorhandene Anfälligkeit für Ausbeutung.[95]

Die Selektion als förderungswürdig erkannter Wissensaspekte und damit die Verschärfung der Abhängigkeit von einem kleiner gewordenen Korridor möglicher Entwicklungsrichtungen, kann im Resultat sowohl Flexibilitätseinbußen als auch paradoxerweise *den Verzicht* auf Entwicklungs- und Produktivitätschancen bedeuten. Denn der kollektive Akteur zeichnet sich zweifelsohne durch eine anders zu charakterisierende, umfassendere Verfügungsgewalt über seine, die ihn langfristig konstituierenden Humanressourcen-Träger aus, als dies zwischen ihm und den mit ihm kooperierenden ‚Zulieferern' der Fall sein kann.[96] Diese repräsentieren ihrerseits als kollektive Akteure Konvolute von Verhältnissen individueller Akteure, für die aber natürlich *andere* Bedingungen gelten. Bei der Konfrontation beider governance structures kann sich der genannte Verzicht bemerkbar machen.

---

94 So ist allen Theorien organisationalen Lernens gemein, dass sie auf *Wissen* bezogen werden. Wissen wird als Steuerungsmedium von Lernprozessen begriffen, das Lernen wird als Nutzung der Veränderung von Wissen konzipiert. Geißler (1995), S. 283, Pautzke (1989), S. 106. Einen gründlichen Überblick gibt hierzu Heiner (1998).

95 Hier sind drei Opportunismusgefahren zu unterscheiden. Erstens kann von dem höheren Wert dann spezifischeren Humankapitals einer dann kleineren Anzahl individueller Akteure ausgegangen werden. Das jeweils übrige Vertragsnetz (der kollektive Akteur) ist von dem individuellen Akteur vergleichsweise abhängiger. Zweitens ist die Existenz des kollektiven Akteurs im Verhältnis zum ihn umgebenden Markt abhängig von einer Nachfrage, die ein dann idiosynkratisches (organisationales und fachliches) Wissen rechtfertigt. Der Vollständigkeit halber soll erwähnt sein, dass drittens ebenfalls die Abhängigkeit des kollektiven Akteurs von seinen dann neu gewählten Vertragspartnern plötzlich bedeutend werden kann. Vgl. hierzu S. 37.

96 Kontrolle könnte dann allenfalls überwiegend über Abhängigkeiten geschehen, wie es beispielsweise oft bei Zulieferern in der Automobilindustrie der Fall zu sein scheint.

Dieser Gedanke führt zu einem zweiten Marktzwang, der neben dem gelegentlichen Zwang zur Outsourcing-Strategie permanent existiert. Er erzwingt Anpassungsfähigkeit.[97] In einer globalisierten Welt ist es für die Organisationen der Wirtschaft zwingend, Variabilität zu erhalten, um wettbewerbsfähig zu bleiben. Wieder können wir die Faktizität globaler Transaktionen und ihrer ‚Enabler' als Begründung heranziehen: Der Imperativ lautet in jedem Fall, die Reaktionszeiten auf Kontingenzen für den kollektiven Akteur möglichst zu minimieren. Anpassungsfähigkeit zu erhalten kann dann aber den Ruf danach begründen, das Wissen in der Unternehmung nicht nur tief, also spezifisch, sondern ebenfalls möglichst in die Breite zu entwickeln, um je nach Bedarf lokal Einzelaspekte der Grundgesamtheit des dann ‚organisationsintern' verfügbaren Wissens zu fördern, zu entfalten und schließlich in vermarktbare Leistung zu transformieren.[98]

Vor dem Hintergrund beider, gegenläufiger Marktzwänge könnte die Lösung unserer Probleme in der Fusion liegen.[99] Sie verbindet die Vorzüge der (relativ) großen Grundgesamtheit von Wissensaspekten mit dem möglichen Vorzug weitreichender Variabilität organisationsinterner Verhältnisse, woraus zusammengefasst eine relativ große Anzahl von Kooperationschancen resultiert: Die Akteure können sich der *internen* Märkte für spezifisches Wissen bedienen und sich ggf. auf ihre Kernkompetenzen konzentrieren. So wird durch vertikale Integration die zuvor als unentbehrlich identifizierte, wenn auch in diesem Fall relativ *finite* Anpassungsfähigkeit erreicht. Die Fusion resultiert als Aggregation von Operationsbedingungen jedoch in einer Organisationsform (interne Organisation), die dem Prinzip des adaptiven Teams weitgehend zuwiderläuft, weil sie die Anzahl der Kooperationschancen individueller Akteure, verglichen mit dem gesamten Markt für temporäre Kooperationen, stark *einschränkt*. Ein solcher kollektiver Akteur erweist

97 Die Obliegenheit zur Anpassungsfähigkeit bezieht sich auf eine Vielzahl von Aspekten, wie beispielsweise den Dimensionen Zeit und Raum, der Qualität von Informationen und von zu erbringender Leistung. Vgl. hierzu ebenfalls die Ausführungen zur adaptiven Effizienz, S. 51ff.

98 „Das neue Hauptmuster kapitalistischer Internationalisierung ist nicht eine Globalisierung im Sinne einer weltweiten Verflechtung, sondern sind statt dessen *gleichzeitige Prozesse der Integration, der Fragmentierung und der Reregionalisierung* ... ." Burchardt (1997), S. 404. H.n.i.O.

99 Auch deshalb erleben wir weltweit eine Zunahme der Fusionsbestrebungen, auch wenn sie, wie aktuell wieder der Fall DaimlerCrysler zeigt, nur selten problemlos durchführbar sind.

sich also über die Zeit dennoch als relativ unflexibel und die Anbahnung neuer Verhältnisse erweist sich als transaktionskostenintensiv.[100]

1.4 Die wachsende Bedeutung personaler Kriterien

Schon im vorhergehenden Kapitel wurden die gewachsenen Anforderungen an Mitarbeiter angesprochen. Aufgrund der dort beschriebenen Entwicklungen scheint sich erst *jetzt* ein Typus von Akteur auszubilden, der von Schumpeter schon 1928 als ‚*unternehmerischer Unternehmer*' beschrieben wird: „Die soziale Heimatlosigkeit, die Beschränkung auf das Aufsuchen und Durchsetzen neuer Möglichkeiten, das Fehlen dauernder Beziehungen zu individuellen Betrieben sind diesem Typ zu eigen."[101] Es bildet sich eine neue Elite hochspezialisierter *Wissensarbeiter*[102] aus. Im Zuge der Notwendigkeit zur Bewältigung sich stets ändernder Anpassungszwänge seitens verschiedenster Umweltzustände nimmt darum die Bedeutung individueller Akteure in Kooperationsbeziehungen stark zu, weil sie, begründet durch die höhere Spezifität ihres Humankapitals, für den kollektiven Akteur *die* erfolgsentscheidenden Ressourcen verkörpern. Bereits 1983 argumentierten Cook et al., dass die *Macht* eines Akteurs eine Funktion seiner Befähigung ist, die Abhängigkeit anderer Akteure auf sich zu konzentrieren und schließlich zu monopolisieren.[103] Wegen der gezielten Akquisition *exakt* ihrer Ressourcen gewinnen sie zunehmend an *Macht* gegenüber dem (übrigen) Vertragsnetz, dem sie angehören. Dies muss bei der Entwicklung adäquater Governancemechanismen für adaptive Teams entsprechend berücksichtigt werden.

In einer wie bisher charakterisierten Welt ist Organisation, insbesondere das adaptive Team, neben dem Expertenwissen, mehr denn je angewiesen auf Merkmale personaler Kriterien, wie Identität und Arbeitsethos, Integrität, Loyalität, Ehrlichkeit und Vertragstreue, also umfassend auf die individuelle Befolgung von oftmals nicht im Arbeits-

---

[100] Im Abschnitt 4.3.1 werden wir uns diese, hier zunächst als nachteilig zu bezeichnenden, begleitenden Aspekte der Fusion für eine institutionelle Intervention zu Nutze machen: Die Stabilität der Verhältnisse muss kein Nachteil sein. Vgl. S. 114ff.

[101] Schumpeter (1928), S. 485.

[102] So Heuser (1997), S. 38/39 in: Die Zeit, Nr. 38.

[103] Vgl. Cook et al. (1983), Mizruchi//Potts (1998), S. 359ff. Anders allerdings Bateson (1985), S. 625, für den Macht ein Mythos ist, "der sich, wenn jeder daran glaubt, in diesem Maße selbst bestätigt." Vgl. hierzu auch S. 91.

bzw. genereller Kooperationsvertrag explizierten, unter Umständen nicht einmal explizierbaren Normen.[104]

[104] Vgl. hierzu S. 55, Tabelle 1.

Kapitel II: Theoretische Ausgangspunkte und Sozio-Technologischer Gestaltungsanspruch

2.1 Probleme der Durchsetzung von Verträgen aus Sicht der Neuen Institutionenökonomik

Obwohl die Standardökonomik zu robusten Modellen führte und immer noch führt, ist sie allein für die Frage nach geeigneten governance structures für das adaptive Team in soweit unzureichend[105], als die klassische Mikroökonomik Anreizprobleme ignoriert.[106] Vielmehr argumentiert sie unter der Fiktion, dass vollständige Verträge kostenlos möglich seien, die für alle theoretisch möglichen Zustände der Welt spezifiziert werden können. Die Erklärungsleistung der Standardökonomik umfasst nicht die Gestalt der (internen) Organisation und berücksichtigt nicht etwaige Koordinations-, Motivations- und Kontrollprobleme.[107] Prozesse der Leistungserstellung müssen organisiert werden, was zu der Frage führt, wie dies ‚technisch' effizient geschehen kann. Dann „... geht es um die optimale Zuordnung von Teilaufgaben zu den beteiligten Akteuren und um die sinnvolle Integration der

---

105 Hart spricht davon, dass die neoklassische Firma für viele Juristen und Ökonomen eher eine 'Karikatur' der modernen Firma sei. Trotzdem muss zuerkannt werden, dass die moderneren Theorien der Firma historisch aus der neoklassischen Theorie hervorgegangen sind. Hart gewinnt der Theorie, auch stellvertretend für andere Autoren, etwas Positives ab, indem er bemerkt, dass sie „rigorous but rudimentary" sei. Vgl. Hart (1989). Die Strenge der Theorie erlaubt das bessere Verständnis komplexer Zusammenhänge. Gleichzeitig führt ihr rudimentärer Charakter jedoch sehr schnell an die Grenzen ihrer Erklärungsleistung.

106 Gleichwohl hat die Institutionenökonomik ihren konzeptionellen Ursprung in der Standardökonomik bzw. der neoklassischen Theorie.

107 Im übrigen scheint sie die Forschung gegenwärtig nicht zu dominieren. Vielmehr geht es der ökonomischen Theorie vermehrt um die Steuerungsstrukturen distinkter Transaktionsbeziehungen, und dabei interessiert die Abhängigkeit der Akteure voneinander, der Wandel von Bedingungen während einer Kooperation, die (dann) adaptive Effizienz, die Gesellschaft, ihre Kultur und die Relevanz der Moral. Die ‚Maximierung von Nutzen' scheint für solche Untersuchungen an Bedeutung einzubüßen.

Teilaufgaben in die Gesamtaufgabe."[108] Allein ein vorliegender Plan bedeutet noch nicht, dass dieser von den individuellen Akteuren auch erfüllt wird, was zum Motivationsproblem führt. Das Motivationsproblem ist Ursache für Verhaltensunsicherheit und bezieht sich auf die Frage des Wollens, nicht auf die Frage des Könnens.

Der Institutionenökonomik wurde im Vergleich zur neoklassischen Theorie lange Zeit wenig Aufmerksamkeit geschenkt. Statt dessen wurde letztere ständig verfeinert, und die ökonomischen Modelle wurden zunehmend abstrakter. Bei der Standardökonomik gilt schlicht der Allokationseffizienz das Hauptaugenmerk, wobei die unterschiedlichen institutionellen Rahmenbedingungen dann nur als alternative Mittel angesehen werden, um die Voraussetzung der Paretooptimalität überhaupt zu schaffen.[109] Richter/Furubotn (1996) bemerken, dass die Mikroökonomik „institutionenneutral"[110] sei. „The firm is simply an organization that selects (the optimal) points on the production function, acquires the necessary inputs, transforms them according to the production function into output, and sells that output. Its objective is profit maximization ... ."[111]

Doch in einer Welt *ohne* Transaktionskosten[112], wie der Standardökonomik, ist es unwichtig, wem die produktiven Ressourcen der Wirtschaft gehören. In dieser Welt existieren keine vertraglichen Spezifikations-, Durchsetzungs- und Kontrollprobleme. Streitigkeiten über Besitzverhältnisse kommen in der neoklassischen Theorie nicht vor, weil jeder Vertrag stets durchsetzbar ist, bzw. von Gerichten ohne Zeitverzögerung und kostenlos geregelt werden kann. Auch der Ressourcenaufwand für die Beschaffung und Bewertung von Informationen spielt unter den gegebenen Annahmen keine Rolle[113], Reibungsver-

---

108 Ripperger (1998), S. 17.

109 Die Neoklassik sieht die Firma nur als ein Set von bekannten Produktionsplänen. Wegen der streng technologischen Sichtweise wird eine konsistente Formalisierung möglich, die zu analysieren erlaubt, inwiefern die Wahl von Produktionsfaktoren auf exogene Veränderungen in der Umwelt reagiert. Die funktionale Beschreibung des Zusammenhangs zwischen dem Einsatz gegebener Produktionsfaktoren und dem Produktionsoutput unter der Bedingung gegebener Technologie liefert die Produktionsfunktion als wichtiges Element der Theorie. Sie steht daher repräsentativ für den Vorgang der Transformation.

110 Vgl. Richter/Furubotn (1996), S. 1.

111 Barzel (1989), S. 43.

112 Vgl. Coase (1937), S. 390 „... cost of using the price mechanism" und Arrow (1969), S. 48 „... cost of running the economic system".

113 „The real tasks of management, to devise or discover markets, products and production techniques, and actively to manage the actions of em-

luste arbeitsteiligen Wirtschaftens existieren nicht. Deshalb gehen in der Standardtheorie hiervon insgesamt keine Schwierigkeiten aus. Da das Eigentum an einer Ressource aber durchaus Einfluss auf wirtschaftliche Resultate hat, Transaktionen kostenlos nicht möglich sind, die Rechte nicht vollständig alloziiert sind und auch nicht ausschließlich privat gehalten werden[114], kommt den Transaktionskosten große Relevanz zu. „When it is costly to transact, institutions matter."[115] Dies bezieht sich natürlich gleichermaßen auf human assets, physische Vermögenswerte und die Entstehung von Externalitäten.[116]

Die Neue Institutionenökonomik geht von der Annahme aus, dass alle Vorgänge in der Welt systematisch auf Handlungen von einzelnen Menschen zurückgeführt werden können, weshalb stets Aussagen aus der Sicht individueller Akteure getroffen werden. In der ‚realen' Welt ist die Transitivität der Präferenzordnung individueller Akteure verschieden und zudem lokal inkonsistent.[117] Daher ist es vernünftig, davon auszugehen, dass derselbe Akteur denselben Sachverhalt unter verschiedenen Bedingungen, beispielsweise ‚Stress' versus ‚Normalbelastung', völlig anders entscheidet. Eigentlich ist es fraglich, ob vor diesem Hintergrund von rationalem Verhalten die Rede sein kann.[118] Doch was die Prognosefähigkeit von Aussagen angeht, muss trotzdem innerhalb solcher Grenzen *beschränkt* rationales Verhalten unterstellt werden. Denn nur dann sind Aussagen möglich, die einerseits

---

ployees, have no place in the perfect decentralization model because it assumes that all products, markets, production techniques, and prices are fully known at zero cost." Demsetz (1987), S. 159.

114 Vgl. Wieland (1996), S. 97.

115 Vgl. North (1995), S. 18. „Der Ressourcenaufwand für die Errichtung und Unterhaltung entsprechender Sanktionsmechanismen, die ihrerseits als Zuweisung oder Entzug differentieller *Verfügungsrechte* über knappe Ressourcen auszugestalten sind, werden als *Transaktionskosten* bezeichnet." Engelhardt (1998a), S. 7. Zur Systematisierung von Transaktionskosten vgl. exemplarisch Engelhardt (1989), Coase (1937, 1960), Williamson (1975, 1985).

116 „Außer Preise begrenzen aber auch Normen und Konventionen den Möglichkeitsbereich von Entscheidungsträgern, und zwar nicht nur im Markt, sondern auch innerhalb eines Unternehmens, wo das Preissystem als Allokationsmechanismus meist durch Anordnung ersetzt wird." Schmidtchen (1995), S. 62/63.

117 In der neoklassischen Theorie hingegen „... it is assumed that the functions governing individual preferences and productive technology are formed exogenously or given." Hodgson (1988), S. 54. Vgl. hierzu auch Behrend (1998), S. 19ff.

118 „Die Unkenntnis der Präferenzen verhindert eine vollständige Situationsanalyse." Hegmann (1997), S. 4

menschliches Verhalten im Verhältnis zu diesem beschränkende Institutionen erklären, und andererseits ersonnene Institutionen (Handlungsbeschränkungen) auf ihre Perzeption bei Akteuren hin überprüfen können. „... [T]he problem is that we almost never know what factors actually influenced a decision we have made."[119] Nur wenn erstens ein Minimalkonsens über Verhaltensannahmen besteht, und sie zweitens über die Zeit als stabil angesehen werden, was stark vereinfachend ist, sind Aussagen überhaupt möglich.

Weil es die einzelnen Teammitglieder sind, die innerhalb und im Namen des Gesamtteams handeln, dem sie angehören und womit sie ‚sich organisieren', muss folglich diese Untersuchung aus ihrer Sicht argumentieren. Wir bedienen uns demnach an dem Forschungskonzept des methodologischen Individualismus. Nur so kann das Handeln von Akteuren durch Organisation und damit die Erklärung von Koordination, Konflikt und Motivation, insgesamt also die verhaltenssteuernde Wirkung von Institutionen für das adaptive Team, überzeugend erfolgen. Anderenfalls müsste aberkannt werden, dass es das Interesse ist, das menschliches Handeln leitet, und dass Interessen individuell verschieden sein können.[120]

Wir werden im Laufe der Untersuchung häufig auf das Verhältnis eines individuellen Akteurs zu dem übrigen Vertragsnetz eingehen, dem er formal und/oder informal begründet angehört. Dies ist - neben den bereits skizzierten Argumenten - eine weitere, wesentliche Begründung für die systematische Differenzierung zwischen *kollektivem* und *individuellen* Akteur. Gegen das Konzept des methodologischen Individualismus wird dabei nicht verstoßen, weil individuelle Akteure durch *Kooperation* den kollektiven Akteur konstituieren. Wolff (1994) spricht von der Unternehmung als ‚kollektive Einheit'. Bei diesem Punkt sollten wir weiter differenzieren: Die Präferenzen ‚heterogener' Individuen müssen, was exakt diese Entscheidung angeht, offensichtlich homogen sein, denn nur sie können die Ursache für Kohäsion von Handlungen

---

119 Denzau/North (1994), S. 19.

120 Es wäre tatsächlich eine systematische Weiterentwicklung des methodologischen Individualismus, wenn es gelänge, zudem individuelle Werte zu endogenisieren und zwar über den Punkt hinaus, dass Handeln von Akteuren sich aus deren Präferenzen ableitet, die wiederum auf einer rangskalierten und stabilen Werteabfolge beruhen. Das Verhältnis von Werten von Individuen und der Werte kollektiver Akteure (dem adaptiven Team) wird entscheidend. „Der ‚normale' Mensch .. wählt wirklich. In jeder Entscheidungssituation überdenkt er die Gewichte seiner Präferenzen und ordnet sie neu. Gegenstand seiner Wahl sind nicht nur die Mittel der Zielverfolgung, sondern vor allem die Entscheidungen darüber, welchen Wert oder welchem Ziel der Vorrang einzuräumen ist." Horn (1996), S. 73.

trotz ggf. im Detail auseinanderstrebender Interessen sein. Der konstitutionelle Akt zur Begründung des kollektiven Akteurs ist daher Ausdruck des Minimalkonsenses seiner individuellen Akteure. Damit es dazu kommt, ist aber die *vorherige* Ausbildung eines Mindestmaßes von *Identität*[121] erforderlich, um sodann im Zuge der Kooperation dieses Identitätskapital mit dem Ziel weiter aufzubauen, die Kooperationsbeziehungen zu stabilisieren. Wolff hingegen erklärt, dass „Organisationen ... dabei als ganze keine eigene Identität [haben] wie eine natürliche Person."[122] Die Eintrittsentscheidungen aller individuellen Akteure sind annahmegemäß auf der Grundlage individueller Präferenzen getroffen worden. Dass verschiedene Motive die individuellen Eintrittsentscheidungen begründen, ist eine hiervon noch zu unterscheidende Möglichkeit.

Während Coase die Kosten der Benutzung des Preismechanismus als *Transaktionskosten* bezeichnet, nennt er die Kosten für die Koordination innerhalb der Firma *Organisationskosten*. Da Kosten also bei der Suche nach für die Firma relevanten Informationen entstehen, wird nun im Kontrast zur Standardökonomik deutlich, dass das Paradigma der vollkommenen Markttransparenz nicht länger Geltung hat. Dies auch, weil der Unternehmer der Akteur ist und nicht länger die Firma selbst wie ein ‚individueller' Akteur behandelt wird, der über stabile und konsistente Präferenzen verfügt. Der Fokus wird systematisierend einerseits auf die Organisation gelegt, andererseits drückt sich hierdurch - was für uns wichtig ist - die Anerkennung von *Individualität* aus. Hier liegt als Akteur ein Unternehmer zugrunde, dessen rationalem Vermögen natürliche Grenzen auferlegt sind.[123] Er selbst ist nun potenzielle ‚Fehlerquelle', kann also Ursache für Ineffizienzen sein. Dies ist etwa dann der Fall, wenn die Anforderungen an sein Koordinationsvermögen anspruchsvoller werden, als er es tatsächlich

---

121 „Der Begriff der Identität gibt ... an, welche Vorstellungen Individuen und Kollektive von sich selbst und von anderen haben. Das heißt, Identitäten benötigen immer etwas Äußeres, Anderes. Identität ist eine (historisch variable) soziale Beziehung und nie einfach *da*." Brand et al. (2000), S. 78, Fußnote Nr. 38. Vgl. ebenfalls S. 57.

122 Wolff (1994), S. 27.

123 Individuen sind nur zur Wahl von Entscheidungsheuristiken (restringierten Optimierungskalkülen), nicht aber zur Nutzenmaximierung befähigt. „It is precisely in the realm where human behavior is intendedly rational, but only limitedly so, that there is room for a genuine theory of organization and administration." Simon (1957), S. 24. Die Begrenztheit der Rationalität ist ursächlich für die Unvollständigkeit von Verträgen. Es gilt die Hypothese vom **R**esourceful **E**valuative **M**aximizing **M**an. „[Dieser] ist sozial eingebettet, durch institutionelle Strukturen beeinflusst und für externe Verhaltensanreize prinzipiell empfänglich." Kleinfeld (1998), S. 149.

zu leisten vermag.[124] Er ist nicht länger vollkommen informiert, sondern muss Kosten zur Beschaffung und Verarbeitung von Information aufwenden. Wegen der natürlichen Beschränkung seiner Informationsverarbeitungskapazitäten ist er gezwungen, Entschei-dungen unter Unsicherheit zu treffen.[125] Daher gilt die Verhaltens-annahme der begrenzten Rationalität: Wir sind „... intendedly rational, but only limitedly so."[126] *Unsicherheit* resultiert aber noch aus einer anderen Quelle: Es können keine zuverlässigen Vorhersagen über zukünftige Ereignisse gemacht werden (primäre Unsicherheit). Spieltheoretisch ausgedrückt haben wir es mit Bewegungen der Natur zu tun.[127] Aus der Einsicht heraus, dass „human nature as we know it"[128] studiert werden sollte, wählt Williamson, als einer der führenden Vertreter der Transaktionskostentheorie, die Verhaltensannahme der begrenzten Rationalität und des Opportunismus.[129]

---

[124] "Psychologists hypothesize that subjects make systematic errors by using decision 'heuristics', or rules of thumb, which fail to accommodate the full logic of a decision, as when a person makes systematic forecast errors by using adaptive rather than rational expectations." Conlisk (1996), S. 670.

[125] Die Akteure sind daher häufig in Unkenntnis über die Wahl der *besten* Strategie. Vgl. Knight (1965), S. 267-268.

[126] Simon (1961), S. 24.

[127] Richter/Furubotn bemerken, dass sie diese nicht "... ausdrücklich heranziehen ... weil in den Arbeiten zur NIÖ Entscheidungen unter Ungewissheit über die Zukunft eine zentrale Frage sind. Die Spieltheorie jedoch ist in ihrer heutigen Form eine Sprache, in der man mögliche strategische Interaktionen beschreibt, und dazu bedarf sie (wiederum in heutiger Form) sehr genaue Informationen darüber, was geschehen kann." Richter/Furubotn (1996), S. 306.

[128] Knight (1965), S. 270. Coase plädierte lange vor Williamson „... [to] study man as he is, acting within the constrains imposed by real institutions ...", zitiert in Williamson (1993), S. 458. Vgl. hierzu auch Friedman (1953), S. 19-23, zitiert in Denzau/North (1994): „... under a wide range individual firms behave *as if* they were seeking rationally to maximize their expected returns." S. 5. H.n.i.O.

[129] „By opportunism I mean self-interest seeking with guile. This includes but is scarcely limited to more blatant forms, such as lying, stealing, and cheating. Opportunism more often involves subtle forms of deceit. Both active and passive forms and both ex ante and ex post types are included." Williamson (1985), S. 47. Vgl. auch Williamson (1993), S. 458. Gerecke (1998) hingegen vertritt die Ansicht, dass der Anspruch auf eine Mikrotheorie mit derartig "... (selbstmissverständlichen) Formulierungen ... nicht ernsthaft vertreten werden [kann]", S. 125. Vielmehr solle ‚Opportunismus' als Explanandum einer ökonomischen Situation aufgefasst werden, und sei den Strukturen der Situation zuzuschreiben. So sei es plausibel anzunehmen, daß immer dann, „... wenn geeignete Kontroll- und Sanktionsmechanismen fehlen, das Phänomen ‚Opportunismus' in

Institutionen werden gebildet und über die Zeit ausdifferenziert, um Unsicherheit bei menschlichen Austauschbeziehungen zu reduzieren.[130] Zusammen mit der verwendeten Technologie bestimmen sie die Kosten von Transaktionen und Produktion.[131]

Die Kooperationsbedingungen individueller Akteure des adaptiven Teams, die Verhaltensänderungen in institutionellen Sets und deren Einfluss auf die Effizienz gilt es zu erklären.[132] Ziel ist es des weiteren, „... to extend the range of applicability of neoclassical theory by considering how property-rights structures and transaction costs affect incentives and behavior."[133] Bei unserer Analyse geschieht die Orientierung also vor dem Hintergrund der Standardökonomik, wodurch die konstruktive und konzeptionelle Nähe zu diesem Ansatz erneut deutlich wird. Die Institutionenökonomik unterscheidet zwei Grundfragen, die wir mit Blick auf die Austauschbeziehungen im adaptiven Team stellen:

1. Welche Institutionen verursachen beim ökonomischen Tausch die (relativ) geringsten Kosten, bewirken also Effizienz?

Form des Brechens von Verträgen auftritt. ‚Opportunismus' ist dann eine Kurzfassung für die Diagnose, daß in einer konkreten Situation die geeigneten Institutionen fehlen, um produktive Interaktionen zu stabilisieren." S. 125.

130 „Sie stellen Regeln dar, die in *gleichförmig* sich *wiederholenden* Fällen *sozialer Interaktion* die Bildung von verlässlichen Erwartungen erlauben und damit zugleich gleichförmig sich wiederholende Fälle sozialer Interaktion induzieren. Indem diese Regeln Handlungen beschränken, strukturieren sie zugleich Opportunitätskosten alternativer Handlungen und damit die Handlungsanreize. Anreizstrukturierung durch Handlungsbeschränkung, so lautet das Funktionsprinzip." Schmidtchen (1995), S. 62, Fußnote Nr. 24.

131 Vgl. North (1995), S. 18. Er versteht *Institutionen* als (formale oder informale) Spielregeln von ‚Organisationen', als Koalitionen von Spielern, die gemeinsame Regeln für ihr Spiel anerkennen. ‚Verträge' sind subset derjenigen Institutionen, die reziprok im Geben und Nehmen der jeweils im Spiel interagierenden Spieler, wobei allerdings auch die Vereinbarung auf von allen akzeptierte Schiedsrichter (third party agreements) und bei Regelverstoß akzeptierte Sanktionsmechanismen Vertragsgegenstand sein kann. (Vom Begriff der *Institution* unterscheidet North die *Konvention*: An sie fühlen sich die Akteure nicht stark gebunden, so dass deren ‚Befolgung' einer Überwachung bedarf.)

132 Vgl. exemplarisch Kieser (1993).

133 Furubotn/Richter (1991), S. 1.

2. Wie wirkt sich der Status Quo als gegebene Koordinationsform, die Kosten und die Effizienz von Austauschbeziehungen langfristig (durch Wandel) auf Institutionen und deren Gestaltung aus?[134]

Die beiden Grundfragen finden sich systematisch in der Theorie der Eigentums- und Verfügungsrechte (oder Property Rights), der Prinzipal-Agent Theorie und auch in der Transaktionskostenökonomik wieder.[135] „Transaction cost economics is concerned predominantly with the governance of contractual relations."[136]

---

134 Vgl. Kieser (1993), S. 193.

135 Während aus Sicht der Theorie der Eigentums- und Verfügungsrechte die Essenz eines Teams in der effizienten Handhabung von Teamproduktion liegt, besteht für die Prinzipal-Agent Theorie diese Essenz in den vielfältigen Vertragsbeziehungen zwischen diversen Akteuren. Die Theorie hebt die Unterscheidung zwischen einem Innen und Außen, wie sie durch Coase vollzogen wird, wieder auf.

136 Williamson (2000), S. 94. „To summarize, the NIE is a development of neo-classical economics to include the role of transaction costs in exchange and so to take account of institutions as critical constraints on economic performance." Harris/Lewis (1995), S. 3. Dabei wird das neoklassische Ideal der Pareto-*Optimalität* durch das Konzept der Pareto-*Superiorität* ersetzt.

2.1.1 Governance Structures für diverse Operationsbedingungen und die Relevanz von Identität und Ideologie

Das Inputverhalten von ‚Teammitgliedern' determiniert, wie stets in Kooperationsbeziehungen, die Höhe der Kooperationsrente.[137] Die Emergenz des (formal und/oder informal begründeten) adaptiven Teams ist auf das Interesse jedes individuellen Akteurs zurückzuführen, eine (möglichst hohe) Kooperationsrente zu erwirken, um in einem zweiten Schritt einen möglichst großen Eigenanteil daran zu realisieren. Für jede Transaktion über die Organisationsfigur des adaptiven Teams ist dabei die für sie geltende Einbettung in die jeweiligen kulturellen, rechtlichen und technologischen Rahmenbedingungen bedeutsam.[138] Demzufolge besteht der sozio-technologische Gestaltungsanspruch der institutionenökonomischen Organisationstheorie für uns darin, eine Organisationsfigur zu ersinnen und weitestgehend abzusichern, die die spezifischen Herausforderungen der governance einer derartigen Vielfalt wirksam handhabbar macht, obwohl sich die Akteure ggf. an verschiedenen Orten der Welt aufhalten.

Soziale Dilemmata entstehen, " ... when radical individualism becomes inconsistent with social welfare, namely when the choices made by rational individuals yield outcomes that are socially irrational."[139] Diese Kollektivgutproblematik wird hier auf die Organisationsfigur des adaptiven Teams kapriziert. Wie wir sogleich sehen werden, stellen Kriterien für Diversifität im Kontext adaptiver Teambeziehungen weitere Hemmnisse für individuelle Wahlhandlungen dar, die für das Kollektiv nachteilig sein können. Somit unterscheiden wir vom sozialen Dilemma eine zweite Analyseebene:

Obwohl die Akteure nicht über den gesamten Zeitraum des de facto Teams vermarktbare Leistungen produzieren, besteht permanent der potenzielle Konflikt zwischen individueller und kollektiver Rationalität. Allerdings wäre es zu kurz gegriffen, wollten wir allen Akteuren im Team immer *eindeutig* die Verfolgung ihres Eigeninteresses unter Zuhilfenahme von List unterstellen. Vielmehr ist es plausibel, von noch anderen Quellen auszugehen, die die Produktivität adaptiver Teams

---

137 Spieltheoretisch formuliert werden Pareto-Verbesserungen generiert, weil sich die Kooperation als dominante Strategie erweist.

138 Diese lassen sich unter die von Williamson eingeführten Dimensionen von Transaktionen einordnen. Vgl. detaillierter S. 54ff im vorliegenden Text.

139 Bates (1995), S. 29

einschränken können: Obwohl einem am adaptiven Team beteiligten Akteur jede List fern liegen mag, besteht die Möglichkeit, dass es aufgrund kultureller Diversifität innerhalb des Teams, aus kollektiver Sicht zu kooperationsgefährdenden Aktionen kommt.[140] Alchian und Woodward sprechen diesbezüglich von ‚honest disagreements'. Unterschiedliche Wahrnehmungen (oder kognitive Dissonanzen) können zu Streitigkeiten führen, die nur unter Aufwendung ggf. hoher Transaktionskosten beizulegen sind.[141] Darüber hinaus ist es denkbar, dass ‚honest disagreements' nicht zu Streitigkeiten führen, weil die Akteure gar nicht erkennen, dass ein ‚disagreement' vorliegt, wenn also ein ‚Konflikt' nicht als Ursache für die zu kostenintensive Abwicklung einer Transaktion erkannt wird, trotzdem aber damit die Produktivität des Teams eingeschränkt ist bzw. diese Organisationsfigur unterliegt.

Bei der Frage nach *angemessenem* Verhalten in derartigen Teams orientiert sich jeder Akteur zunächst an seiner subjektiven Vorstellungen davon, was unter jeweils gegebenen Bedingungen *gutes* Verhalten ist. Zu Schwierigkeiten kommt es, „... [w]enn .. Moralregeln aus Handlungskontexten stammen, die sich in systematischer Weise von dem Handlungsbereich unterscheiden, auf den sich die entsprechende Wettbewerbsordnung bezieht, so etwa, wenn eine marktliche Wettbewerbsordnung an Moralregeln gemessen wird, die dem Erfahrungsbereich kleiner Gruppen (von Verwandten, Freunden oder Bekannten) entstammen und dort auch angemessen sein mögen, die aber ungeeignet sind, den über solche Kleingruppen hinausgehenden Umgang von Menschen in ausgedehnten sozialen Netzwerken zu regeln, wie Märkte sie typischerweise darstellen."[142] Moral erweist sich für uns darum als relevant. Unter *Moral* und ihrer theoriegeleiteten Anwendung (Ethik) wollen wir Homann et al. (1992, 1994) folgend, einen Komplex von Normen, Maximen und Prinzipien verstehen, der das Handeln von Akteuren leitet (leiten soll).[143] Auch Morscher stellt fest, dass „... jeder Mensch seine und jede Gesellschaft ihre Moral [hat]."[144] Eben darum kann Verhalten in adaptiven Teambeziehungen *ohne* institutionelle

---

140 „Die am Wohnsitz, dem ge'wohnten' Aufenthaltsort, sich herausbildenden ‚Gewohn'heiten und Bräuche wurden zu Sitten, d.h. zu mehr oder weniger verbindlichen Normen, und zum Maß für die Bewertung einer Handlung oder eines Charakters." Weise (1994), S. 89.

141 Vgl. Alchian/Woodward (1988). Vgl. hierzu auch Masten/Crocker (1985), S. 352 und deren Ausführungen zu 'honest misinterpretation".

142 Vanberg (1994), S. 83.

143 Ähnlich Morscher (1999), S. 36: „Moral ist die Gesamtheit der für das Leben eines Menschen bzw. einer Gesellschaft grundlegenden Verhaltensweisen, Einstellungen und Überzeugungen ... ." Zur *Genese* moralischer Normen vgl. hingegen Gäfgen (1988).

144 Morscher (1999), S. 36.

Intervention vom jeweiligen Adressaten als *opportunistisch* interpretiert werden, obwohl es das in der (Ab-)Sicht des Urhebers gar nicht ist.[145]

Beziehen wir nun wieder die Möglichkeit zum Opportunismus ein, so wird es für unsere Organisationsfigur sogar möglich, dass ein Akteur sich (opportunistisch) auf ein differentes Werteset beruft, um damit sein defektierendes Verhalten augenscheinlich zu legitimieren, wenn es aufgedeckt wird. Neben anderen Quellen scheinen also die potenziellen Produktivitätshemmnisse für solche Teams zu einem relevanten Anteil auf die größere Informationsasymmetrie zwischen Akteuren verschiedener kultureller Prägung zurückführbar zu sein. „We have here what appears to be a prisoners' dilemma matrix, but the two parties are behaving cooperatively."[146]

Es kann demnach nahezu unmöglich sein, ehrliche Beiträge zur Kooperation von opportunistischen Täuschungsmanövern zu unterscheiden, also die beschriebenen Differenzen aus menschlichem Verhalten *eindeutig* herauszulesen. Für Hobbes ist die Unterwerfung gegenüber der Willkür eines absoluten Herrschers der Ausweg aus dem (diesem) Naturzustand.[147] Die Wahrscheinlichkeit für einen ‚Bürgerkrieg' bei konstitutioneller Machtbeschränkung und Gewaltenteilung ist bei ihm höher als die Wahrscheinlichkeit, möglicherweise einem Despoten zum Opfer zu fallen. Mit Buchanan[148] kommen wir in einer m.E. vergleichbaren Situation zu dem entgegengesetzten Ergebnis: Die möglichen Ausbeutungsversuche durch den Leviathan führen den Akteuren einen weitaus größeren Schaden zu, als der Schaden, der ihnen aus einer konstitutionellen Beschränkung erwächst. Bei Buchanan sind es die *erhofften* ‚gains from trade', die dazu führen können, dass ein konstitutioneller Akt zu Pareto-Verbesserungen führt. Diesem Prinzip folgt auch die vorliegende Untersuchung.

---

145 Was ein Akteur in Nordamerika als klaren Verstoß gegen eine aus seiner Sicht gegebenenfalls implizite, aber ‚klare' Abmachung identifiziert, trifft bei dem anderen, in Indien lokalisierten Akteur u.U. auf Unverständnis, auf das die Reduktion von Inputbeiträgen und die Einschränkung von Kooperationsbereitschaft, ggf. auf beiden Seiten, folgen kann. Diese wiederum ungeplante, gleichsam ‚unlautere', in jedem Fall aber ineffiziente Partizipation am Kollektivgut reduziert im Resultat die Kooperationsrente des Gesamtteams.

146 Vgl. zu diesem Problem in Ansätzen Tullock (1997), S. 21ff.

147 Vgl. Hobbes (1991), S. 134.

148 Vgl. Buchanan (1978), S. 34.

Interagierende Akteure bilden im Laufe der Zeit ‚shared mental models' aus, so Denzau und North (1994).[149] Das bedeutet, auch *durch Kooperation* entwickeln sie ihre *Kooperationsfähigkeit*, nämlich das Vermögen zur Konstruktion sich inhaltlich überschneidender gedanklicher Modelle (Interpretationen) von ‚Realität'. „Mental models are shared by communication, and communication allows the creation of ideologies and institutions in a co-evolutionary process. The creation of ideologies and institutions is important for economic performance, as there exist gains from trade and production that require coordination. As various authors have written, a market economy is based on the existence of a set of shared values such that trust can exist."[150] Die Reduktion von Unsicherheit geschieht daher für die Autoren über die Annäherung anfangs verschiedener, über die Zeit schließlich inhaltlich immer ähnlicherer Gedankenmodelle der beteiligten Parteien durch Rückkopplungs- und Lernvorgänge. Dynamik bzw. Wandel sind daher diesem Erklärungskonzept inhärente Bestandteile.[151] 'Shared mental models' werden durch Kommunikation möglich. Sie lässt die Entwicklung gemeinsamer Ideologien[152] und Institutionen[153] in einem evolutionären Prozess zu. „Better communication links would lead to the evolution of linked individual's mental models converging rather than diverging as they continue to learn ... ."[154] Ohne im Sinne der Autoren die Verschlüsselung und Entschlüsselung[155] von Informationen durch Individuen zum Gegenstand dieser Untersuchung zu machen, sind wir gefordert, einen Gestaltungsvorschlag zu entwickeln, der die

---

149 Vgl. auch Becker (1982), S. 517ff, für den ‚shared understandings' das entscheidende Kriterium für eine Kultur der Organisation ist.

150 Denzau/North (1994), S. 20. Vgl. mit der 'Ideologie' bei North den Begriff 'Weltanschauung' bei Schmoller (1900), S. 70 sowie den interessanten Vergleich zwischen Schmoller (der Deutschen Historischen Schule) und der Neuen Institutionenökonmik, vertreten durch North, bei Richter (1996).

151 Vgl. Denzau/North (1994), S. 5.

152 „... ideologies are the shared framework of mental models that groups or individuals possess that provide both an interpretation of the environment and a prescription as to how that environment should be structured." Denzau/North (1994), S. 4. Hierzu North schon vorher: „Unter Ideologie verstehe ich die subjektiven Wahrnehmungen (Modelle, Theorien), über die alle Menschen verfügen, um sich ihre Welt zu erklären. .. [D]ie Theorien, die die Menschen sich konstruieren, sind von normativen Vorstellungen darüber, wie die Welt geordnet sein sollte, gefärbt." North (1992), S. 28.

153 „Ideologies and institutions can then be viewed as classes of shared mental models." Denzau/North (1994), S. 4.

154 Denzau/North (1994), S. 18.

155 Vgl. detailliert Denzau/North (1994), S. 18/19.

notwendige Bedingung dafür fördert. Nun lautet das Programm genauer: Kommunikation durch Institutionen zur Ausbildung gemeinsamer mentaler Modelle für die Akteure adaptiver Teams. Und: Es ist notwendig, die dabei wirkenden Institutionen im Sinne Buchanan als die Vorstufe erhoffte ‚gains from trade' für die Akteure beschreiben zu können. *Sie* setzen die Anreize zur Einigung auf Institutionen als Spielregeln für wechselseitig wohlfahrtssteigernde Spielregeln. Wie dies bei weitgehend anonymen Teammitgliedern mit ‚non-shared mental models' geschehen könnte, ist die zentrale Frage der weiteren Überlegungen.

2.1.2 Governance Structures für temporalisierte Vertragsbeziehungen

Wir haben unsere Fragestellung auf Kooperationsbeziehungen verdichtet, die länger andauern als Spot-Markt Beziehungen, deren Laufzeit zur Produktion vermarktbarer Leistungen zeitlich jedoch deutlich kürzer und damit absehbarer ist als ein Vertrag, der in der Literatur *üblicherweise* Ausdruck vertikaler Integration ist. Wir nennen dieses Phänomen *Temporalisierung*. „Exakt diese Temporalisierung macht es auch fragwürdig, die neuen Organisationen in der Systematik der Transaktionskostentheorie umstandslos als Hybride zwischen Markt und Hierarchie zu identifizieren. ... Rascher organisatorischer Wandel, turbulente Unternehmenswelten, das Auf- und Untertauchen neuer Vertragsarrangements sind daher eine theoretische Herausforderung für die transaktionskostenorientierte New Economics of Organization, die sie nur wird verarbeiten können, wenn sie sich selbst weiterentwickelt."[156]

Wegen seines stets temporären Charakters wechseln sich beim adaptiven Team Verträge verschiedener Qualitäten im Zeitverlauf schnell ab.[157] Für die governance structure adaptiver Teambeziehungen gewinnen wegen dieses Wechsels diejenigen Phasen an Relevanz, in denen Verträge zur Produktion vermarktbarer Leistungen zwischen dem kollektiven Akteur Team und seinem jeweils individuellen Akteure

[156] Wieland (1998), S. 13. Dabei weist Williamson noch im Jahre 2000 auf die bescheidenen Fortschritte der Institutionenökonomik hin: „That institutional economics has made only modest headway is partly because the New Institutional Economics is itself still in early stages of development ..., and partly because application to problems of economic development and reform are forbiddingly difficult", S. 92/93.

[157] Vgl. hierzu S. 73ff im vorliegenden Text.

nicht aktiviert sind.[158] Ein differenzierter Mechanismus muss daher für das adaptive Team entwickelt werden, um *auch in diesen Phasen* zur Vorbereitung der Ausbildung von ‚shared mental models' auf die Beziehungen zwischen Akteuren gestaltend einwirken zu können. Zumindest richtet sich darauf die Hoffnung bzw. das organisatorische Gestaltungsinteresse, um so der Organisation trotz ihrer systematischen Variabilität lokal *Stabilität* zu verleihen. Diese Hoffnung ist ihrerseits an die plausible Annahme gekoppelt, dass es leichter fallen dürfte, effiziente governance structures für einen vergleichsweise stabilen Organisationszusammenhang zu entwickeln.

North bezeichnet eine Situation als effizient „... in der die vorhandene Menge von Beschränkungen Wirtschaftswachstum erzeugt."[159] Er und vor ihm Pelikan[160] beschreiben Effizienz als *adaptive* oder *Anpassungseffizienz*.[161] Die Charakterisierung der institutionellen Merkmale einer Wirtschaft, die systematisch in Fertigkeiten und Wissen investiere, und damit ihre dynamische Entwicklung dokumentiert, bedürfe einer Umstellung von bloßer Allokationseffizienz mit den üblichen Paretobedingungen hin zur Anpassungseffizienz, bei der es um die Art der Regeln geht, die den Entwicklungspfad von Organisation bestimmen. Weil hier die (relativ) spontane Integration individueller Akteure über nur *temporäre/latente Kooperation bei Kontingenzen* zu leisten ist, bedeutet Adaptivität für das Team die Befolgung der Norm, sich über die Zeit *adaptiv effizient* zu organisieren.[162] „Effizienz wird im Kontext von governance als adaptive Effizienz definiert, also als Vergleich von mindestens zwei governance structures hinsichtlich ihrer Anpassungsfähigkeit an Unsicherheit und Kontingenzen, die sich einstellen können bei der Abwicklung einer distinkten Transaktion. Da solche Strukturen gewöhnlich aus formalen und informalen Regelwerken bestehen, können auch moralische Ambitionen und Werte ohne Zwang als Elemente der governance ökonomischer Transaktionen verstanden werden."[163]

---

158 Von einem ‚aktivierten Vertrag' ist hier die Rede, wenn er seine formal und/oder informal begründete, allokative Wirkung entfaltet. Ist ein Vertrag nicht aktiviert, so kann von ihm über das Kriterium der Identität aber dennoch allokative und damit verhaltenssteuernde Wirkung ausgehen.

159 North (1992), S. 109.

160 Vgl. Pelikan (1987).

161 Vgl. North (1992).

162 "The basic argument of Glassmann (1973) is that loose coupling allows some portions of an organization to persist. Loose coupling lowers the probability that the organization will have to -or be able to- respond to each little change in the environment that occurs." Weick (1976), S. 6.

163 Wieland (1999), S. 47.

Wenn es also gelänge, die für das adaptive Team erfolgskritischen Operationsbedingungen zu stabilisieren, *gleichzeitig* aber die geforderte *Variabilität* der Teamzusammensetzung und Handlungen von Akteuren zu erhalten, würde den beiden Marktzwängen, die wir oben identifiziert haben, simultan gerecht. Die Fähigkeit zur Adaptivität von individuellen wie kollektiven Akteuren steht dann im Sinne Hayeks für ‚Versuchsmöglichkeiten' der Akteure, Wettbewerbschancen zu entdecken und für ihr spezifisches Team nutzbar zu machen. Dasjenige Arrangement, das die größte Zahl von Versuchsmöglichkeiten gestattet, wird am ehesten Aufgaben bewältigen können.[164]

Durch Organisation geschieht stets eine Reduktion von Komplexität. Adaptive Teams sind Ausdruck der Suche nach dem adäquaten Komplexitätsniveau im Verhältnis zum (Spot-) Markt als Referenz-Institution. Adaptive Effizienz bedeutet aus dieser Sicht, die Komplexität der vormals eindeutig bestimmbaren ‚Umwelt' durch Öffnung der Organisation soweit als möglich in die Organisation aufzunehmen[165] und damit den betroffenen Akteuren dieses institutionellen Arrangements die Wandlungsfähigkeit ihrer Organisationsfigur zu ermöglichen. Dazu gehört, die Akteure durch Beeinflussung ihrer Kooperationsbedingungen zur raschen Verarbeitung relevanter Informationen zu befähigen, die vom Markt ausgehen: Adaptiv effizient ist ein Arrangement also aus unserer Sicht, wenn es im Prozess permanent die transaktionskostengünstigste Bewältigung - nämlich Anpassung und dadurch Beeinflussung - von Kontingenzen erlaubt.

---

[164] Vgl. North (1992), S. 96.

[165] Vgl. hierzu in dieser Untersuchung S. 56, Fußnote Nr. 175.

2.1.3 Systematisierung der Operationsbedingungen für die Akteure des adaptiven Teams

Obwohl North bemerkt, dass wir „... weit davon entfernt [seien], alle Faktoren zu kennen, die die Anpassungseffizienz begünstigen ...“[166], er aber bei der Frage der Anpassung diesen Faktoren als der Gesamtordnung der Institutionen die Hauptrolle zuerkennt, wollen wir dennoch eine Systematisierung der Operationsbedingungen des adaptiven Teams vorschlagen.[167] Dabei können auch wir nicht alle Einflussgrößen berücksichtigen. Die gesamte Vielfalt personaler Kriterien aggregieren wir, um sie in dieser Arbeit operationalisierbar zu machen, sogleich zu drei Begriffen, namentlich zur *begrenzten Rationalität*, zu *Ideologien* und zur *Moral*. „Die Diversifität der Persönlichkeiten und die Individualität ihrer Kompetenzen und ihres innovativen Wissens sind ... nur zu mobilisieren, wenn die Mitglieder globaler Teams neben ihrer ökonomischen Rolle auch als moralische Akteure gesehen und gewürdigt werden.[168] Der Umgang mit unterschiedlichen Traditionen und moralischen Standards ist in der globalen Ökonomie kein zu minimierender Störfaktor, sondern eine produktive Ressource.“[169] Die Effizienz ökonomischer Aktivität durch die Organisationsfigur des adaptiven Teams ist darum Funktion einer Vielzahl *nicht* überschneidungsfreier, sowohl personaler wie auch institutioneller Kriterien und ihrer Wechselbeziehungen.[170]

---

166 North (1992), S. 96.

167 North formuliert den Forschungsauftrag, „... mehr über kulturspezifische Verhaltensnormen und ihr Verhältnis zu formgebundenen Regeln in Erfahrung zu bringen, um hier genaueren Aufschluss zu erhalten.“ North (1992), S. 167f.

168 Zu dieser *Doppelrolle* einzelner Akteure vgl. die interessanten Ausführungen von Eger (1996), S. 216ff.

169 Wieland (1999), S. 100.

170 Institutioneller Wandel vollzieht sich „... über eine komplexe Wechselwirkung zwischen individuellen Wahlhandlungen, Organisationen, kulturellen Normen und den formalen Institutionen wie etwa Eigentumsrechten.“ Vgl. North (1992), S. 134.

Personale Kriterien	• Begrenzte Rationalität • Flexibilität (Lernfähigkeit) • Ideologien • Opportunismus • Loyalität[171] • Integrität • Identität • Arbeitsethos • Werte (Ideologien bis Werte:) Hinweise auf die Relevanz der *Moral* für adaptive Teams.
⇕	⇕
Institutionelle Kriterien	• Weltweite Konkurrenz um Humanressourcen • Marktzwänge • IKT • Die Simultanität von Kooperation und Konkurrenz (‚Coopetition') • Kooperation über rechtliche, nationale und zeitliche Grenzen hinweg (Dislozierung) • Differente kulturelle Sets[173] • Organisatorische ‚Grenzen'

Die governance von Temporalisierung und Diversifität[172]

Tabelle 1: Die governance von Temporalisierung und Diversifität: personale und institutionelle Kriterien

---

171 „The importance of loyalty from our point of view is that it can neutralize within certain limits the tendency of the most quality-conscious customers or members to be the first to exit." Hirschman (1970), S. 79. Die Exit-Option kann sich für unser Problem auch nur darauf beziehen, zwar in der Organisation zu verbleiben, aber die Inputbeiträge nicht voll bereitzustellen (shirking). Vgl. ausführlicher hierzu S. 125ff.

172 Es gilt vor diesem Hintergrund Kooperationsbedingungen (governance structures) zu entwickeln, die sich -bildlich gesprochen- wie eine integrative Klammer um die Diversifitätskriterien (vgl. S. 54) legen, und gleichzeitig Temporalisierung (vgl. S. 51) ermöglichen.

173 „Routine, Gewohnheiten, Traditionen und Konventionen sind die Wörter, die wir gebrauchen, um die Beständigkeit formloser Beschränkungen zu bezeichnen, und eben das komplexe Wechselspiel von formgebundenen Regeln und formlosen Beschränkungen im Verein mit deren Durchsetzung prägt unseren Alltag und leitet uns bei den schematischen Tätigkeiten (schon das Wort beschwört Vorstellungen von institutioneller Stabilität), die unser Leben beherrschen." North (1992), S. 98. Sehr allgemein gefasst können wir Okruch folgen, wenn er in seiner Untersuchung *Kultur* als „reine[n] Sammelbegriff von Institutionen" versteht. Vgl. Okruch (1999), S. 59.

„It is becoming increasingly difficult to delineate accurately the borders of today's organizations."[174] Wir denken fortan in Differenzen.[175] Wie schon erwähnt, werden Unternehmensgrenzen in unserem Konzept durch die allokative Reichweite von Verträgen markiert. Sie machen Organisationen von ihren ‚Umwelten' unterscheidbar. Damit kann sich unsere Untersuchung auch auf die Bereiche beziehen, in denen die explizite, formale Wirkungsreichweite von Verträgen endet, eine allokative Wirkung aber dennoch beobachtbar oder sogar erwünscht ist.[176]

Wir lassen das zuvor identifizierte Kooperationsdilemma[177] in soweit hinter uns, als wir für die weitere Untersuchung annehmen, dass die Entscheidung *für* das adaptive Team und damit *gegen* den Verlust von Wettbewerbs- und Produktivitätschancen getroffen wurde. Die Herausforderung an die governance adaptiver Teams lautet, die genannten Kriterien, zusammenfassend *Temporalisierung und Diversifität*, effizient zu integrieren.

Die folgende Abbildung zeigt schematisch das adaptive Team, unsere organisatorische Zielfigur:

174 Benjamin/Wigand (1995), S. 62.
175 Vgl. hierzu Baecker (2000).
176 Zur Differenz zwischen formalen und informalen bzw. impliziten Verträgen vgl. detaillierter S. 76ff.
177 Vgl. S. 12.

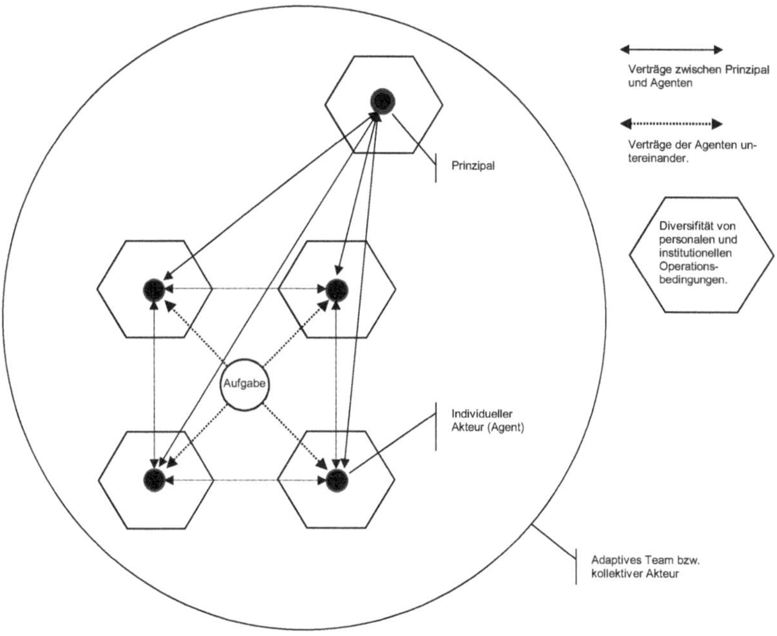

Abbildung 2: Das adaptive Team

Dabei sind die ‚Innenverhältnisse' des adaptiven Teams, nämlich die Qualität formaler bzw. informaler Verträge, die zur Produktion vermarktbarer Leistungen bestehen sollen (*primäre* Kooperation), von den latenten Verhältnissen der Akteure des Teams zu unterscheiden.[178] Letztere dienen vorwiegend der Produktion von Identität, also nach Brand et al. der Produktion einer für die betreffende Kooperation (Transaktionsbeziehung) ausreichend großen Vorstellung von sich selbst und anderen Individuen, die das jeweilige Kollektiv konstituieren[179] (*sekundäre* Kooperation). Die Akteure haben die schwierige Aufgabe zu bewältigen, eine Differenz zu dem Äußeren des sozialen Kontextes, und damit das Team selbst auszubilden, dem sie selbst jedoch jeweils nur temporär angehören. Diese Begrifflichkeit zugrunde gelegt, ist die erfolgreiche Kooperation über die Organisationsfigur des adaptiven Teams eine Funktion der Schaffung und nachhaltigen Existenz von gemeinsamen mentalen Modellen (Denzau/North), die wiederum in Abhängigkeit des Identitätskapitals der Akteure füreinander

[178] Vgl. hierzu die Bemerkung auf S. 52.

[179] Zum Begriff der Identität vgl. erneut die Definition nach Brand et al. (2000) auf S. 43, Fußnote Nr. 121.

stehen und zu deren Ausbildung zuforderst die Akteure befähigt sein müssen. „Akteure ohne Identität oder mit inkompatiblen Identitäten sind kooperationsunfähig.“[180] Zu der Befähigung zur Identitätsbildung gehört das Vermögen, ebenfalls Identitäten zu erfassen und zu verstehen.[181]

Als ‚Ort‘ der Herstellung und Erhaltung von Kooperationsfähigkeit zwischen den Akteuren dient ein von uns so genannter ‚Latenz-Korridor‘, in dem die Akteure Kontakt zueinander haben, jedoch (noch) keine Leistungen (Waren/Dienstleistungen) (mehr) miteinander produzieren, die veräußerbar wären. ‚Latent‘ sind die Verhältnisse zwischen Akteuren demnach zeitlich *vor* und *nach* primären Kooperationen, so dass wir diesbezüglich auch von Latenz-Phasen sprechen können. Die gesamte Phase der Kooperation bezeichnen wir als *de facto-Team*. Die Teambildung beginnt mit der Anbahnung einer Vertragsbeziehung, also dem Aufbau von Identitätskapital füreinander, das die Voraussetzung von shared mental models ist, geht über den Beginn einer expliziten Vertragsbeziehung bis zur Beendigung derselben, endet an diesem Punkt jedoch noch nicht, sondern erst, wenn keine Identität zwischen den Akteuren mehr besteht, die ihre Kooperationsfähigkeit füreinander begründen würde.

Wenn sich ein Akteur A für einen anderen Akteur B im Latenz-Korridor befindet, Akteur A jedoch zur selben Zeit mit Akteur C beispielsweise eine Software programmiert, sind für Akteur A und damit potenziell für jeden Akteur das Innenverhältnis (primäre Kooperation) und die Latenz-Phasen (sekundäre Kooperation) sich streckenweise überlagernde und zugleich ergänzende Verträge bzw. Vertragsnetze. Der Begriff ‚de facto Team‘ enthält beides, er integriert also das gesamte Vertragsnetz. Während der Latenzphasen ist die Integrationsforderung von Diversifität an die governance im Vergleich zum Innenverhältnis nicht vorhanden, weil es nichts gibt, worauf ein ‚ausgeschiedener‘ Akteur konditioniert werden müsste oder könnte, denn dort werden keine vermarktbaren Leistungen im obigen Sinne produziert.

Entgegen der einschlägigen Literatur beziehen wir diese Phasen ausdrücklich in die Untersuchung ein. Die in der Literatur andere Handhabung ist nicht erstaunlich, hat diese doch primär ‚klassische‘ Organisationen mit stabilen Vertragsbeziehungen im Blick. Dort bedarf es nicht der Integration distinkter Kooperationspartner durch irgendeine Form der governance, wenn für diese zwar möglicherweise diverse

---

[180] Wieland (1998), S. 29.

[181] In diese Richtung zielt auch der Begriff des ‚guten Rufes‘, den Williamson im Kontext mit Franchising einführt. Vgl. Williamson (1995), S. 213. Dort sind jedoch explizit Dritte beteiligt.

personale und institutionelle Kriterien gelten, sie aber im herkömmlichen Sinne des Wortes *nicht* miteinander kooperieren. Nicht ohne Grund werden wir jedoch auch diese (Latenz-) Phasen später zum Gegenstand institutioneller Intervention machen. Dafür haben wir nun vorbereitend die notwendigen begrifflichen Unterscheidungen getroffen:

<table>
<tr><th>Primäre Kooperation</th><th colspan="2">Sekundäre Kooperation</th></tr>
<tr><td rowspan="3">Die Akteure produzieren vermarktbare Leistungen im Team, etwa ein Software-programm.</td><td colspan="2">Die Akteure ‚produzieren' Identität, um füreinander kooperationsfähig zu ...</td></tr>
<tr><td>... werden (ex ante Identität).</td><td>... bleiben (intermediäre Identität).</td></tr>
<tr><td colspan="2">Latenz-Korridor</td></tr>
<tr><td>Nicht-Marktphase (Innenverhältnis)</td><td colspan="2">Marktphase</td></tr>
<tr><td colspan="3">Organisation / de facto Team</td></tr>
</table>

Tabelle 2: Ordnung der Begriffe

Die individuellen Akteure sind nun durch Intervention so anzureizen, dass sie ihre Inputleistung dem adaptiven Team voll bereitstellen. Dazu gehört auch, nicht jedes Missverständnis und die sich ggf. aus ihnen ergebenen (zusätzlichen) Transaktionskosten als Überschreitung einer Akzeptanzzone (Simon) zu interpretieren und ummittelbar mit dem Abbruch der Beziehung zu drohen.

Auf die Fähigkeit zur Identitätsbildung der Akteure ist kein Einfluss auszuüben.[182] Gleichwohl sprechen die bisherigen Überlegungen deutlich für die Forderung an die zu entwickelnde governance structure, dass der kollektive Akteur ‚adaptives Team' die Stärkung von *personaler* und *kollektiver* Identität ermöglichen und fördern sollte[183]: „A group identity may allow individuals to establish the characteristic of

[182] Vgl. erneut das Zitat von Wieland, S. 58, Fußnote Nr. 180.

[183] Die Ermöglichung zur Investition in Identitätskapital über institutionelle Gestaltung ist eine Seite, die gezielte Investition in Identität seitens der individuellen Akteure eine andere Seite derselben Medaille.

reliability with like-minded individuals and enable them to increase the return on economic investments related to identity. Individuals who share the same identity can reap returns not just from consuming the identity but also from using it as a bond to facilitate the conduct of economic activities."[184] Allerdings ist hier Vorsicht geboten, denn „[e]in Unternehmen, dass seine Interaktionen nur über Marktpreise und rigide Durchsetzung von formalen Regeln koordinieren wollte, hätte ebenso die Marktaustrittsoption gewählt wie ein Unternehmen, das personale Identitätsziele maximiert."[185]

Die grundsätzlichen Anforderungen an eine wirksame governance für die Organisationsfigur des adaptiven Teams lassen sich somit weiter wie folgt tabellarisch zusammenfassen:

governance	**Verhältnisse des adaptiven Teams**	**Temporalisierungszwang**		**Integration von Diversifität**
		ex ante	**intermediär**[186]	
Latenz-Korridor	informal	+	0	0
Innenverhältnis	formal u./o. informal	+		+

Legende: + = signifikant vorhanden; stellt hohe Anforderung an die governance
0 = nicht vorhanden; stellt keine Anforderung an die governance

Tabelle 3: Temporalisierung und Diversifität im adaptiven Team.

184 La Croix (1989), S. 219.
185 Wieland (1998), S. 17.
186 Mit ‚Intermediär' wird hier die *Zwischenphase* bezeichnet. Sie liegt *nach* der Beendigung einer Kooperation zur Produktion vermarktbarer Leistung und *vor* einem neuen Arrangement. Vgl. detaillierter S. 84, Abbildung 3.

2.2 Kooperation und Teamproduktion

Zur funktionalen Beschreibung des Zusammenhangs zwischen dem Einsatz gegebener Produktionsfaktoren und dem Produktionsoutput dient in der Standardökonomik üblicherweise die Unterstellung einer bestimmten Produktionsfunktion. Für das adaptive Team gewinnt darüber hinaus die Tatsache an Stellenwert, dass der Mensch selbst Besitzer seiner Inputfaktoren ist und es hier deshalb ausschließlich um 'human assets' gehen kann. Individuelle Akteure wählen die Eintrittsoption, weil dies für sie die Etablierung einer produktiven Kooperationsbeziehung bedeutet. Sie unterwerfen sich einem Regelsystem, das sowohl eine Einschränkung als auch eine Ermöglichung von Verhaltensoptionen für sie bewirkt. Denn gleichzeitig eröffnen sie sich den Zugang auf ein Niveau der Realisierung von pekuniären wie auch nicht-pekuniären Einkommensarten, das außerhalb des Teams und damit außerhalb der Kooperation von den Akteuren nicht erreicht werden könnte. Durch die Zusammenlegung der jeweiligen Erfahrungen und Fähigkeiten, also Wissen (Ressourcen), in einen gemeinsamen Pool wird dieser Effekt erzielt, der im Vergleich zur singulären Aktivität der Akteure (ihrer Ressourcen) für alle Beteiligten Zugewinn bedeutet. Dann bestehen technologisch bedingte Größenvorteile durch Teamarbeit. Sie sind ursächlich auf die Etablierung eines Teams zurückzuführen und damit eine Begründung für Arbeitsteilung. Die Tiefe der Arbeitsteilung einer Gesellschaft determiniert daher die Anzahl der Kooperationschancen.

In den dem adaptiven Team zugrunde liegenden, ggf. formalen Kooperationsverträgen können bei idiosynkratischem Wissen die pay offs lediglich darauf gerichtet werden, dass ein Produkt vorliegen soll. Aber das Nachdenken und die Sorgfalt, mit der bestimmte Untersuchungsmethoden zur Anwendung kamen, sind als solche nicht oder nur unbefriedigend zu überprüfen. Wenn das Ergebnis nach Beendigung der Kooperation die Akteure nicht zufrieden stellt, gibt es daher kein Verhalten, das geahndet werden könnte.[187]

Da in jedem Fall das Humankapital als Variable das Niveau des Gesamtoutputs, also des Teamproduktes determinieren, liegt die Vermutung nahe, auf den Beitrag jedes individuellen Teammitgliedes schließen zu können. Die Literatur liefert Gründe dafür, warum dies

[187] Die leguan GmbH ist ein treffendes Beispiel dafür. Dort kann sich die Geschäftsführung als Prinzipal mit den Agenten allenfalls auf eine Methode einigen, mit der die Untersuchung durchzuführen ist. Die Qualität der Durchführung ist jedoch nicht beobachtbar/verifizierbar.

nicht so ist: Der Output ist nicht die Summe der Inputleistung einzelner Teammitglieder, sondern mehr als das. Eben deshalb lohnt sich Teamproduktion. „Team production ... is production in which 1) several types of resources are used and 2) the product is not a sum of separable outputs of each cooperating resource. An additional factor creates a team organization problem - 3) not all resources used in team production belong to one person."[188]

Da anhand des Gesamtoutputs *nicht* auf den individuellen Anteil jedes Akteurs daran geschlossen werden kann, weil die Variablen der Produktionsfunktion nicht separierbar sind, stellt sich einerseits die Frage nach *angemessener* Kompensation der individuellen Akteure. Andererseits begründet eben dieses Phänomen für den einzelnen Mitarbeiter den Anreiz, sein individuelles Leistungsvermögen tendenziell dem Team (den übrigen Mitgliedern) vorzuenthalten.[189] Zu dem Problem der Messung individueller Beiträge bei Teamproduktion bemerken Alchian und Demsetz: „With team production it is difficult, solely by observing total output, to either define or determine each individual's contribution to this output of the cooperating inputs. The output is yielded by a team, by definition, and it is not a *sum* of separable outputs of each of its members."[190]

Aus Sicht der Theorie der Verfügungsrechte[191] kann gesagt werden, dass eben diese Rechte an dem 'Inputfaktor Mitarbeiter' trotz des ggf.

---

188 Alchian/Demsetz (1972), S. 781.

189 „Viewed in this light it is clear that our definition of agency costs and their importance to the theory of the firm bears a close relationship to the problem of shirking and monitoring of team production which Alchian and Demsetz (1972) raise in their paper on the theory of the firm." Jensen/Meckling (1976), S. 309.

190 Alchian/Demsetz (1972), S. 779.

191 Die Institution des Verfügungsrechts steht im Zentrum dieser Theorie. Auf dem Konzept der Transaktionskosten fußend, wird davon ausgegangen, dass Kosten im Zuge der Übertragung, Spezifizierung und Durchsetzung von Verfügungsrechten entstehen. „I define transaction costs as the costs associated with the transfer, capture, and protection of rights." Barzel (1989), S. 2. Die gegebene Struktur der Verfügungsrechte ist für die Akteure handlungsbestimmend. So wird das Recht, über eine Ressource zu verfügen, einerseits von der bestehenden Rechtsordnung festgelegt, andererseits ist entscheidend, wie die Akteure selbst mit Rechten ausgestattet sind. *Usus* bezeichnet das Recht zur Nutzung der Ressource. *Usus fructus* wird das Recht genannt, die Gewinne bzw. Verluste einzubehalten bzw. zu tragen. Über das Recht zum *abusus* muss ein Akteur verfügen, um zu Substanzänderungen legitimiert zu sein. Weiterhin gibt es das Recht zur Übertragung einzelner oder aller

formalen Arbeitsvertrages, der mit der Mitgliedschaft zum adaptiven Team einhergeht, nicht vollständig unter die Verfügungsgewalt des Prinzipals bzw. des Teams als Kollektiv gelangen können, da die individuellen Akteure Besitzer ihres Wissens und ihrer kognitiven Kompetenzen (ihrer human assets) sind und dies auch bleiben, nachdem sie einem adaptiven Team beigetreten sind. Das Ausmaß der bei den individuellen Akteuren verbleibenden Verfügungsgewalt über ihr Wissen, ihre Präferenzen und wahren Handlungsmotive ist groß genug, um Zustände zu forcieren und zu etablieren, die für ein Team nicht nur lokal zum Problem werden können: „The firm does not own all its inputs. It has no power of fiat, no authority, no disciplinary action any different in the slightest degree from ordinary market contracting between any two people.“[192] Die Akteure als 'human assets' können in (erfolgs-) entscheidendem Ausmaß nicht unter die Verfügungsgewalt der Firma gebracht werden, weshalb die Vorenthaltung von Inputfaktoren, also *Shirking* möglich wird.[193] Jedes Mitglied wird „... seine Arbeitsleistung und die daraus resultierende Belohnung so bemessen, daß die marginale Rate der Substitution zwischen Freizeit und Arbeit gleich ist der marginalen Rate der Substitution von Konsumtion.“[194] Die Folge ist eine Ausweitung des nicht-pekuniären Teils des jeweiligen Einkommens, wodurch die Akteure insgesamt ein noch höheres Niveau der Befriedigung ihrer Bedürfnisse erreichen. Niemand hätte einen Anreiz zum Shirking, wenn die Aufdeckung solchen Verhaltens innerhalb des adaptiven Teams kostenlos wäre. Denn wäre es kostenlos, könnte defektierendes Verhalten unmittelbar von den anderen Teammitgliedern geahndet werden. Solches Verhalten einzelner geschieht auf Kosten des Teams und wird deshalb von ihm zum Teil finanziert.

---

vorstehender Rechte an der Ressource (Veräußerungsrecht). Vgl. exemplarisch Richter (1994), S. 12, Wolff (1994), S. 28. In Anlehnung an Furubotn und Pejovich (1974) zählt *Gerecke* (1997) das Veräußerungsrecht zum *abusus*. Vgl. Gerecke (1997), S. 106. Die Angaben beziehen sich auf das unveröffentlichte Manuskript der Dissertation.

192 Alchian/Demsetz (1972), S. 777.

193 Trotz dieser Tatsache favorisieren die Autoren die Wirksamkeit von Verfügungsrechten, wenn es um 'body' und 'mind' geht: „What is owned are rights to use resources, including one's body and mind, and these rights are always circumscribed, often by the prohibition of certain actions.“ Alchian/Demsetz (1973), S. 18. Alchian und Demsetz beschreiben den geschilderten Zusammenhang für den Fall, dass Freizeit und höheres Einkommen Inhalt der individuellen Nutzenfunktion sind, was wegen der zugrunde gelegten Präferenzen dazu führt, dass Mitarbeiter im Dienst tendenziell ihren Arbeitseinsatz durch Freizeit substituieren. *Leisure* steht dabei für alle denkbaren nicht-pekuniären Einkommensarten.

194 Wieland (1996), S. 100.

Die Auswirkungen individueller Aktionen zur Nutzenmaximierung (-satisfizierung) dieser Art bedeuten zusätzliche Kosten für das gesamte adaptive Team. „Opportunismusgewinne fallen individuell an, die Kosten kollektiv.“[195] Sie fallen für die Etablierung von Kontrollmechanismen an und sind auch auf die Reduzierung der Kooperationsrente, also des gemeinsamen Teamproduktes, zurückzuführen.[196] Wegen dieses Zusammenhangs ist ein Niveau der Kooperationsrente nicht realisierbar, das erreicht werden könnte, wenn es den Anreiz zum Shirking nicht gäbe. Erfolgsmindernden Einfluss haben dann ebenfalls jene Transaktionskosten, die die Durchsetzung der Verfügungsgewalt über die Ressource betreffen[197] und die aufgrund der Diversifitätskriterien entstehen, die nicht gezwungenermaßen Ursache für opportunistische Aktionen sein müssen.

Welche Lösung bieten die Autoren Alchian und Demsetz für ihr Shirking-Problem an? „How can the members of the team be rewarded and induced to work efficiently?“ [S. 779] ... „One method of reducing shirking is for someone to specialize as a monitor to check the input performance of team members.“ [S. 781][198] Sie führen den Residual Claimant ein, der mit einem Set von Rechten ausgestattet wird, um das Problem des Shirking wirksam handhaben zu können. Er kontrolliert die Inputleistung der Teammitglieder durch Monitoring.[199] Als zentraler Vertragspartner verfügt er über ein Bündel von Rechten, das ebenfalls für die klassische, kapitalistische Firma kennzeichnend ist. Der Residual Claimant ist dann Eigentümer: „...1) to be a residual claimant; 2) to observe input behavior; 3) to be the central party common to all contracts with inputs; 4) to alter the membership of the team; and 5) to sell

---

195 Wieland (1996), S. 100.

196 Die Erträge aus der Ressourcenzusammenlegung müssen deshalb nicht nur größer sein als bei Einzelproduktion, sondern überdies die Kosten der Organisation und Überwachung der Mitarbeiter übersteigen.

197 “An authorized decision maker (e.g., the owner of the firm) can impose costs on firm members as a result of his decisions, but other firm members can - by their actions - impose external costs on individuals as well. These external costs are the result of shirking or opportunistic behaviour on the part of individuals working together within the firm.” Gifford (1991), S. 93.

198 Alchian/Demsetz (1972).

199 „It connotes measuring output performance, apportioning rewards, observing the input behavior of inputs as means of detecting or estimating their marginal productivity and giving assignments or instructions in what to do and how to do it.“ Alchian/Demsetz (1972), S. 782.

these rights...".[200] Werden diese Rechte mit der bekannten Unterscheidung von usus, usus fructus, abusus und dem Veräußerungsrecht verglichen, so wird deutlich, dass das Institut des *absoluten Rechtes* im Sinne der Theorie der Verfügungsrechte als Lösung vorgeschlagen wird. Es ist die Absicht, die Verdünnung der Rechte durch eine zentrale Vertragsstelle abzulösen. Externe Effekte durch nicht autorisierte Nutzung sollen auf diese Weise ebenfalls effizient vermieden, also internalisiert werden.

Durch die Einführung des zentralen Vertragspartners lässt sich das Team auf Vertragsbeziehungen zwischen seinen Mitgliedern und dem Residual Claimant zurückführen. Aber wer kontrolliert den Kontrolleur? Schließlich könnte auch er ‚Drückebergerei' verüben.[201] Es wird davon ausgegangen, dass der Residual Claimant aufgrund seines pekuniären Anreizes seine Aufgabe vollkommen korrekt erfüllt und sein Leistungspotenzial nicht opportunistisch vorenthält. Dies wird also nicht als Problemquelle gesehen. Die Autoren wenden sich von dieser Frage ab und sehen die Shirking-Problematik durch wirksame Kontrolle der Mitarbeiter durch den Residual Claimant gelöst.

Dass aber die Kontrolle, die der Residual Claimant auf die übrigen Akteure in der Firma ausübt, stets wirksam funktioniert, relativieren die Autoren selbst. „... sometimes by inspecting a team member's input activity we can better judge his output effect, perhaps not with complete accuracy but better than watching the output of the team. It is not always the case that watching input activity is the only or best means of detecting, measuring or monitoring output effects of each team member, but in some cases it is a useful way."[202]

Für die Unmöglichkeit *vollständigen* Monitorings sprechen mehrere Gründe. „One of the prescient lessons of sociology is that demands for control can have both intended and unintended effects and that unintended effects often have dysfunctional consequences."[203] Durch

---

200 Alchian/Demsetz (1972), S. 783. Dieses Rechtsbündel definiert demnach die klassische, kapitalistische Firma. Sie wird als ein besonderer Markt gesehen, der sich in Privatbesitz befindet.

201 „But who will monitor the monitor?" Alchian/Demsetz (1972), S. 782; Diese Frage wurde bereits 1968 von Garrett Hardin gestellt: „Who shall watch the watchers themselves?" Hardin (1968), S. 140.

202 Alchian/Demsetz (1972), S. 781, Fußnote Nr. 7.

203 Williamson (1993), S. 459/460.

Technologie ergeben sich zwar neue Möglichkeiten der Kontrolle[204], aber oft reizen sie die Überwachten zur Produktion intelligenter Gegenmaßnahmen an. Weiterhin entziehen sich insbesondere für das adaptive Team aufgrund der Diversifitätskriterien die Qualitäten einer Vielzahl von Aktionen jeder Beobachtung.

2.3 Individuelle versus kollektive Rationalität: Wege aus der Dilemmastruktur im adaptiven Team

Jeder Tausch über die Organisationsfigur des adaptiven Teams beruht auf Leistungsversprechen. Aus ökonomischer und juristischer Perspektive hat Vertragsrecht dabei die Aufgabe, den Bruch eines solchen Versprechens mit Kosten zu belegen (Schadensersatz oder Vertragsstrafen) und ist daher prinzipiell in der Lage, den Konflikt zwischen kollektiver und individueller Rationalität zu überwinden.

Wie aber können die Versprechen individueller Akteure des adaptiven Teams *glaubhaft* gemacht werden, wenn das Recht nur unzureichend funktionieren kann oder der Erwartungswert von Strafen nicht hoch genug ist, weil die Aufdeckungswahrscheinlichkeit defektierenden Verhaltens zu gering ist? „Bei einer reinen Binnentransaktion oder bei Existenz einer perfekten internationalen Privatrechtsordnung träte ein .. Verlust nicht auf.“[205] Im folgenden werden Mechanismen mit kooperationsfördernder Wirkung beschrieben. Dann stellt sich die Frage, wie diese für adaptive Teams zu institutionalisieren sind.

---

204 So diskutieren etwa Beatty/Zajac (1994) die Option, den incentive contract zwischen Prinzipal und Agent durch monitoring technologies zu substituieren.

205 Schmidtchen (1995), S. 93.

		A	
		Kooperiere	Defektiere
B	Kooperiere	I) 1 1	II) 2 -2
	Defektiere	III) -2 2	IV) -1 -1

Tabelle 4: Auszahlungsmatrix einer Dilemmastruktur[206]

Die Auszahlung (-1 / -1) repräsentiert das einzige Nash-Gleichgewicht. Das kollektiv beste Ergebnis können die Akteure nur durch (wechselseitige) Kooperation erzielen. Unabhängig davon, welche Strategie der andere Akteur wählt, sind die Anreize jedoch so gesetzt, dass die Defektion die nutzenmaximierende Strategie für jeden Akteur ist. Der Quadrant IV beschreibt somit die pareto-superiore Auszahlung für das Kollektiv. Um das individuell schlechteste Ergebnis zu vermeiden, ist die Defektion notwendig. Es gilt, die Handlungsbeschränkungen (governance structures) für die Akteure des Teams so zu gestalten, dass es aus individueller Sicht rational ist, die kooperative Strategie zu wählen, um die kollektive Selbstschädigung zu verhindern. Eine Veränderung situationaler Anreize kann sicherstellen, dass sich die Akteure wechselseitig auf die Einhaltung der Norm ‚kooperiere' verlassen können. Dies soll möglichst auch dann greifen, wenn Verhalten *nicht* oder nicht im Moment einer Handlung beobachtbar und damit bewertbar wird. Darum ist ein Norm vor allem anreiz*kompatibel* zu implementieren, um die Hobbes'sche Degeneration zum ‚Krieg aller

206 Vgl. etwa Schäfer/Ott (1995), S. 412-414, Cooter/Ulen (1997), S. 33 sowie Posner, V.i.V. Sie ist durch die folgenden Eigenschaften charakterisiert: A) Es wird unterstellt, dass beide Akteure (Gefangenen) eine Präferenz für Freiheit haben, die für sie den höchsten Nutzen repräsentiert. B) Die kooperative Zusammenlegung von Einzelaktivitäten führt zu einer Steigerung des Nutzens gegenüber demjenigen Nutzen, der den Individuen erwächst, wenn sie nicht kooperativ agieren. C) Nach Eintritt in die kooperative Gemeinschaft (hier dem adaptiven Team) hat jeder individuelle Akteur die Möglichkeit, durch die verdeckte Wahl der nicht-kooperativen Strategie das Kollektiv auszunutzen. Dadurch erfährt er kurzfristig einen gesteigerten Nutzen, aber bezogen auf die gesamte Kooperationsphase erleidet das Team schwere Verluste. D) Die Akteure können *nicht* miteinander kommunizieren. Die Auflösung dieses Konfliktes würde notwendig machen, dass jeder individuelle Akteur anstelle der nicht-kooperativen Strategie die kooperative Strategie wählte. Dies ist aber nicht selbstverständlich, da die Akteure annahmegemäß dazu neigen, ihren Nutzen egoistisch zu maximieren.

gegen aller' zu verhindern (vgl. S. 49) und statt dessen das produktive Zustandekommen von Interaktionen als ,gains from trade' zu erlauben.

Die *Iteration* und das *Hands-tying* sind privatautonome Formen zur Herstellung von Bedingungen, die zur Kooperation führen können. Sie werden im folgenden kurz skizziert, um sie später auf unsere Organisationsfigur zu beziehen und zu untersuchen, was hierbei für das adaptive Team typisch ist.

2.3.1 Iteration

Die privatautonome Manipulation der Kooperationsanreize durch *Iteration* beruht auf einer Einbettung eines einzelnen Leistungstauschs (einer Transaktion) in eine *langfristige* Geschäftsbeziehung. Jeder individuelle Akteur des adaptiven Teams macht dann sein Verhalten vom Verhalten der jeweils anderen Akteure in der Vergangenheit abhängig. Jedes einzelne Spiel (jede einzelne Kooperation zwischen den Akteuren) geschieht gleichwohl vor dem Hintergrund eines Rationalitätskonflikts.[207] Die gesamte Spielfolge besteht dann aber aus der *Wiederholung* einzelner Spiele. Dadurch entsteht ein *Superspiel*[208], das einen für alle *unbekannten* Endzeitpunkt aufweist.

Mit Axelrod gesprochen, vermag die Zukunft durch Iteration ihren Schatten in die Gegenwart zu werfen „... and thereby affect the current strategic situation."[209] Der Schatten ist als Metapher für den Verlust langfristiger Gewinne aus dauerhafter Kooperation bei jeweils lokaler Defektion zu verstehen. Der drohende zukünftige Verlust ,zähmt' so den individuellen Anreiz, kurzfristig hohe Gewinne auf Kosten des Kollektivs zu erzielen. Neben anderen Autoren konnte auch Axelrod zeigen, dass „... dauerhafte Kooperation eine Konsequenz der möglichen Gleichgewichtseigenschaft von Superspielstrategien [ist], deren zentraler Bestandteil aus dem ,Versprechen' besteht, auf kooperatives Verhalten künftig selbst kooperativ, aber auf nicht-kooperatives Verhalten künftig nicht-kooperativ zu reagieren."[210] Durch diesen Mechanismus des private ordering kann der Rationalitätskonflikt im Prinzip überwunden werden; zumindest führt dies zu einer Abschwächung des Anreizes für nicht-kooperatives Verhalten. Der Schlüssel dazu liegt in der Manipulation (Erhöhung) der Neuabschlusswahr-

---

207 Vgl. Posner, V.i.V., S. 19.
208 Vgl. exempl. Hegselmann (1989), S. 17.
209 Axelrod (1984), S. 12.
210 Schmidtchen (1995), S. 95. Vgl. auch Kasper/Streit (1999) S. 200. Die Strategie ist unter der Bezeichnung ,Tit for Tat' bekannt.

scheinlichkeit[211] der Verträge des adaptiven Teams, und damit in der Etablierung einer *dauerhaften* Kooperationsbeziehung. Dabei stellt sich jedoch theoretisch das Problem der ‚Motivationslücke'[212], die durch Rückwärts-Induktion entsteht. Ein (ggf. auch beschränkt) rationaler Akteur wird in der letzten Runde defektieren, denn dort gibt es keine Aussicht auf Kooperationsgewinne. Dasselbe ist in der zweitletzten Runde zu erwarten. Es gibt auch hier keinen Anlass zur Kooperation, weil antizipiert werden kann, dass alle Spieler in der letzten Runde defektieren, und so fort. Die Rückwärts-Induktion kann aufgelöst werden, wenn den Akteuren *nicht* bekannt ist, bei welchem Spiel es sich um das letzte handelt.

2.3.2 Reputation

Es ist so lange *unvernünftig*, über die Organisationsfigur des adaptiven Teams eine investive Beziehung einzugehen, wie ein Akteur nicht über die Art und Menge der Information verfügt, die er benötigt, um *vernünftig* eine erfolgreiche Kooperation antizipieren zu können. Allerdings kann ohne investive Beziehungen auch keine Reputation[213], etwa für Vertrauenswürdigkeit, entstehen. Diese Gegenläufigkeit müssen wir auflösen. Zunächst können wir aber festhalten, dass das Eingehen der Verhältnisse des adaptiven Teams von der *Reputation der Vertragspartner* und ihre Erfüllung besonders abhängig ist von der jeweiligen Konfiguration personaler und institutioneller Kriterien, von denen beeinflusst die Akteure einen solchen Vertrag *erfüllen*. Durch Iteration wird Reputation aufgebaut.

Die Iteration (s.o.) erweist sich als überzeugender Mechanismus, um die Akteure zur Wahl der kooperativen Strategie zu veranlassen. Weil wir nicht nur Simplifikationen der ‚realen' Welt als Erklärungshilfen heranziehen wollen, verändern wir nun zusätzlich *zwei* wichtige Annahmen: Wir lassen unter den beteiligten Akteuren die *freie Gruppenbildung* und *Kommunikation* zu.[214] Damit können nach einem Spiel die Kombinationen von Akteuren verändert werden, die dann ein neues Spiel beginnen, und die Akteure können sich untereinander von ihren Kooperationserfahrungen berichten. „The partners in the prisoners'

---

211 Zum ‚folk theorem' vgl. exemplarisch Kreps (1990), S. 102ff.

212 Patzig (1986), S. 985.

213 Zum Begriff der Reputation bei Holmstrom/Tirole (1989) vgl. S. 16, Fußnote Nr. 34.

214 Vgl. demgegenüber die üblichen, anderes lautenden Annahmen für Dilemmasituationen, S. 67, Fußnote Nr. 206, Annahmen A, D.

dilemma game are pre-selected and cannot change. The partners in the competitive market select the opposite numbers."[215]

Tullock[216] illustriert Überlegungen hierzu an einem Experiment: 30 Personen halten sich in einem Raum auf, der entlang einer Wand mit isolierten Kabinen ausgestattet ist. Die Personen können frei miteinander kommunizieren. Personen, die die Absicht äußern, miteinander zu kooperieren, gehen in zwei benachbarte Kabinen. Dort treffen sie ihre strategische Wahl an einem Computer-Terminal. Sie erhalten unmittelbar ihren Gewinn bzw. zahlen ihren Verlust. Nachdem sie die Kabinen wieder verlassen haben, können sie mit allen anderen Personen über den Verlauf des Spiels sprechen, sie können erneut spielen und dafür auch die jeweiligen Partner wechseln. Tullock erklärt überzeugend, dass unter diesen Umständen wohl jede Person die kooperative Strategie wählen würde. Die Ausnahmen bilden Fehler oder das Ende des Experiments. Aber auf Märkten verhält es sich anders: „In the real world, of course ... the series of games never ends." Und weiter: "If some individual player did for some reason ... play a noncooperative strategy, he would find it very difficult to get people to play with in the future."[217]

Wenn wir also

- das Experiment *wiederholen* (Iteration)[218],
- den Akteuren die *freie Gruppenbildung*[219] überlassen, wie es auf Märkten üblich ist, und
- *(organisations-) öffentliche Kommunikation*[220] über die Erfahrung mit den jeweiligen Kooperationspartnern zulassen,

dann kann das Verhalten jedes Akteurs während der einzelnen

215 So lautet die Annahme bei Tullock (1997), S. 22ff.

216 Tullock (1997), vgl. ähnlich Cooter (2000), S. 231.

217 Tullock (1997), S. 23. Auch nach Einführung einer Gebühr würden die Akteure die kooperative Strategie spielen.

218 „Enforcement of contracts, however, typically requires coercion by a third party such as the state. Another solution can be found that does not require the state: the commitment of principal and agent to an enduring relationship. Commitment solves the problem of cooperation through repetition of the game." Cooter (2000), S. 231, vgl. dort auch S. 229. Er verweist neben Axelrod (1984) auch auf Fudenberg/Maskin (1986).

219 So auch Cooter (2000), S. 231: „Instead of assuming that there are only two players, assume that there are indefinitely many players ... ."

220 Der Aspekt der Öffentlichkeit wird bei dem Evaluationsmechanismus erneut aufgegriffen, vgl. S. 136ff.

Kooperationen allen Interessierten bekannt werden. „It is critical to our story that the *A*s are able to observe *B*'s past actions and that they condition their behavior on *B*'s actions [S. 107]. ... the best reputation, from the point of view of effecting the type of arrangement we are talking about, is one that is clear-cut and easy to monitor [S. 116]."[221] Es kristallisiert sich so über die Zeit der Qualitätsbegriff und das Verhalten eines Akteurs in Kooperationen heraus. Dem Akteur wird von ehemaligen Kooperationspartnern eine Reputation zugewiesen, die seine Kooperationschancen mit anderen für die Zukunft *eröffnet* oder *beschränkt*.

Bei kostengünstiger Kommunikation von Informationen, die *wahrhaftig* (seriös) über das Verhalten von Akteuren in Kooperationen Auskunft gibt, wäre ein Akteur bei einem Verstoß[222] gegen Abmachungen mit hoher Wahrscheinlichkeit mit dem Totalverlust seines durch andere *ihm zugewiesenen* Reputationskapitals für Integrität, Loyalität, Vertragstreue usf. konfrontiert. Die Existenz dieser Kriterien und die mit ihnen einhergehende ‚Verfügungsgewalt' (Alchian) senkt aber Transaktionskosten: „Je größer das Vertrauenskapital ist, desto weniger Ressourcen brauchen in die Risikovorsorge und in andere nicht direkt produktive Formen der Einkommensverwendung zu fließen. Die positiven externen Effekte von Gewissenhaftigkeit, Zuverlässigkeit und Fairneß nehmen mit der Dauerhaftigkeit der Moralität zu."[223] Bestehen bei Interessierten Zweifel über die Existenz der genannten Kriterien, dann werden diese Prinzipale wohl kaum über die Organisationsfigur des adaptiven Teams mit dem jeweiligen Akteur kooperieren wollen, und dies auch dann nicht tun, wenn sie die *Gewissheit* haben, dass der Akteur über Expertenwissen verfügt, das sie zur Lösung einer Aufgabe über die Organisationsfigur befähigen würde. Die Risiken wären zu groß.

Die Reputation der Akteure bezüglich ihres Verhaltens in Kooperationen ist daher ein entscheidendes Kriterium für oder gegen die Etablierung einer solchen Kooperation. „[P]eople are more likely to cooperate when they expect to have repeat dealings with each other than when

---

221 Kreps (1990).

222 „Der öffentliche Tadel im Fall der Normmissachtung kann selbst zu einer wirksamen Restriktion werden, weil dieser zu geringen Kosten erzeugt werden, aber zu großen Kosten der Trittbrettfahrer führen kann." Tiemann (1999), S. 60. Vgl. Kliemt (1993), S. 102 sowie Kirchgässner (1992), S. 311. Tiemann (1999) gibt zu denken, dass dies ggf. auch zu einer negativen Imagewirkung der Normbefolger führen kann.

223 Horn (1996), S. 128.

they expect never to see each other again."[224] In klassischen Kooperationsbeziehungen, wie sie etwa von Macaulay beschrieben werden, ist die Pflege persönlicher Beziehungen und der Aufbau einer ‚guten' Reputation vergleichsweise einfach zu erzielen. „They may know each other socially and even belong to the same country club."[225] Für adaptive Teams muss ein geeignetes Institutionendesign erst etabliert werden, das sowohl den *Aufbau*, *die Erhaltung*, als auch die *Vernichtung* von Reputationskapital leisten kann. Darüber hinaus muss der erste kooperative Spielzug rational begründbar sein, wenn es noch *keine Erfahrung* und damit kein Reputationskapital mit/von einzelnen Akteuren gibt. Insbesondere wegen des letzten Aspekts können *normative Erwägungen*[226] den Anreiz der Akteure zur Kooperation verstärken und wir können weitestgehend davon Abstand nehmen, dass es hierzu einer „... intrinsischen Motivation des Handelnden [bedarf], die sich ... als eine ethisch motivierte Selbstverpflichtung auf die Einhaltung von Normen um ihrer selbst willen richtet."[227]

2.3.3 Hands-tying

Das Hands-tying (oder die Selbstbindung) bedeutet hier die Vornahme spezifischer Investitionen individueller Akteure im Zuge der Etablierung eines adaptiven Teams. Ein Akteur soll seine Investitionen möglichst nicht rückgängig machen können. Erfüllt er dann ein Vertragsversprechen nicht, so bestraft er sich selbst durch den Verlust bzw. die Minderwertigkeit seiner Investitionen in alternativen Verwendungsarten (Problem der versunkenen Kosten). Insofern sollen die Opportunitätskosten der Nichteinhaltung eines Vertrags möglichst hoch sein, also möglichst zur vollen Abschreibung führen. Dies dürfte auch dazu führen, dass ein potenzieller Agent seine eigene Kooperationsfähigkeit ex ante kritisch prüft.

Natürlich sind die genannten Formen in ihren Auswirkungen auf die Verhältnisse zwischen den Akteuren inhaltlich nicht überschneidungsfrei.

[224] Posner, V.i.V., S. 20. Kreps (1990).
[225] Macaulay (1963). S. 63.
[226] Vgl. Löhr/Osterloh (1993).
[227] Tiemann (1999), S. 18. Vgl. dort ebenfalls S. 19ff.

Kapitel III: Das adaptive Team als Vertragsproblem

3.1 Ökonomischer und juristischer Vertragsbegriff

Im Unterschied zur juristischen Begriffsverwendung[228] gilt der ökonomische Vertragsbegriff auch für „... nicht-rechtsverbindliche Willenserklärungen - deren Erfüllung aber von außen durch irgendeine Form von gesellschaftlichem Druck (Weber, 1990) oder von innen durch ‚Selbstdurchsetzung' garantiert ist."[229]

Die rechtliche Durchsetzung von Verträgen ist dann kein Problem, wenn die Vertragsbedingungen vollständig formulierbar sind, und wenn sie sich für alle möglichen Kontingenzen nachprüfen lassen, so wie es etwa in der Welt der Zeit-Zustands-Präferenz-Theorie von Arrow und Debreu der Fall ist.[230] Dort wird der Idealtypus des vollständigen Vertrags vorausgesetzt, der als das juristische Komplement des ökonomischen Modells des vollkommenen Marktes verstanden werden kann. Vollständige Verträge in diesem Sinne sind Vereinbarungen, die von der Bedingung umfassender und vor allem auch *symmetrisch* verteilter Information zwischen den beteiligten Akteuren ausgehen.[231] Damit sind sie ex ante eindeutig definiert und verbindlich, wobei es

---

228 Obwohl er die Wirkung legaler und nicht-legaler Normen für interorganisationale Beziehungen diskutiert, nennt Macaulay noch 1963 nur das *Vertrag*, wofür es aktuelle oder potenzielle *rechtliche Sanktionen* gibt, um performance zu steigern bzw. einen Vertragspartner wegen der Vorenthaltung von performance zu sanktionieren, S. 56. Zur Kritik an dieser Arbeit vgl. Braham (2001).

229 Richter/Furubotn (1996), S. 156/157. Die Autoren fügen jedoch einschränkend hinzu, dass es keine klare und eindeutige Trennlinie zwischen Verträgen im Rechtssinne und Verträgen *nicht* im Rechtssinne zu geben scheint.
"Using the language that has become standard in economics, we refer to these agreements as contracts, regardless of whether they have the legal status of contracts. These agreements are voluntary, they will be accepted only if the parties find them individually und mutually advantageous, they can be crafted to suit individual needs and circumstances, and in actual relationships ... ." Milgrom/Roberts (1992), S. 127.

230 Vgl. Debreu (1959).

231 Gerade die Asymmetrie der Informationen induziert jedoch hier das governance-Problem.

gleichgültig ist, ob die Vereinbarungen formal oder informal begründet wurden. Explizit sind die Vereinbarungen in beiden Fällen. Ein vollständiger Vertrag in dem Sinne, dass er alle möglichen Zustände der Welt zu regeln beanspruchte, wäre nur zu prohibitiv hohen Transaktionskosten und somit allenfalls als theoretischer Extremfall vorstellbar.[232] Für den Fall, dass es zu bedeutenden Veränderungen bzw. zu Streitigkeiten kommt, muss der Vertrag so geschrieben sein, dass ihn ein unabhängig von den Vertragsparteien wirkender Beobachter, beispielsweise ein Gericht, möglichst unzweideutig interpretieren kann, um damit die bekannte Third-Party-Metapher der Institutionenökonomik zu benennen.[233]

Mit der Organisationsfigur des adaptiven Teams, seinen Operationsbedingungen und dem Anspruch realitätsnaher Gestaltungshinweise, die aus dieser Untersuchung hervorgehen sollen, entfernen wir uns notwendigerweise von dem soeben charakterisierten, vollständig determinierten Vertrag und substituieren ihn durch das Modell des unvollständigen Vertrags.[234] Wir stützen uns dabei auf die Erkenntnis, dass es aus individueller Sicht zwar um ‚unvollständige' Informationen geht, jedoch bei hidden action- und moral hazard-Problemen von *asymmetrisch verteilten Informationen* die Rede sein muss.[235] Diese Asymmetrie in Verbindung mit Unsicherheit begründet die systematische Unvollständigkeit von Verträgen. Der Unsicherheit kommt beim adaptiven Team besondere Bedeutung zu, weil keiner der Vertragspartner zum Zeitpunkt des Vertragsabschlusses absehen kann, worauf er sich tatsächlich einlässt. Die Eigenschaften und damit die Qualitäten des (joint) product sind systematisch indeterminiert und nicht nur hinsichtlich der darüber vorhandenen Informationen asymmetrisch verteilt.[236]

---

232 Vgl. detailliert Eger (1995), S. 33ff.

233 Wie aber schon bei der Diskussion um die sog. punitive damages erkannt worden ist, sind beispielsweise bei Informationsverkeilung auch die besten Gerichte zu einer entsprechenden unparteiischen Schiedsrichterlösung kaum befähigt. Daher müssen hier andere (informale, selbstbindende, sozial anreizende/sanktionierende) Arrangements erkundet werden.

234 Vgl. hierzu Richter/Furubotn (1996), S. 157.

235 Dies obgleich im Zeitpunkt der Vertragsunterzeichnung oft annahmegemäß symmetrische Informationsverteilung zwischen beiden Vertragspartnern besteht.

236 Die Informationsasymmetrie ist dabei argumentativer Referenzpunkt und bedeutet, dass die Menge der möglichen Zustände der Welt bereits ex ante derart groß ist, dass sie unmöglich in einem vollständigen Vertrag kontrahiert werden kann.

Von der Transaktionskostenökonomik[237] wird der Vertragsbegriff deutlich offener verwendet.[238] Langfristige, aber dennoch auf simultane Berücksichtigung umfassender Komplexität angelegte Verträge werden dort als unmöglich angesehen. Die Theorie geht von der Tatsache aus, dass Transaktionen[239] in einer turbulenten (Um-) Welt stattfinden. Der prozesshafte Organisationsbegriff der Theorie ermöglicht die Analyse, beginnend mit der Anbahnung der Vertragsbeziehung, über die Ausarbeitung des Vertrages, bis hin zu der Behandlung von Schwierigkeiten während der Vertragsexekution.[240] Eben *weil* sich vielfältige Koordinati-

---

237 Wie schon erwähnt, wird die Transaktionskostenökonomik eng mit *Williamson* in Verbindung gebracht und ist Ausdruck der systematischen Weiterentwicklung vieler Ideen von Autoren wie Knight, Simon, Coase und Macneil. Williamson untersucht ökonomische Organisationen von dem Standpunkt der *vergleichenden* Institutionenanalyse aus, wobei die Abhängigkeit der Optimierung (Minimierung) der Transaktionskosten von der Wahl des jeweils zugrundeliegenden Vertragsrechts berücksichtigt wird. Methodisch liegt deshalb die Transaktion als „basic unit of analysis" (Commons, 1934) zugrunde. Sie ist in dieser Theorie die zentrale Institution. Die beobachtbare „endlose Vielfalt" (Williamson, 1985, S. 320) der ökonomischen Institutionen dient deshalb der Einsparung von Transaktionskosten. Unter dieser Heuristik können alternative governance structures Gegenstand von Untersuchungen werden.

238 Schweizer (1999) kennzeichnet die Transaktionskostenökonomik Williamsonscher Prägung als Konkurrenzprogramm zur Vertragstheorie. Jene Sichtweise könne dem komplexen Thema ökonomischer Verträge nicht gerecht werden, weil der Begriff der Transaktionskosten die Vorstellung nähre, dass „... es sich beim Institutionenvergleich um ein eindimensionales, auf einer Skala in Geldeinheiten messbares Problem handelt." Schweizer (1999), S. 3. Bei der Argumentation für die aus seiner Sicht damit notwendiger- und konsequenterweise zu wählende Verhaltenshypothese des homo oeconomicus räumt er hingegen ein, dass „... die Theorie der rationalen Entscheidung zuweilen im Widerspruch zu tatsächlich beobachtbarem Verhalten [stehe]." Schweizer (1999), S. 4.

239 Vgl. Williamson (1985), S. 22. „A transaction occurs when a good or service is transferred across a technologically separable interface. One stage of activity terminates and another begins." Williamson (1985), Prologue, S. 1. Dabei entstehen Reibungsverluste, die ursächlich für die Entstehung von Transaktionskosten sind. Williamson vergleicht sie mit Friktionen in physikalischen Systemen. Sie begründen Kosten für die Anbahnung, Durchführung und eventuellen Nachbesserung von Vertragsbeziehungen. Zur Kritik am Transaktionsbegriff vgl. Homann/Suchanek (2000).

240 Vgl. Macneil (1974), Williamson (1990), S. 77ff. Hinsichtlich der Vertragsrechte unterscheidet Williamson in Anlehnung an Macneil zwischen klassischem, neoklassischem und relationalem Vertragsrecht. Zur Kritik an der von Macneil eingeführten Unterscheidung vgl. Eisenberg (1995). Für Wieland (1999) hingegen „bezeichnet [Organisation] sowohl den allge-

ons- und Kontrollprobleme ergeben, wird durchgehend verhandelt.[241] Außergerichtliche Institutionen (private ordering) gewinnen dabei besonderen Stellenwert.[242]

Der Gesamtoutput (cooperative surplus) des adaptiven Teams wäre größer, wenn jeder individuelle Akteur neben dem expliziten Vertrag ebenfalls den gleichlaufenden impliziten Vertrag erfüllte. Damit wäre die Vorenthaltung von Inputfaktoren ebenso vermieden wie die Verschwendung von Ressourcen wegen ‚honest disagreements' und das Risiko opportunistischer Ausbeutung vergleichsweise geringer, so dass dem adaptiven Team als institutionellem Arrangement im Vergleich der Vorzug gegeben werden könnte. Neben den expliziten Verträgen gilt es deshalb auch, deren implizite Bestandteile zum Adressaten möglicher governance adaptiver Teams zu machen.

3.2 Der explizite Vertrag und sein implizites Komplement

Weil zukünftige Zustände nicht vollständig bekannt sind und darum nicht planvoll berücksichtigt werden können, muss die Ungewissheit eingeplant werden. Um die Möglichkeit des ex post contracting zu eröffnen, wurde daher die Transaktionskostenökonomik herangezogen. Aus der Einsicht heraus, dass der Status quo des Gesamtinputs sowohl von den formalisierbaren und/oder informalen, aber auch von den impliziten Aspekten determiniert wird, soll zunächst diese Differenz genauer betrachtet werden. Denn wenn explizite Verträge im Innenverhältnis des adaptiven Teams für dieses an Steuerungsfähigkeit einbüßen, dann ist es notwendig, die Aufmerksamkeit auf die impliziten Aspekte zu richten. Ein impliziter Vertrag und die sich um ihn kristallisierenden Erwartungen durchläuft während des gesamten Verhältnisses verschiedene Qualitäten.

„Since the specification of rights is generally effected through contracting (implicit as well as explicit), individual behavior in organizations ... will depend upon the nature of these contracts."[243] Beides sind

meinen Prozeß des Organisierens als auch die spezifische Form, innerhalb deren sich dieser Prozeß vollzieht." S. 48.

241 Eger (1995), S. 40ff liefert sehr prägnant die Gründe für die unvollständige Spezifizierung und Durchsetzung von Verträgen. Dabei bezieht er seine Ausführungen explizit auf Langzeitverträge.

242 Das gewünschte Resultat innerhalb dieses 'efficiency branch' ist eine positive Differenz zugunsten des 'private ordering'.

243 Jensen/Meckling (1976), S. 308.

Institutionen zur Reduktion von Komplexität, beide dienen der Stabilisierung unsicherer Erwartungen.[244] Wie schon Jensen und Meckling[245] unterscheidet auch die Transaktionskostenökonomik explizite und implizite Verträge bzw. Vertragsbestandteile. "In fact, contracts may be completely unarticulated and implicit, with no power of law behind them whatsoever."[246]

Ripperger charakterisiert implizite Verträge als „... [v]on den Vertragsparteien geteilte wechselseitige Erwartungen, die zwar als verbindlich angesehen werden, aber nicht gerichtlich durchsetzbar sind ... ."[247] Erkennen wir diese Definition an, so verlagert sich für uns das Problem von der naturgemäß unmöglichen Verifikation der Inputleistung (bzw. des Teamproduktes) auf die notwendigerweise *vorherige* Herstellung des ‚shared understanding' darüber, welche Erwartungen man bezüglich der Erfüllung von Vertragsbestandteilen gegenüber dem jeweils anderen hat, die nicht explizit geregelt worden sind oder geregelt werden können. „In jeder .. vertraglichen Beziehung eines Unternehmens läuft ein 'impliziter' oder 'psychologischer Vertrag' mit, der aus wechselseitigen Versprechungen und Erwartungen besteht, die verbindlich sind, obwohl sie nicht expliziter Bestandteil des .. Vertrages sind."[248] Macaulay zeigte bereits 1963, dass Geschäftsleute üblicherweise die ihnen gemachten Versprechungen nicht juristisch einfordern, sondern stattdessen nach einem System der gegenseitigen Übereinkunft operieren, das auf Vertrauen basiert.[249]

Der implizite Vertrag enthält jene Aspekte, die sich systematisch der exakten Spezifizierung entziehen. Exakt explizierbare und damit kontrahierbare Aspekte sind idealerweise quantifizierbar, wie die Arbeitszeit, die Anzahl der Urlaubstage oder die Höhe der Kompensa-

---

244 Jedoch gibt es Unterschiede in ihrer Wirkungsreichweite und in ihrer Eignung, die mit der Vertragsbeziehung einhergehenden Risiken zu verringern oder zu begrenzen.

245 Die Prinzipal-Agent Theorie verhilft zwar zu wertvollen Einsichten, aber wegen der Zugrundelegung des klassischen Vertragsrechts und der Bezugnahme auf nur eine Periode verharrt sie konzeptionell allzu sehr im neoklassischen Paradigma. Die normative Richtung widmet sich der formalen Darstellung einer optimalen Vertragsgestaltung und abstrahiert dabei weitgehend von empirischen Randbedingungen (vgl. Kieser 1983, S. 203). Daher wird hier die 'positive Agenturtheorie' bevorzugt, weil sie durch ihren höheren empirischen Wert an die Organisationstheorien anschlußfähig ist.

246 Milgrom/Roberts (1992), S. 127.

247 Ripperger (1998), S. 28.

248 Wieland (1993), S. 13 und (1996a), S. 63/64.

249 Vgl. Macaulay (1963), La Croix (1989), S. 221.

tionszahlung. Weniger exakt zu spezifizieren sind etwa die Reichweite der Weisungsbefugnis, das Tätigkeitsfeld o.ä. Noch signifikanter wird das Spezifizierungsproblem für Begriffe wie *Teamgeist*, *Loyalität*, *Identität*, *Vertrauen* und sogar (personale) *Autorität*. Dies entzieht sich gänzlich der Spezifizierung.[250] Dem impliziten Vertrag wollen wir uns nun über die Autorität annähern.

3.3 'To be ordered to do so': Autorität in adaptiven Teambeziehungen

Einen Agenten zu einer Handlung zu zwingen, so die These von Alchian/Demsetz (1972) und Hart (1989), sei unmöglich, weil er das Team jederzeit verlassen könne: Folgt ein Akteur (Agent) dem ‚Befehl' eines Prinzipals zur Ausführung einer bestimmten Tätigkeit *nicht* und wird ihm deshalb mit der Kündigung gedroht, so sei dies dasselbe wie die ‚Drohung' eines Marktes, der über relative Preise im Sinne des folgenden Sprachspiels kommuniziert: ‚Entweder Du lieferst mir das Gut zu diesem Preis und jener Qualität, oder gar nicht.' Hart (1989) stellt fest, dass die Unterscheidung zwischen dem Befehlssystem und dem Preismechanismus ein Mythos ist: „... it is not clear that an employer can tell an employee what to do, any more than a consumer can tell a grocer what to do (what vegetables to sell at what prices); in either case, a refusal will likely lead to a termination of the relationship, a firing. In the case of a grocer, this means that the consumer shops at another grocer. Thus, according to Alchian, Demsetz's argument, Coase's view that firms are characterized by authority relations does not really stand up."[251]

Gerade spezifische Investitionen im Zuge temporärer Integration sind deutliche Hinweise dafür, der Autorität eines Prinzipals hohe Bedeutung zuzuerkennen, weil sie auch explizit begründet ist und es den Agenten etwas kostet, wenn er gegen explizite Regeln verstößt. Schließlich würde eine Kündigung/Auflösung der Kooperation den totalen Verlust der transaktionsspezifischen Investitionen der Akteure bedeuten.[252] Grundsätzlich werden zwei polare Grade trans-aktionsspezifischer Investitionen in physisches und Humankapital unterschieden, die die

250 Vgl. exemplarisch Wieland (1993), Niehus (1997).

251 Vgl. Hart (1989), S. 1761, das Argument von Alchian/Demsetz (1972), S. 777 sowie Coase (1937).

252 Zur detaillierten Untersuchung transaktionsspezifischer Investitionen in Vertragsbeziehungen vgl. insbesondere Gifford (1991), Klein/Crawford/Alchian (1978), Williamson (1979), Grossman/Hart (1986), Milgrom (1988), Furubotn (1988).

Abwicklung bestimmter Transaktionen überhaupt erst möglich macht, nämlich die *idiosynkratische in dem einen* und die *plastische* Verwendbarkeit im anderen Extrem eines Kontinuums. Dabei kann es als problematisch gelten, dass die Faktorspezifität von Investitionen in Transaktionen beinahe zwangsläufig und gleichzeitig im idiosynkratischen Fall zur Abhängigkeit des ggf. idiosynkratisch investierenden Akteurs von dem Fortbestand der Beziehung und damit von der Willkür seines Transaktionspartners führt. Dies beispielsweise dann, wenn einer der Akteure kaum oder jedenfalls weniger transaktionsspezifische Investitionen vorgenommen hat (im Extrem nur plastische Ressourcen eingesetzt hat) und deshalb kostengünstig oder kostenlos die Beziehung beenden könnte. Allein dessen Möglichkeit zur Androhung des Abbruchs der Beziehung macht seinen Vertragspartner anfällig für Ausbeutung. Die maximale Höhe der Ausbeutbarkeit ist damit gleich der Höhe der Quasi-Rente, die sich aus der Höhe der Opportunitätskosten, demnach aus dem Vergleich der alternativen Verwendung der Ressource außerhalb dieser Beziehung, ergibt. Somit ist der Bezug zum holdup-Problem[253] hergestellt, das bereits angesprochen wurde.

Weil wir die Norm für das Team formulieren, adaptiv effizient zu sein, sind jedoch in hohem Maße diskretionäre Handlungsspielräume zuzulassen, um den Akteuren so die Möglichkeit zu eröffnen, Anpassungsbewegungen vorzunehmen.

In seinem Aufsatz 'Organizations and Markets' spricht Simon von einer ‚Zone der Akzeptanz', die im Rahmen eines jeden (Arbeits-) Vertrags - wenn auch in je unterschiedlichem Ausmaß - angelegt ist. Danach werden die Forderungen eines Prinzipals von den Agenten nur dann erfüllt, wenn sie innerhalb dieser Zone liegen. Simon spricht ihr gleichzeitig zu, für die *implizite* Autorität relevant zu sein. „An employment contract contains all sorts of implicit (and explicit) limitation that set boundaries to the range of actions the employee will be directed to perform."[254]

Die implizite Autorität ist daher ein wichtiger Kooperationsmechanismus. Sie repräsentiert die an Personen gebundene Verfügungsgewalt über Ressourcen im Team und damit deren Abhängigkeit voneinander. Nicht „... nur technisch-objektive Ressourcen-Eignungen bzw. -Eigenschaften..." spielen dabei eine Rolle, „... sondern ebenso subjektive Wahrnehmungen und Einschätzungen oder sogar Gefühle eine

---

[253] Vgl. Alchian/Woodward (1987).
[254] Simon (1991), S. 31.

oftmals entscheidende Rolle."[255] Wenn ein Akteur einen anderen als fachliche Autorität anerkennt, wird er seinen Rat anhören und mit hoher Wahrscheinlichkeit befolgen. Beide Formen der Autorität, die explizite wie die implizite, sind auf Grund dessen Allokationsmechanismen und für eine institutionelle Intervention mit Ermöglichungsfunktion für adaptive Teams relevant.

Da jedoch die Unterscheidung ‚expliziter versus impliziter' Vertrag bzw. Autorität eine graduelle ist, die Zuordnungsprobleme heraufbeschwört, hat Alchian eine differenzierendere Analyse vorgeschlagen, die der in der Realität vorkommenden Überschneidung und Diffundierung der Verfügungsgewalt über Ressourcen Rechnung tragen soll. Dieses Konzept erscheint hier mit Blick auf kollektive Aktionen und deren implizite Dimension (Gruppenführerschaft; personale, funktionale Autorität) hilfreich zu sein, so dass diese und die obige Interpretation *gleichgewichtig* sind und hier deshalb parallel gelten sollen: ‚Rechte' interpretiert Alchian als Wahrscheinlichkeiten. Sie kommen zum Ausdruck, wenn der verfügende Wille einer Person über bestimmte Ressourcen im Vergleich zu dem verfügenden Willen anderer Personen dominiert.[256] Das Maß für die ‚Stärke' eines Rechts ist somit die größere oder geringere Wahrscheinlichkeit dafür, dass die Verfügung über eine Ressource mit relativ geringen Durchsetzungskosten verbunden ist und deshalb respektiert wird.[257] Dabei gehen auch die immateriellen Interessen der Akteure in die Nutzenfunktion ein und sind für den Anstieg der Wahrscheinlichkeit des eigenen verfügenden Willens einer Person über bestimmte Ressourcen ursächlich.

Wegen der Interessen an immateriellen Einkommensarten lässt sich der (eben auch materielle) Nutzen aus der Dominanz der eigenen Verfügungsgewalt im Vergleich zur Verfügungsgewalt anderer Akteure über dieselbe Ressource realisieren. Je mehr Rechte an einer Ressource von einem Akteur gehalten werden, je vollständiger also das

---

255 Engelhardt (1998) S. 34/35.

256 Vgl. Alchian (1977), S. 129. Vgl. hierzu auch Schmidtchen (1995), S. 69. Er identifiziert Property Rights als Zuordnungsvorschriften, die „zwischenmenschliche Dominanz-Beziehungen in bezug auf Entscheidungen über die Nutzung von Ressourcen und Gütern festlegen". Auch er spricht von der personalen Zuordnung von Verfügungsrechten.

257 „Die Ursachen für die Anerkennung eines verfügenden Willens können verschiedenartig sein: Sie reichen vom sozialen Status, der Körperschaft, dem Vermögen, der Autorität, dem persönlichen Charme, dem Charisma einer Persönlichkeit, einem Rechtstitel bis zur Androhung von legaler oder illegaler Gewalt. Property Rights machen den der eigenen Verwendung von Gütern entgegenstehenden Willen anderer auf besonders kostensparende Weise gefügig." Meyer (1982), S. 20.

Rechtsbündel ist bzw. je dominanter die eigene Durchsetzungsmacht gegenüber derer anderer ist, um so größer ist (c.p.) der daraus erwachsende Nutzen für ihn. Dieser wird jedoch nicht ausschließlich von dem ihm zur Verfügung stehenden Rechtsbündel bestimmt: Er ist maßgeblich auch von den Transaktionskosten für die Bestimmung, Übertragung und Durchsetzung der Rechte abhängig. Denn je höher diese sind, desto geringer ist der aus den Rechten erwachsende Nettonutzen für den Akteur. Die Schwäche des eigenen, verfügenden Willens über eine Ressource ist folglich Ausdruck des aus subjektiver Sicht hohen Preises für bestimmte Nutzungs- und Verwendungsmöglichkeiten. Je höher die Transaktionskosten der Erlangung der Verfügungsgewalt über eine Ressource für den individuellen Akteur sind, desto eher entzieht es sich der Befähigung dieses Akteurs, die gewünschte Verfügungsgewalt, also die eine Funktion von Autorität, auch tatsächlich zu realisieren.

Einmal kann daher behauptet werden, dass der Anreiz zur Nutzung eines Verfügungsrechts um so geringer ist, je teurer dessen Nutzung ausfällt. Andererseits muss dennoch davon ausgegangen werden, dass dieser Umstand *nichts* an der vorhandenen Präferenz eines Akteurs ändert, die er zur Verfolgung seiner Interessen hat. Wenn mit gegebenem Freiheitsgrad die Aneignung bestimmter Verfügungsrechte für ihn nicht erreichbar ist, trotzdem aber eine ausgeprägte Präferenz dafür besteht, kann gerade dies im adaptiven Team zu Schwierigkeiten führen.[258]

Wo also das Vermögen zur Explizierung und folglich auch der inhaltlichen Spezifizierung der Verhältnisse endet, liegt die Grenze der Wirksamkeit explizit begründbarer Autorität und damit von *Ressourcenallokation*, die sich auf der Seite des Autoritätsadressaten durch den 'Dienst nach Vorschrift' ausdrückt und bis zu diesem Niveau sein Inputverhalten (maßgeblich) bestimmt. Ein Agent des adaptiven Teams würde einem expliziten Vertrag wohl kaum zustimmen, wenn dieser den Anweisungen des Prinzipals überhaupt nicht Folge leisten wollte. Da im Zuge teamspezifischer Investitionen nach Anbahnung der Vertragsbeziehung die Eintrittsoption gewählt wird, kann jedoch dies als ein erstes Signal zur Anerkennung von Autorität interpretiert werden.

Das Argument wird von Arrow unterstützt. Er stimmt wiederum mit Simon überein, wenn er schreibt: „Indeed, as Herbert Simon has emphasized, an employment contract is precisely a contract on the part

---

[258] In dieser institutionenökonomischen Untersuchung betrachten wir primär die *äußeren* Restriktionen und nicht die Motive menschlichen Handelns.

of the employee *to accept authority*."[259] Der Prinzipal nimmt seine Koordinationsfunktion durch Anweisung wahr und substituiert nach seinem Vermögen[260] den Markt, um die vorhandenen Ressourcen der aus seiner (begrenzt rationalen) Sicht besten Verwendung zuzuführen.

Wird dieses Begriffsverständnis von Autorität, nämlich sowohl das explizite als auch das implizite Recht zur Ressourcenallokation im adaptiven Team zugrunde gelegt, so ist es unstrittig, dass sie sich in der klassischen Organisation zur Abwicklung ökonomischer Aktivität über den gesamten Kooperationsprozess entfaltet. Trotzdem sind dieser schon dort Grenzen gesetzt: „That is, the functional role of authority, its value in making the system work, plays a part, though only a part, in securing obedience."[261] Arrow weist neben der notwendigen Bedingung zur Akzeptanz von expliziter Autorität seitens eines Agenten nochmals auf die persönliche Dimension eines Arbeitsvertrags hin, wenn er hinzufügt: "It [ein Arbeitsvertrag; CN] differs therefore from a contract to purchase a commodity, what is bought and sold is not a definite objective thing but rather a *personal relation*."[262] Damit rechtfertigt der Mangel an Steuerungsfähigkeit expliziter Autorität im adaptiven Team die Rede von einer zunehmenden *Selbststeuerung* der beteiligten Akteure.[263]

Die theoretische Auseinandersetzung mit Fragen der *Transaktionsatmosphäre* erscheint daher im Zusammenhang mit der Suche nach möglichen Interventionspunkten effektiver Steuerung adaptiver Teambeziehungen überaus plausibel.[264] Wir nehmen hierzu den Begriff der Moral wieder auf, zu dem wir die in Tabelle 1 auf S. 55 gelisteten

---

259 Arrow (1974), S. 64.

260 Vgl. Hegmann (1999). Er versteht ‚Vermögen' in einer sehr weiten Wortbedeutung als Hierarchie mehr oder weniger flexibel einsetzbarer Ressourcen, ähnlich der *capabilities* bei Sen (1985).

261 Arrow (1974), S. 72/73.

262 Arrow (1974), S. 64, H.n.i.O. Arrow spricht nicht einfach nur von der Anerkennung von Autorität durch einen Agenten. Vielmehr läßt er anklingen, dass es ihm um die *Zuweisung* von Autorität seitens des Agenten gegenüber dem Prinzipal geht.

263 So schreibt Picot (1999), S. 19: „Jeder wird Unternehmer seiner eigenen Fähigkeiten und Kompetenzen. Maßgebliche Produktionsfaktoren sind Know-how und Information."

264 „Autorität ist im Gegensatz zur Standardannahme der ökonomischen Theorie kein Prozess der vollständig beobachtbaren Kontrolle, sondern zielt auf die Beeinflussung der atmosphärischen Parameter einer durchzuführenden Transaktion. Die Bereitstellung individueller Initiative, Einsatzbereitschaft und Identifizierung mit den Zielen des Unternehmens spielen dann eine entscheidende Rolle." Wieland (1995), S. 6.

personalen Kriterien aggregierten. Opportunismus drückt sich damit *mindestens* durch den lokalen Verstoß gegen den impliziten Vertrag aus. Weil das moralische Risiko in den hier untersuchten Verhältnissen immer besteht, erscheint die systematisch naheliegende Frage berechtigt, ob mit der Moral dieses Problem - zumindest teilweise - beherrscht werden kann. Von manchen Ökonomen wird der Moral im günstigsten Falle sogar zugetraut, die Funktionsdefizite von rechtlichen Regelungen und sogar ökonomischen Anreizen zu kompensieren.[265] „... [A]gents who faithfully serve their principals increase the productivity of principal-agent relationships by reducing monitoring costs. ... In general, the obligation to be faithful, truthful, fair, and reasonable lubricates cooperation."[266]

Es erhebt sich die Frage, *wie* und in welchem Sinne eine wie zu verstehende Moral für das adaptive Team auf die produktive Beeinflussung von atmosphärischen Parametern der jeweils durchzuführenden Transaktion abzuzielen vermag. Soweit es möglich ist, wollen wir nach positiven Bedingungskonstellationen für die Selbstdurchsetzung der Verhältnisse suchen und so die Handlungserwartungen im adaptiven Team stabilisieren helfen. Wo dies nicht möglich erscheint, sind zusätzliche Anreiz- bzw. Kontrollmechanismen gefragt, die gegebenenfalls auch außerhalb der Organisationsfigur des adaptiven Teams installiert werden müssen.

3.4 Intra-Team-Kooperation: Ein Modell zur Integration von Partialaspekten der Verträge in adaptiven Teams

In diesem Sinne erscheint es angebracht, von einem Vertragsmodell der Intra-Team-Beziehungen auszugehen, das - wie die gesamte Untersuchung - auf dem Konzept des methodologischen Individualismus fußt und deshalb aus Akteurssicht argumentiert. Dieses Modell soll das *Integral* aus zu unterscheidenden Partialaspekten bilden. Im weiteren Verlauf der Untersuchung wird es häufig als Bezugspunkt dienen, um mögliche Ansatzpunkte für diese ergänzende oder notfalls auch ersetzende institutionelle Interventionen aufzuzeigen. Das Modell schlüsselt die das adaptive Team begründenden Verhältnisse folgendermaßen auf:

---

[265] Wieland (1996), S. 12.
[266] Cooter (1998), S. 587.

- Es trifft spezifische Annahmen bezüglich ihres Verlaufs über die Zeit.
- Es bildet die Ausmaße individueller transaktionsspezifischer Investitionen ab.[267]
- Es rekonstruiert die qualitative Veränderung von Vertragsbeziehungen, nämlich einerseits die (ggf. spontane) Verfestigung des informalen und impliziten Vertrags durch einen formalen Vertrag, und andererseits die qualitative Veränderung des impliziten Vertrags, der über die gesamte Kooperationsphase mitläuft.
- Es zeigt, dass die informalen Vertragsphasen außerhalb der Phasen zur Produktion vermarktbarer Leistung (primäre Kooperation) für die governance des adaptiven Teams im Vergleich zu klassischen Organisationen stark an Relevanz gewinnen.
- Je nach Qualität wird der informale Vertrag entweder zur Produktion von vermarktbaren Leistungen und dann zwangsläufig gleichzeitig zur Produktion von Identität, oder zur ausschließlichen Produktion von Identität herangezogen (primäre bzw. sekundäre Kooperation).
- Das Modell veranschaulicht schließlich auch die Relevanz und Produktion von gegenseitiger Identität für die primäre Kooperation im adaptiven Team zwischen individuellen Akteuren über informale (und implizite) Verträge im Markt; demnach der Herstellung von Kooperationsfähigkeit.

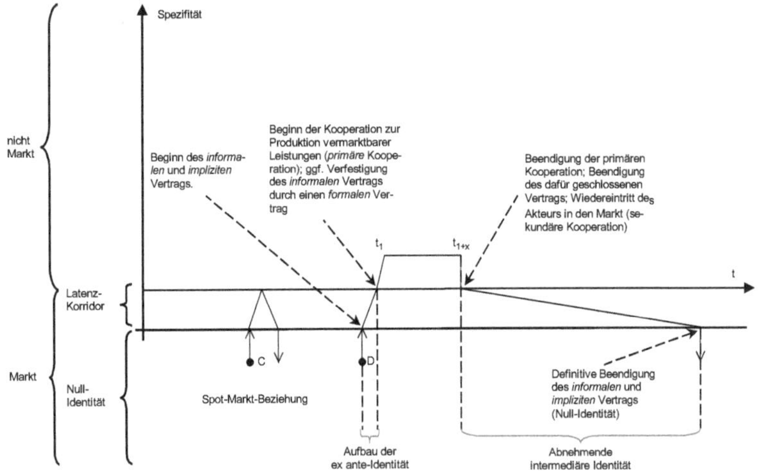

Abbildung 3: Analyse (I) - Vertragsverlauf

---

267 Zur einschlägigen Literatur vgl. erneut S. 78, Fußnote Nr. 252.

Auf der Ordinate ist die Spezifität abgetragen. Es sind ausschließlich diejenigen Investitionen gemeint, die für den im Team involvierten Akteur in exakt dieser Vertragsbeziehung spezifisch sind (beziehungsspezifische Investitionen).[268] Da die Aufgabe für das Verhältnis ursächlich ist, wird beim adaptiven Team von der Aufgabe her gedacht. Neben der Autorität (dem Weisungs- und Koordinationsrecht), die per Definition dem Prinzipal zukommt, ist auch die Aufgabe Allokationsmechanismus des adaptiven Teams, weil die Ressourcen(-besitzer) auf *diese* bezogen werden. Demnach markiert für unsere Organisationsfigur nicht nur der ‚Befehl' des Prinzipals den Unterschied zum Markt. Markt und Nicht-Markt sind beides governance structures der Wirtschaft.[269] Wegen der häufig latenten Strukturen des adaptiven Teams ist es als Nicht-Markt (-Organisation) zu bezeichnen, reicht aber teilweise in das Arrangement *Markt* hinein.

Die Abszisse kennzeichnet den Zeitverlauf (t).[270] Wie wir sehen werden, wird die Differenz zu der darunter liegenden Parallele zu einem Teil durch Spezifität determiniert (vertikale Differenz) und zu einem anderen Teil durch die Zeit (horizontale Differenz). Die horizontale Differenz wird durch die Präferenz und die *Befähigung* des kollektiven und individuellen Akteurs zur Integration von Wissensaspekten bestimmt.[271] Oberhalb der Abszisse des Zeitverlaufs (t) beginnt die eigentliche Kooperation zur Produktion vermarktbarerer Leistungen im Sinne der Teamtheorie (primäre Kooperation). Das bisher ausschließlich *informale* Verhältnis wird hier daher *ggf.* durch einen *formalen* Vertrag stabilisiert. Wie schon erwähnt, hat jeder informale oder formale Vertrag expliziten Charakter. Jeder explizite Vertrag enthält einen impliziten Vertrag.

Wir betrachten zwei individuelle Akteure, die zunächst weder primär noch sekundär miteinander kooperieren. Akteur D bewegt sich im Markt. Er ist zu Beginn ein ‚gesichtsloses' Faktum ohne jede Identität

---

268 Erst später gehen wir auf den Fall ein, bei dem die Akteure bereits einem Unternehmen angehören, und sich spontan Intra-Team Beziehungen bilden, vgl. S. 129ff.

269 Der Markt „... as a governance structure ..." ist gegenüber der Nicht-Markt Organisation „... economically advantageous in the absence of transaction-specific investments or with frequent or at least occasional transactions." Furubotn/Richter (1991), S. 22. „... both are arenas within which individuals can transact." Williamson (2000), S. 95.

270 Vgl. hierzu die Überlegungen zum ‚Timing von Langzeitverträgen' bei Eger (1995), S. 33ff.

271 Auch die auf S. 55 in Tabelle 1 aufgeführten Kriterien beeinflussen die Befähigung.

für irgendeinen anderen Akteur. Er ist gleichsam ein ‚atomistisches' Individuum, wie ihn die Neoklassik diskutiert. Für jeden anderen Akteur und jeder andere Akteur für diesen Akteur hat keine Identität (Null-Identität). Der Pfeil oberhalb von D markiert die Anbahnung eines Arrangements zwischen dem Akteur D und dem adaptiven Team (dem kollektiven Akteur), wenn beispielsweise durch Anwerbung, Stellenausschreibung oder Vermittlung über eine Kooperationsbörse im Internet o.ä. Präferenzen bedient werden. Dann entstehen Erwartungen auf beiden Seiten. Vereinbarung wie „Ich werde Ihnen eine e-mail mit den gewünschten Informationen senden" oder die Nachricht „Wir setzen uns bald mit Ihnen in Verbindung" sind Beispiele zur Produktion der Erwartung zur Erfüllung von Versprechen. Solche Versprechen (Übereinkünfte) haben daher im ökonomischen, wenn auch noch nicht juristischen Sinne bereits Vertragscharakter. Ihre Existenz geht mit der Entstehung eines informalen Vertrags einher. Was geschieht, ist die spezifische Investitionen in den Aufbau von Identitätskapital der beteiligten individuellen Akteure bzw. eines Akteurs mit dem Team. Dies ist bereits Teamproduktion, die auf nicht-formalen Verhältnissen begründet ist, und die noch nicht die Produktion vermarktbarer Leistungen mit sich führt, gleichwohl aber dieser Absicht entspringt. Durch die Produktion von Identitätskapital beginnen aus dieser prozesshaften Sicht an diesem Punkt de facto erste, beiderseitige Transformationsbemühungen vom Markt zum Nicht-Markt Arrangement. Der Anstieg der Funktion innerhalb des Latenz-Korridors beschreibt dies.[272]

Wegen der temporären Integration idiosynkratischen Wissens und der Notwendigkeit zur weitreichenden Absicherung derartiger Verhältnisse, ist es plausibel, mit dem Beginn der Produktion vermarktbarer Leistungen zu unterstellen, dass die Akteure den bisher ausschließlich informalen Vertrag (ggf.) durch einen formalen (Dienst- oder Werks-) Vertrag[273] stabilisieren. Der kollektive Akteur repräsentiert den Konsens seiner zu dieser Entscheidung befugten individuellen Akteure (etwa eines Prinzipals) zur weiteren Investition in das Verhältnis mit Akteur D, und auch D trifft die Entscheidung für weitergehende Investitionen. Sobald derartige beziehungsspezifische Investitionen getätigt worden sind und/oder die primäre Kooperation beginnt, kann mit Williamson von der *fundamentalen Transformation*, also vom Übergang des einen institutionellen Arrangements (Markt) zum anderen, dem adaptiven Team (Nicht-Markt) gesprochen werden. Denn die ursprüngliche

---

272 Es ist unerheblich, ob der Verlauf linear ist. Es soll lediglich deutlich werden, dass der Identitätsgrad über die Zeit durch beziehungsspezifische Investitionen zunimmt.

273 Vgl. hierzu für das Deutsche Recht die §§ 611-630 BGB, Dienstvertrag.

Marktstruktur, die sich dadurch auszeichnet, dass eine Vielzahl von *potenziellen* Akteuren zur Verfügung stehen, wird unter Vornahme spezifischer Investitionen vertragschließender Parteien in die Nicht-Markt-Struktur transformiert. Nach diesen Investitionen ist ein Wechsel in andere Arrangements nur noch unter Verlust von Quasi-Renten möglich.[274]

Mit dem Beginn der primären Kooperation ist es ohne jede weitere institutionelle Intervention im adaptiven Team weitestgehend der Autorität oder *self-governance* des individuellen Akteurs überlassen, die Entscheidung darüber zu treffen, in welchem Ausmaß und in welcher Form dieser dem übrigen Team (damit i.w.S. dem Prinzipal) seine Inputbeiträge liefert. Hier zeigen sich die Grenzen des Monitoring. „If it is too costly to state precisely how a particular asset is to be used in every state of the world, it may be efficient simply to give one party ‚control' of the asset, in the sense that he is entitled to do what he likes with it, subject perhaps to explicit (contractible) limitations."[275]

Wegen des Temporalisierungszwangs wird nun von D erwartet, die Anschlussfähigkeit seines Wissens an das Wissen des kollektiven Akteurs möglichst schnell herzustellen. Der individuelle Akteur beginnt damit, sich auf seine Aufgabe einzurichten, indem er sein Wissen mit dem der anderen Akteure mehr und mehr produktiv zu verbinden sucht.[276] Nur wenn ihm das innerhalb der gegebenen governance structure gelingt, legitimiert er seine Zugehörigkeit zum Vertragsnetz. Diese Wissens- bzw. Kontextgemeinschaft[277] herzustellen, ist gleichsam ein weiteres *Vorprodukt* und damit eine weitere *notwendige* Bedingung zur Ermöglichung des eigentlichen Transformationsprozesses, der Erstellung vermarktbarer Leistungen im adaptiven Team.

---

274 Vgl. exemplarisch Gerecke (1998) sowie Williamson (1985).

275 Hart (1987), S. 178.

276 Auch nach geschehener fundamentaler Transformation muss dieses Vorgehen abermals als weitere Investition in die Befähigung zur Kooperation gesehen werden. Diese Kooperationsfähigkeit wird dabei mindestens sowohl von den jeweils personalen Kriterien, wie auch von den institutionellen Kriterien determiniert.

277 „Ein derartiges Kontextwissen ist zu einem großen Teil implizites Wissen und an die Erfahrungshintergründe und internen Kontexte der Wissensträger gebunden." Vgl. Tiemann (1999), S. 150. Zu implizitem Wissen vgl. detailliert Neuweg (1999). Tiemann geht auf den Kollektivgutcharakter solchen Wissens ein: „Solche Erfahrungshintergründe sind aber nicht nur individueller Art, sondern stellen ein kollektives Gut derer da, die in bezug auf eine spezifische Problemstellung zusammenarbeiten", S. 150. Mit Müller-Stewens/Osterloh (1996) spricht sie von gemeinsam geteiltem Wissen innerhalb einer spezifischen Konfiguration von Beziehungen.

Die beschriebenen Anstrengungen des individuellen Akteurs einerseits und die der Akteure des übrigen Kollektivs andererseits werden durch den erneuten Anstieg der Spezifität über die Zeit im Nicht-Markt-Bereich, also abermals im adaptiven Team, abgebildet. Die *obere* Parallele zur Abszisse t beschreibt die sich daran anschließende Dauer des informalen und/oder formalen Vertrags auf einem (angenommenen) konstanten Spezifitätsniveau. Zum Zeitpunkt t_{1+x} kommt es schließlich zur Beendigung der primären Kooperation.

Die Phase von der (möglicherweise) Beendigung des formalen Vertrags im Zuge der eigentlichen Teamproduktion (t_{1+x}) bis zur Null-Identität, also der Beendigung des informalen (und impliziten) Vertrags, fällt abermals in den von uns so genannten Latenz-Korridor. Wiederum bedeutet die Existenz des informalen Vertrags, wie schon ex ante, Teamproduktion im Arrangement Markt, hier jedoch nicht zur Produktion von vermarktbaren Leistungen (primäre Kooperation), sondern nun zum *Erhalt der Anschlussfähigkeit* über ‚shared mental models' zwischen individuellem Akteur und Team über Identität (sekundäre Kooperation). Der abfallende Verlauf der Funktion beschreibt die im Laufe der Zeit schwindende Identität des Akteurs D zum Kollektiv-Rest, mit dem er, vom Zeitpunkt des Eintretens der Null-Identität aus argumentiert, vormals über explizite Verhältnisse verschiedener Qualitäten verbunden war.

Kommt es erneut zur temporären Integration desselben individuellen Akteurs über Verhältnisse, so wird die intermediäre Identität wieder zur ex ante Identität. Der Latenz-Korridor repräsentiert die lose Verbindung individueller und kollektiver Akteure (dem Team) über Identität.[278] Hingegen erreichen bei Null-Identität die Transaktionskosten zur Wiederherstellung der Anschlussfähigkeit eines ehemaligen Teammitglieds die Höhe derjenigen Transaktionskosten, die durch die vertragliche Integration eines individuellen Akteurs entstehen würden, der bislang *noch nicht* für das adaptive Team tätig war.[279] Erst bei diesem Punkt endet also de facto das adaptive Team.

---

278 Wobei sich die Akteure A und B, wenn sie aktuell nicht miteinander zur Produktion von vermarktbarer Leistung kooperieren, gegenseitig im Latenz-Korridor verorten. Kooperiert hingegen B zur selben Zeit primär mit C, so ist für C der B *nicht* im Latenz-Korridor. Diesbezüglich weisen sich also die Akteure gegenseitig verschiedene Rollen simultan zu.

279 Wenn also zum Beispiel die Transformationsvorgänge bei der primären Kooperation sehr dynamisch sind, ist es ohne die erneute Herstellung gemeinsamer mentaler Modelle nicht möglich, erfolgreich miteinander zu kooperieren. Der ehemalige Partner kann ohne dies keine Vorstellung

Wegen des ggf. schnellen Wechsels der Kooperationen primär zur Produktion von vermarktbaren Leistungen einerseits und der Kooperation zur ausschließlichen Produktion von Identität andererseits, könnte dies als die *Virtualisierung* der Form Team bezeichnet werden.[280] Innerhalb des Latenz-Korridors geschieht nicht Teamproduktion von vermarktbaren Leistungen; die Verhältnisse dort stellen aber dennoch keine Marktbeziehung im üblichen Sinne dar, weil dort immer ein Team Identität produziert, um die ‚shared mental models' für zukünftige Kooperationsgelegenheiten unter den potenziellen Partnern präsent zu halten und gegebenenfalls immer wieder zu aktualisieren.

Wenden wir uns dem zweiten Akteur in der Abbildung zu. Im Unterschied zu der soeben beschriebenen Vertragsbeziehung geht Akteur C einen Spot-Markt-Vertrag mit dem adaptiven Team ein. „Sharp in by clear agreement, sharp out by clear performance".[281] Während die Vertragsbeziehung zwischen dem kollektiven Akteur und dem individuellen Akteur D zeitraum-bezogen ist, ist das Verhältnis zu C zeitpunktbezogen. Aus dieser Unterscheidung erklärt sich die Darstellung des Verhältnisses mit C und damit der Unterschied zwischen Spot-Markt-Beziehungen und längerfristigen, auch latenten Kooperationsbeziehungen, wie sie für das adaptive Team gelten.

Die folgende Abbildung zeigt eine Mehrzahl vertraglich gebundener Akteure. Neben den soeben untersuchten Spezifitätsverläufen der Akteure C und D kommen die Akteure A, B und E hinzu. Die Abbildung zeigt unter anderem, dass über ein Zeitintervall hinweg mehrere Akteure kooperieren, die zu verschiedenen Zeiten dem Team beitreten, verschieden lange dem Team angehören, verschieden hohe beziehungs- oder transaktionsspezifische Investitionen tätigen und nach Beendigung der Kooperation zur Produktion vermarktbarer Leistungen verschieden anschlussfähig bleiben, bis sie schließlich keine Entitäten mehr darstellen, die sie über das Kriterium der *Identität* von anderen Marktteilnehmern unterscheidbar macht. Weiter zeigt die Abbildung, dass sich das Team durch Verträge, ähnlich einem ‚Staffellauf' fortsetzt,

---

davon haben, wie er sich zu verhalten hat, um dem Team möglichst effizient seine Leistung zur Verfügung zu stellen. Die Geschwindigkeit, mit der seine Anschlussfähigkeit für eine erfolgreiche Teamproduktion wieder hergestellt werden kann, hängt dabei ebenfalls von seiner persönlichen Fähigkeit ab, mit neuen Kooperationsbedingungen umzugehen, vgl. S. 55, Tabelle 1.

280 Der Terminus der ‚losen Kopplung' nach Weick erscheint jedoch adäquater. Vgl. nochmals S. 52, Fußnote Nr. 162.

281 Vgl. Macneil (1974), S. 738 sowie Schanze (1998), S. 118.

indem Verhältnisse sich zeitlich überlappen, ihre Qualitäten ändern und sich gegenseitig ablösen können.

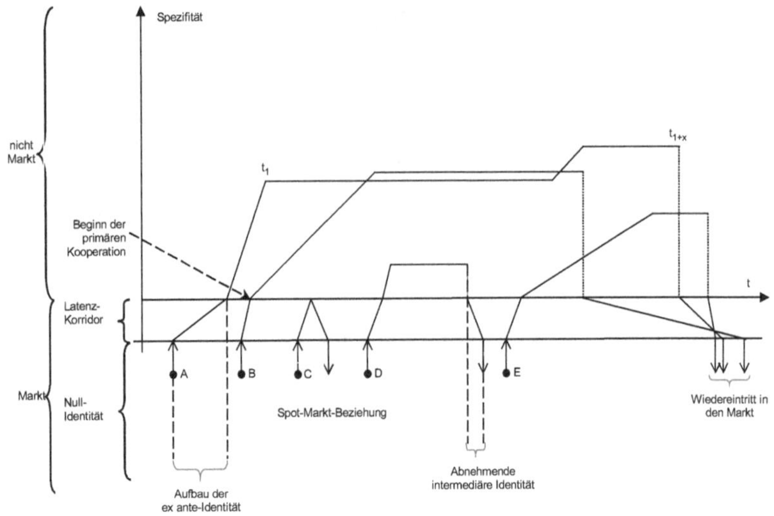

Abbildung 4: Analyse (II) - Vertragsverläufe

Beginnen wir mit Akteur A. Wie zuvor beschrieben, investiert er zunehmend und deshalb spezifisch in die Zugehörigkeit zum adaptiven Team, also im weiteren Sinne in einen zukünftigen (primären) Kooperationsprozess. Zeitlich später kommt der Akteur B hinzu. Der kollektive Akteur entsteht erst jetzt, obwohl er zeitlich vorher bereits de facto (latent) bestand. Beide investieren nun informal und/oder formal begründet ex post, wenn auch unterschiedlich spezifisch in die von ihnen antizipierten (primären) Kooperationsverhältnisse. Bezogen auf diese beiden Akteure befinden wir uns in der Williamson'schen Welt der Ökonomisierung von ex post Transaktionskosten bzw. des ex post contracting. Wegen der individuell unterschiedlichen Investitionen und des unterschiedlichen ‚Materials', das die individuellen Akteure des adaptiven Teams in die Verhältnisse einbringen, verläuft der Anstieg der Funktionen verschieden steil. In der Abbildung verläuft die Kooperation zwischen beiden Akteuren exemplarisch über einen längeren Zeitraum auf relativ hohem, stabilem Spezifitätsniveau. In zeitlicher Reihenfolge tritt nun der Spot-Markt-Vertrag mit C hinzu, dann der bereits besprochene Akteur D und schließlich der Akteur E.

Je mehr Verhältnisse simultan laufen, desto komplexer ist natürlich das Netz der Verträge im adaptiven Team und desto schwerer wiegt das governance-Problem insgesamt. Je steiler der Verlauf der ex ante-Spezifitäts-Funktion, und je höher das Niveau der spezifischen Investitionen eines Akteurs in der primären Kooperationsphase, desto eher sind ‚shared mental models' entstanden, und die Mitgliedschaft führt zu Produktivitätschancen für das adaptive Team und damit für seine Akteure.

Je höher die spezifischen Investitionen in die Verhältnisse zum übrigen kollektiven Akteur sind, desto stabiler ist seine Mitgliedschaft zum gesamten nexus of contracts. Er ist ‚locked-in'.[282] Je dichter die Spezifitätsniveaus von kooperierenden Akteuren zueinander verlaufen, desto ausgewogener sind (c.p.) die Machtverhältnisse zwischen den individuellen Akteuren im Binnenverhältnis des kollektiven Akteurs. Ein wichtiger lock-in-Effekt ist die Ausbreitung einer diesem Netzwerk *eigenen* Kultur, die hohen Transaktionskosten entgegenwirken kann. Für Sydow gehen derartige Netzwerke einher mit einem „... gewisse[n] Maß an Spontaneität und Informalität, ein[em] hohe[n] Maß an Kommunikation und Flexibilität und ein[em] Minimum an zentraler Koordination der weitgehend autonomen Netzwerkmitglieder."[283] Es erscheint daher überzeugend, dass auch die Verhältnisse des adaptiven Teams dadurch stabilisiert werden könnten, was ggf. ebenso die Gefahr opportunistischer Ausbeutung und der Entstehung hoher Transaktionskosten durch ‚honest disagreements' einzudämmen vermag.[284] Wenn die Transaktionskostenökonomik den Imperativ formuliert, sich in beliebigen Transaktionsbeziehungen gegen den potenziellen Opportunismus der Akteure zu schützen[285] und hierfür die interne Organisation empfiehlt, dann könnte sie statt dessen auch postulieren: „Schaffe - am besten wechselseitige - Abhängigkeiten!"

282 „The parties become locked into a bilateral monopoly, where each must deal with the other." Wiggins (1991), S. 608. Es kommt auf die Perspektive an, ob dies als nachteilig zu bewerten ist.

283 Sydow, zitiert in Balling (1997), S. 27.

284 Lovett et al. weisen auf die sog. ‚Guanxi' hin. Es handelt sich dabei um besondere Netzwerke im ostasiatischen Raum. Sie basieren allein auf persönlichen Beziehungen, besonders auf dem Vertrauen und der Reputation untereinander. „[They] reduce transaction costs because these transactions occur within flexible, but relatively permanent network that reduces the potential gains from opportunistic behavior", S. 232.

285 Vgl. Williamson (1985), S. 32. Auch nach Dorner/Klump (1996), S. 61 hängt von lock-in-Effekten die Stabilität von Netzwerkstrukturen ab.

3.5 Diskussion unter Bezugnahme des Vertragsmodells der Intra-Team-Kooperation: Spezifische Investitionen und abweichendes Verhalten

Das *Hands-tying* hat zum Prinzip, dass der 'promisor' jeweils zu Beginn einer Beziehung etwas tut, das bei einem späteren Fehlverhalten zu einem (sprunghaften) Anstieg seiner Kosten führen soll. Insofern ist dieser Mechanismus *self-enforcing,* wenn die Kosten den Ertrag aus Fehlverhalten übersteigen.[286] Zusammen mit der Iteration führt dies zu der für uns wichtigen Frage, *ob* und *wann* die potenziellen und aktuellen individuellen Akteure auch ohne Intervention im Kontext adaptiver Teambildung schon spezifisch investieren.

Zunächst kommt schon wegen des hoch spezifischen Humankapitals der Akteure eine Abwicklung im Sinne des klassischen Vertragsrechts nach Macneil kaum in Betracht.[287] Die Höhe der Investitionen einzelner Akteure in den jeweiligen Phasen der Kooperation hängt von verschiedenen Faktoren ab, die je nach Dominanz insgesamt dazu führen können, dass nicht nur bei Fehlverhalten einer, im Sinne der

---

286 Dasselbe trifft auf die *Geisel* zu, auf die wir hier nicht näher eingehen. Vgl. Williamson (1983) sowie Choi (1994).

287 Gleichwohl ist auch eine Spot-Markt-Beziehung ohne jede Identität kaum denkbar. Das klassische Vertragsrecht gilt für reine Marktbeziehungen. (Vgl. Akteur C in den Abbildungen 3 und 4 auf den Seiten 84 und 90.) Dort herrscht keinerlei bilaterale Abhängigkeit zwischen den Vertragspartnern. Die Identität der Vertragspartner ist beinahe belanglos, und es wird von Rechtsnormen Gebrauch gemacht, die diese Transaktionen gleichsam 'automatisch' abzuwickeln unterstützen. Diese Vertrags- und Institutionenform trifft für Transaktionen zu, bei denen nur geringe Faktorspezifität und Unsicherheit herrschen. Die Leistungen der Vertragspartner sind (genau) spezifizierbar, und deshalb ist auch deren Erfüllung zu überwachen. „Sharp in by clear agreement, sharp out by clear performance.“ Vgl. Macneil (1974), S. 738, ebenfalls zitiert in Williamson (1985), S. 32. Im Fall von Vertragsstreitigkeiten stehen Gerichte als kosteneffiziente Schlichtungsinstanzen zur Verfügung, wobei wegen der Möglichkeit zur genauen Spezifizierung bereits *vor* einem Gerichtsverfahren relativ klar bestimmbar ist, wer ein Verfahren gewinnen wird. Davon abgesehen besteht die Möglichkeit zur autonomen Anpassung über den Preismechanismus. Potenzielle Käufer und Verkäufer reagieren ungeachtet ihrer Identität auf Veränderungen der Preise. Dies geschieht in der Absicht, den individuellen Profit zu maximieren. Diese Annahme basiert auf dem neoklassischen Paradigma.

Interaktionsökonomik[288], oftmals *beiden* Parteien hohe Kosten entstehen.

Bezugspunkte der nun folgenden Überlegungen sind die einzelnen Phasenabschnitte der gesamten Kooperationsbeziehung. Wir knüpfen daher an das Integral auf S. 84ff. sowie die dortigen Erläuterungen an.

3.5.1 Ex ante-Identität

Es wurde bereits darlegt, dass beide Akteure im Zuge der Anbahnung der Teambeziehung zwangsläufig über die Zeit zunehmend spezifisch investieren: Sie bauen füreinander Identitätskapital auf, das Ihre (primäre) Kooperationsfähigkeit überhaupt erst begründet.

Geschieht in diesem frühen Stadium ein Abbruch der Beziehung, so kann dies auf das Identitätskapital *selbst* zurückzuführen sein, das bis zu diesem Zeitpunkt ausgebildet worden ist. Weil freilich noch keine fundamentale Transformation geschehen ist, erweist sich die ggf. geringe Wertschätzung von Identitätskapital auf Seiten mindestens eines Akteurs als Verlust spezifischer Investitionen *auf beiden Seiten*. Der kollektive wie der individuelle Akteur hat Kosten zu tragen. Dies kann, muss aber nicht notwendigerweise bedeuten, dass die Wahrscheinlichkeit für zukünftige Kooperationen zwischen diesen Akteuren sinkt.

Wenn es gelänge, die Kontextgemeinschaft bzw. die ‚shared mental models' schon *hier* herzustellen, dann würde die Funktion an dieser Stelle steiler verlaufen und die individuellen Akteure könnten schneller kooperationsfähig werden. Damit würde dem Temporalisierungszwang der Organisationsfigur in dieser Phase gerecht. Trotz der Dislozierung

---

[288] „In der Interaktionsökonomik setzen wir ab ovo immer zugleich gemeinsame Interessen und konfligierende Interessen an: gemeinsame Interessen an der Kooperationsgewinne versprechenden Interaktion und konfligierende Interessen hinsichtlich der individuellen Beiträge zur Realisierung sowie der Aufteilung der Kooperationsgewinne." Homann/Suchanek (2000), S. 34. Die Autoren nehmen Abstand vom Begriff der *Transaktion*, da er „... noch zu stark auf die Aktivitäten der unmittelbar beteiligten Akteure bei der Erfüllung von Leistungen abhebt." Der Begriff der *Interaktion* gehe weiter, „... er schließt die potenziellen Akteure, d.h. Wettbewerb, ebenso ein wie die nur implizit Beteiligten, die die bilateralen Transaktionen per Verfassungsvertrag ungestört vonstatten gehen lasen." S. 32/33, Fußnote Nr. 5. Vgl. zum Begriff der Interaktionsökonomie auch Gerecke (1998).

der Akteure scheint an diesem Punkt großes Potenzial zur governance durch institutionelle Intervention zu liegen.

3.5.2 Zunehmende Spezifität im Nicht-Markt-Bereich

Weil der Temporalisierungszwang auch im Innenverhältnis des Teams besteht, bieten sich hier erneut Ansatzpunkte zur Entwicklung von governance-Mechanismen: Hier wie im vorhergehenden Abschnitt liegt es vermutlich auch im Interesse des Prinzipals, einen steilen Verlauf der Funktionen sicherzustellen bzw. zu ermöglichen. Auch diesem Punkt werden wir uns später wieder zuwenden.
In jedem Fall haben die Akteure hier füreinander ein subjektiv ausreichend hohes Niveau von Identitätskapital aufgebaut und aufgrund dessen entschieden, das Verhältnis zur ausschließlichen Produktion von personaler Identität in ein Verhältnis zur Produktion vermarktbarer Leistung zu transformieren. ‚Kuppelprodukt' ist jedoch weiterhin die Produktion von personaler Identität zur Stabilisierung der ‚shared mental models'.

Je höher das Niveau der Funktion im Nicht-Markt Bereich verläuft und je länger die Beziehung andauert, desto höher sind dann auch die Kosten für die Akteure im Falle eines Abbruchs einer Beziehung. Die resultierenden Kosten können prinzipiell zwei Quellen entspringen:

1. Dem kollektiven Akteur wird Expertenwissen entzogen. Er muss Kosten für die Suche nach neuem Expertenwissen, die Anbahnung und Durchführung einer neuen Kooperationsbeziehung aufwenden. Gleichzeitig gerät er gegebenenfalls gegenüber Kunden in Verzug (Vertragsstrafen) und muss gegenüber diesen vielleicht auch einen Reputationsverlust hinnehmen.

2. Je mehr teamspezifische Kenntnisse bzw. (lokale) Problemlösungskompetenz sich ein Agent in einem adaptiven Team angeeignet hat, je länger er für ein Team tätig ist und gezielt mit Fragestellungen und Transformationsroutinen umgeht, die (nur) für dieses Team spezifisch sind, desto eher fallen darunter Fertigkeiten, die bei einem Wechsel des Agenten in ein anderes Vertragsverhältnis für dann neue Vertragspartner weitestgehend wertlos sein *müssen*, wenn und weil dieses Wissen auf andere Kooperationsbedingungen (Aufgabe und Diversifitätskriterien) nicht oder nur schwierig übertragbar ist.[289] Möglicherweise stellen die spezifischen Investitionen eines Agenten in ein adaptives Team dann für den *neuen* Vertragspartner keinen Wert dar, für den er

[289] Vgl. Holler (1983), S. 112.

einen aus Sicht des Agenten adäquaten Preis zu zahlen bereit wäre. Die Temporalisierung ist ein Kriterium, das diesen Fall weitgehend auszuschließen scheint, aber trotzdem ist es prinzipiell möglich, dass ein Akteur über einen längeren Zeitraum immer wieder in kurze Arrangements eingebunden wird, die inhaltlich sehr ähnlich auszufüllen sind, bei denen er sogar wiederholt auf dieselben Partner trifft.

Naturgemäß wechseln die Transformationsmethoden über die Zeit, weil die Bewältigung verschiedener hoch spezieller Aufgaben verschiedene Methoden verlangt. *Wären* sie über die Zeit stabil, könnten wir von Transformations*routinen* sprechen, weil dann deren Existenz Entscheidungskosten senken würden. In diesem Sinne beschreibt Osterloh Routinen als Entlastung täglichen Handelns. Erst sie erlauben die Freisetzung von Innovationspotenzial.[290] Routinen entstehen und werden immer dann herangezogen, wenn eine Methode wiederholt auf verschiedene Entscheidungsprobleme ‚passt'. Wollten wir jedoch durch governance die Transformationsprozesse im adaptiven Team stabilisieren, um damit die Ausbildung von Routinen zu unterstützen, so wäre im Ergebnis das Kriterium der adaptiven Effizienz ebenso wenig erfüllt wie die Voraussetzung des schnellen ‚Auf- und Abtauchens' vertraglicher Arrangements, nämlich die Temporalisierung und damit das Prinzip der Allokationseffizienz. Trotzdem muss untersucht werden, *ob* und ggf. *wie* adaptive Teams der Zugriff auf stabile Strukturen zur Unterstützung ihrer governance ermöglicht werden kann.

3.5.3 Abnehmende intermediäre Identität

Je anschlussfähiger der Akteur D für das adaptive Team im Zeitpunkt der Beendigung der Kooperation vermarktbarer Leistungen ist und je stabiler die internen Transformationsverfahren des adaptiven Teams über die Zeit sind, desto länger dauert die Phase der abnehmenden, intermediären Identität im Latenz-Korridor an, weil und soweit auch ‚shared mental models' (fort-) bestehen. Die Anschlussfähigkeit über ‚shared mental models' ist eine Funktion der Stabilität der Transformationsmethoden des adaptiven Teams und der bislang aufgebauten Reputation der Akteure. Diese auf relativ hohem Niveau zu erhalten würde bedeuten, dem Temporalisierungszwang gerecht zu werden, wenn dieser bei der nächsten Interaktions- bzw. Kooperationsgelegenheit auf einen individuellen bzw. kollektiven Akteur wirkt, weil so die Zusammenführung jeweils individueller Akteure zu einem adaptiven Team bzw. die Integration eines Akteurs durch das Team, entspre-

290 Vgl. Osterloh (1993), S. 112ff.

chend schneller geschehen kann. Die beteiligten Akteure wären schneller kooperationsfähig.

Weil also der Latenz-Korridor in die governance des adaptiven Teams zu integrieren ist, ist für uns nun auch das institutionelle Arrangement *Markt* Adressat von Überlegungen zu governance structures für das adaptive Team geworden.[291]

Auch hier zeigen sich vielversprechende Ansatzpunkte zur governance, denn folgender Zusammenhang ist nun unmittelbar einleuchtend: Solange wie die Identität im Latenz-Korridor (noch) vorhanden ist, existiert ein informaler (und also gleichfalls impliziter) Vertrag zwischen den Akteuren. Governance muss hier leisten, sogar einen asymptotischen Verlauf der Funktion zum Latenz-Korridor zu vermeiden und statt dessen für ein Verharren der Funktion auf relativ stabilem, hohem Niveau zu sorgen, *wenn* die Wahrscheinlichkeit für zukünftige Interaktionsgelegenheiten mit dem jeweils anderen Akteur als hinreichend groß angenommen wird.

Die Art, die Höhe sowie den Spezifitätsgrad seiner Investitionen macht in der Phase der abnehmenden, intermediären Identität jeder Akteur vorrangig abhängig von seiner subjektiven Einschätzung über die Neuabschlusswahrscheinlichkeit eines Vertrags mit den oder demselben Partner(n) sowie von der subjektiven Höhe des erwarteten Nutzens aus potenziellen, zukünftigen Kooperationsbeziehungen.[292] Je höher diese Wahrscheinlichkeit subjektiv eingeschätzt wird, desto ausgeprägter wird auch das (ggf. gegenseitige) Interesse sein, in den Erhalt der Anschlussfähigkeit zu investieren.[293] Die Größen *Kooperationserfolg*, *Neuabschlusswahrscheinlichkeit* und die *Höhe der intermediären Identität* dürften in soweit positiv korreliert sein.[294]

Der Abbruch des informalen Vertrags zwischen Akteuren im Latenz-Korridor muss nicht auf das Fehlverhalten einer Partei zurückzuführen sein. Vielmehr kann hier für mindestens eine Partei deutlich werden,

---

291 Vgl. nochmals S. 84, Abbildung 3 bzw. S. 90, Abbildung 4.

292 Auch ‚menschliches Interesse' bzw. ‚Sympathie' fällt darunter.

293 Vgl. hierzu die Schlussfolgerung von Eger (1995), S. 197.

294 Weil die Auflösung der Zusammenarbeit -auch nach einer für alle zufriedenstellend funktionierenden primären Kooperationsbeziehung- darüber hinaus zum Verlust geteilten Wissens führen würde, mag es aus Sicht der Partner bei entsprechender Marktsituation lohnend erscheinen, das als temporär und adaptiv angelegte Arrangement in eine klassische Organisation zu überführen. Damit verlassen wir allerdings den Gegenstand dieser Untersuchung.

dass eine primäre Kooperation vermutlich nicht die gewünschten Ergebnisse hervorbringt. Die Einstellung der Interaktion hat den Verlust aller Investitionen zur Folge. So kann ohne *institutionelle Intervention* die Qualität der ‚shared mental models' verloren gehen. Daher gilt es auch aus dieser Sicht dafür zu sorgen, dass Informationen über Kooperationsverhalten einerseits *wahrheitsgemäß* kommuniziert werden und anderseits den beteiligten Akteuren *transaktionskostengünstig* zur Verfügung stehen.

3.6 Zwischenergebnis und Konsequenzen für die Untersuchung

Ein Abbruch der Beziehung führt - je nach Perspektive - zu Kosten oder vermeidet weitere Kosten. Im ersten Falle entstehen sie nicht notwendigerweise nur auf Seiten desjenigen Akteurs, dem ein Fehlverhalten zugerechnet werden kann. Vielmehr kann unerwünschtes Verhalten von dem negativen externen Effekt begleitet sein, dass auch dem übrigen Kollektiv (bzw. dem Prinzipal) Kosten entstehen, etwa durch die Verzögerung des Projektfortschritts, durch die Suche eines geeigneten (Ersatz-) Partners im Zuge der Anbahnung einer neuen Kooperation oder sogar durch die Herstellung der Kooperationsfähigkeit eines noch unbekannten Akteurs. Freilich kann dies durch das Institut des Schadenersatzes oder durch Vertragsstrafen privatautonom weitestgehend internalisiert werden.

Ein wirksamer Weg zur Schaffung von Handlungssicherheit liegt in der Erhöhung der Wiederbegegnungswahrscheinlichkeit. Ein gültiger Einwand hierzu könnte lauten, dass die Akteure aufgrund ihres Eigeninteresses von selbst wieder eine Beziehung eingehen werden, wenn die Kooperation in der Vergangenheit für beide subjektiv ein ausreichend hohes Nutzenniveau generierte und der Markt die Kombination der jeweiligen Humanressourcen über relative Preise signalisiert (was natürlich abermals auf die Handlungen einzelner Akteure zurückgeführt werden kann).

Einem solchen Einwand kann folgendes erwidert werden: Die Institutionalisierung der Wiederbegegnung, wenn auch nicht zur primären Kooperation, würde das Handeln der Akteure disziplinieren, denn das Wissen darum erhält die Identität füreinander. Wie kann dies aber transaktionskostengünstig erreicht werden, ohne dabei dem Anspruch zur *temporären* Bildung adaptiver Teams zur *primären Kooperation* zuwiderzulaufen? Ist es ggf. hinreichend, allein die Kosten der Verfügbarmachung von Information über die Signalisierung der *Kooperati-*

onsfähigkeit zu senken, um so ein ähnliches Resultat zu erzielen, wie bei der Erhöhung der Wiederbegegnungswahrscheinlichkeit? Hierauf müssen Antworten gefunden werden. Die genannten Effekte gilt es zu verstärken und weiter auszudifferenzieren, damit die Transaktionskosten der nicht erwartungsgemäßen Beendigung/Gefährdung einer Kooperation möglichst unabhängig von etwaigen Schadenersatzforderungen eingespart werden können.[295] Erst gar keine Auseinandersetzung um die Höhe eines Schadenersatzes oder einer Vertragsstrafe, ist der Alternative *per se* vorzuziehen. Umgekehrt argumentiert sind die Transaktionskosten eines Fehlverhaltens der Akteure im adaptiven Team *für die Akteure* zu erhöhen.

Der Verlust von Reputationskapital bedeutet hohe Transaktionskosten. Auch ein lock-in-Effekt kann diese Wirkung entfalten. Akteure, die aufgrund spezifischer Investitionen in Verhältnisse voneinander abhängig sind, haben einen weitaus geringeren Anreiz, sich gegenseitig auszubeuten. „Transactions that are supported by investments in durable, transaction-specific assets experience 'lock in' effects, on which account autonomous trading will commonly be supplanted by unified ownership (vertical integration)."[296] Wir müssen dann jedoch wiederkehrend mit dem Hindernis umgehen, dass ein lock-in-Effekt gegen die *Norm der Adaptivität* der Vertragsverhältnisse steht. Daher bewegen wir uns im Spannungsfeld zwischen *‚autonomous trading'*, das die Adaptivität erst ermöglicht, aber Opportunismus-Probleme induziert einerseits und *spezifischen Investitionen*, die zwar das Opportunismusproblem eindämmen, jedoch die Adaptivität behindern würden, weil sie starre Strukturen forcieren, andererseits.

---

295 Das idiosynkratische Humankapital der Akteure ist in diesem Zusammenhang eine eher vernachlässigbare Größe.

296 Williamson (1985), S. 54.

Kapitel IV: Governance des adaptiven Teams

4.1 Optionale Konzepte

Das Hauptanwendungsgebiet der Transaktionskostenökonomik sind geeignete Beherrschungs- und Überwachungssysteme für wirtschaftliche Transaktionen. Gronevetter kritisiert Williamsons Ansatz als ‚Funktionalismus', weil die Aufmerksamkeit abgelenkt werde von einer detaillierten Studie der sozialen Strukturen, die Handlungen ermöglichen und beschränken. Gerecke (1998) vermutet, dass Williamson aufgrund dieser Kritik in seinen neueren Arbeiten, die im Anschluss an Davis und North entstanden sind, zwischen ‚governance structures' einerseits und „... institutional environment (which defines the politics, laws, norms, customs, etc.) ... ." andererseits, unterscheidet.[297] Eine derartige Systematisierung mag zwar analytisch zweckmäßig sein, aber letztendlich kanalisiert doch beides zusammen menschliches Handeln.

Würden wir die Ebene der Rahmenordnung bei der Suche nach effizienten governance structures für die Organisationsfigur des adaptiven Teams ausklammern, so würden wir wesentliche Quellen von Diversifität ignorieren. Ein derartiges Vorgehen wäre wenig realistisch, und die Ergebnisse der Überlegungen könnten kaum praxisrelevante Gestaltungsempfehlungen repräsentieren.

4.1.1 Governance durch Rechtsregeln

Es gibt hinreichend Beispiele dafür, dass die formale Durchsetzungsmacht eines Staates die Durchsetzung informaler Normen unterstützt.[298] Die Möglichkeiten der Technologie lassen jedoch Normierungslücken entstehen, die nicht problemlos geschlossen werden können: „Spurred by technological change and the globalization of economic life, the state is challenged, its sovereignty undermined and constrained, its structures unable to provide the necessary public

---

297 Williamson (1994), S. 321. Vgl. ebenfalls Williamson (1993): „Institutional economics works at two levels of analysis. The macro variant, which is especially associated with the work of Douglass North, deals with the institutional environment", S. 457. Vgl. auch Williamson (2000), S. 93 sowie Gerecke (1998), S. 111.

298 Für derartige Beispiele vgl. ausführlich Cooter (2000), S. 242.

goods."[299] Auch Schmidtchen weist darauf hin, dass die Souveränität der Staaten, gepaart mit der Territorialität des Rechts, bewirkt, dass „... die rechtlichen Verhältnisse im grenzüberschreitenden Wirtschaftsverkehr geprägt sind von Normierungslücken, Normkollisionen und Vollzugsdefiziten, und zwar in einem Ausmaß, wie wir es bei Binnentransaktionen nicht kennen."[300] Dies bedingt mangelhaft geschützte und unsauber definierte Property Rights der beteiligten Wirtschaftssubjekte. „Weil der Machtbereich eines protektiven Staates territorial begrenzt ist, sind die Verfügungsrechte selbst territorial begrenzt und damit erheblich ‚ausgedünnt'."[301] Die dementsprechend defizitäre Rahmenordnung[302] für globale Transaktionen über adaptive Teams provoziert Kompensationsleistungen (private ordering[303]) auf Seiten der Wirtschaftsakteure, um das Kriterium der adaptiven Effizienz erfüllen zu können.[304] Eine vollkommene Rahmenordnung ist, wie jeder andere Vertrag auch, aus pragmatischen und systematischen Gründen unmöglich.[305]

Die geforderte Aktions- bzw. Reaktionsgeschwindigkeit, der sich die Organisationen der Wirtschaft ausgesetzt sehen und die von ihnen selbst forciert wird, steht daher in einem Missverhältnis zu den eingeschränkten Einflussmöglichkeiten, den Interessen und ggf. auch dem Problembewusstsein der Akteure der Organisationen des Politik- und

299 Mingst (1999), S. 89.
300 Schmidtchen (1995), S. 70. Er prognostiziert eine ‚Neue Institutionenökonomik Internationaler Transaktionen' (NIIT). Sie beschäftigt sich mit der Territorialität des Rechts und fragt: „1. Wie kann man die Zersplitterung der Rechtsordnung in der Welt in viele nationale Rechtsordnungen, also die Territorialität des Rechts, ökonomisch erklären? 2. Wie sehen die Kriterien optimaler Rechtsräume aus? 3. Welche spezifischen Probleme entstehen für die grenzüberschreitende (internationale) Kooperation von privaten und staatlichen Akteuren aus dem Umstand der Territorialität des Rechts? 4. Welche Koordinationseffizienten Problemlösungen gibt es a) auf der Ebene der Rechtsordnung, b) im Schatten derselben oder gar losgelöst von ihr?" S. 60/61.
301 Schmidtchen (1995), S. 70.
302 Dazu gehören die Verfassung, das öffentliche und das Privatrecht, das Strafrecht, der gesamte Komplex der Unternehmensverfassung, Haftungsregeln etc.
303 Vgl. hierzu für viele Eger (1995), S. 160ff.
304 Vgl. Williamson (2000). Zu einem ‚globalen Recht', einem Recht ohne Staat, vgl. Lieckweg (1999), S. 4ff.
305 Und erst wegen dieser Unvollständigkeit der Rahmenordnung bringen wir die Unternehmensethik ins Spiel. Vgl. hierzu in diesem Text S. 104ff. Vgl. Homann/Blome-Drees (1992), S. 114 und Homann (1990), S. 83.

Rechtssystems.[306] „... [L]egal proceedings are costly and clumsy, so people cannot rely on the law to solve day-to-day cooperative problems. Indeed, people do not rely on the law to solve day-to-day cooperative problems. This is clear from both former research and casual empiricism. But if the government does not solve these problems, what does? ... The government is a clumsy tool."[307] Auch Cooter (2000) weist auf die Schwierigkeiten der staatlichen Durchsetzung von Verträgen sowie auf die Relevanz informaler Normen hin, wenn er bemerkt: "The informality of social norms .. often caused scholars to underestimate their importance relative to formal law, until empirical research proved that social norms often control behavior *in spite of* the law."[308]

Regierungen (Rechtssysteme) haben systematisch damit umzugehen, einerseits dem Territorialprinzip zu unterliegen und andererseits den schnell wechselnden Anforderungen des Wirtschaftssystems nur mit hohem Ressourcenaufwand, und damit insgesamt mit hohen Transaktionskosten, begegnen zu können.[309] Dabei ist der Charakter gesetzlicher Rahmen systematisch *reaktiv*.[310] „Der gesetzgeberische ‚Handlungsraum' und der ‚Wirkungsraum' ökonomischen Handelns fallen mehr und mehr auseinander, ohne daß wir bereits Klarheit darüber gewonnen haben, wie darauf zu reagieren ist. ... Wir haben also ... eine lange *Übergangszeit* vor uns, eine Übergangszeit, wo das

---

306 Dies wird empirisch sehr anschaulich dokumentiert durch das World Economic Forum in Davos. Vgl. hierzu das Interview mit Klaus Schwab, seinem Gründer, in ‚Die Zeit' vom 27.01.2000 sowie die Frankfurter Rundschau vom 31.01.2000. Solche ‚Interessengemeinschaften' nehmen mehr und mehr Aufgaben wahr, die vormals von Regierungen exekutiert wurden.

307 Posner, V.i.V., S. 14. und S. 18. „Police officers, prosecutors, judges, and juries generally can obtain only a crude, third-hand account of events. Lawsuits are extraordinarily costly. If the court system cannot distinguish cooperation form defection with any accuracy, and it is costly to use, people will not rely on it for ensuring cooperation. Indeed, most people do not know much about the law; do not allow what they do know about it to interfere too much in their relations with other people; and do not sue each other when they have disputes", S. 18.

308 Cooter (2000), S. 228, H.n.i.O. Als eine mögliche Antwort auf diese Herausforderung formuliert in Anlehnung an das Lex Mercatoria Mefford (1998) die Forderung, ein ‚Lex Informatica' für das Internet zu entwickeln. Mefford (1998),
http://www.law.indiana.edu/glsj/vol5/no1/mefford.html.

309 Vgl. Okruch (1999), S. 161.

310 Durch Innovationen entstehen oftmals *Regelungsdefizite*, weil der Gesetzgeber die Entwicklungen nicht vorhersehen konnte.

nationale Recht immer weniger greifen wird, wo aber auch auf internationaler Ebene noch keine geeigneten und effizienten Regeln zur hinreichenden Ordnung des wirtschaftlichen Geschehens bestehen."[311]

Trotzdem spiegeln Rechtsregeln einerseits gleichsam ‚nebenbei' moralische Erwägungen, Erfordernisse und Ansprüche derjenigen Gesellschaft, für die und durch die sie entworfen wurden, andererseits werden „[m]oralische Normen .. von Rechtsnormen im allgemeinen dadurch unterschieden, daß die Einhaltung von Rechtsnormen erzwingbar ist, während die Einhaltung moralischer Normen nicht erzwingbar ist."[312] Weil Rechtsnormen allgemein gelten, bedeuten sie *territorial* ökonomisch Wettbewerbsneutralität und werden dann zum Wettbewerbsnachteil für individuelle Akteure und adaptive Teams, die in moralische Vorleistung treten (können), wenn die Konkurrenz nicht ebenfalls so handelt (handeln kann). Die Organisationsfigur des adaptiven Teams muss es daher leisten, das effiziente Mischverhältnis moral-abhängiger (moralischer) und primär moral-unabhängiger (amoralischer) Koordinationsmechanismen zu finden und performativ zu kommunizieren. Wir verfolgen aus den genannten Gründen hier *nicht* die Absicht, die Unterschiede distinkter Rechtssysteme zu identifizieren und diese, ggf. durch *übernationale Rechtsvereinheitlichung*, aufzuheben. Die Rechtsvergleichung und die Literatur des internationalen Privatrechts können als eigene Disziplinen hierzu treffendere Aussagen formulieren.[313] Zudem würden Überlegungen in diese Richtung abermals zu dem generellen Problem der Unvollständigkeit von Verträgen führen.

4.1.2 Global Governance

Es erscheint naheliegend, zur Lösung des Problems der governance *globaler* Transaktionsbeziehungen, die *Global* Governance-Forschung[314] zu befragen. Obschon wir es dann mit ähnlich gelagerten Problemen zu tun hätten, erweist sie sich als aufschlussreich: *Global* Governance[315] - Bestrebungen sind Formen des Universalismus, und

---

311 Steinmann (1999), S. 1, vgl. auch S. 5.

312 Homann (1988), S. 222.

313 Vgl. exemplarisch Zweigert/Kötz (1996), S. 23ff.

314 Zum Versuch einer Begriffsbestimmung von ‚Global Governance' vgl. Rosenau (1999), zu verschiedenen governance-Konzepten vgl. die Studie von Brand et al. (2000), S. 13ff, S. 21ff und S. 28ff. Zur Abgrenzung der Begriff *governance* und *government* vgl. Mingst (1999), S. 87ff.

315 Die ‚Global Governance' soll die wegen der Globalisierungsprozesse im Schwinden begriffene Steuerungsfähigkeit von Nationalstaaten durch

damit des *Werteuniversalismus.*[316] Dieses Prinzip ist ein wichtiger Hinweis, denn Werteuniversalismus ist gleichklingend mit dem, was wir hier als Folge der *Globalisierung* charakterisieren.[317] Ein gleichsam *weltumspannender* Universalismus durch global governance für *sämtliche* Organisationen der Wirtschaft würde freilich den Zugriff auf die für den *universalen Regelentwurf* notwendigen Informationen voraussetzen. Über diese zu verfügen und dann die Pluralität differenter Staatensysteme verschiedener Entwicklungsstufen (und ihrer Vertreter) *gleichzeitig* und *gemeinsam* zu integrieren bzw. zu harmonisieren, erscheint in der erforderlichen Absolutheit weitestgehend abwegig, weil eine solche, politisch und juristisch motivierte Global governance zwar universal, aber eben nicht jeweils speziell, also in unserem Sinne *adaptiv* gelten könnte.[318] Wir werden später dennoch dafür plädieren, einen Universalismus in Gestalt eines Normensets eigens für die Organisationsfigur des adaptiven Teams anzustreben. Es ist plausibel anzunehmen, dass die Existenz ‚robuster Grundbausteine', die wiederholt für verschiedene Teams zur Anwendung kommen, für alle Beteiligten die Transaktionskosten der Anbahnung ihrer Vertragsbeziehungen senkt.

---

neue, transnationale, regulative Systeme kompensieren. Betont wird dabei oftmals das Zusammenspiel zwischen national und international tätigen, staatlichen und nicht-staatlichen Organisationen. Die Global Governance-Forschung will damit eine der Problemlage der Zeit angepasste Steuerungskonzeption anbieten, die die regulative Kompetenz des Nationalstaats nicht verdrängt, sondern fehlende Kompetenz feststellt, um dann regulative Instrumentarien vorzuschlagen: „Global governance refers to collective actions to establish international institutions and norms to cope with the causes and consequences of adverse supranational, transnational, or national problems." Väyrynen (1999), S. 25.

316 Brand et al. (2000) stellen große Gemeinsamkeiten verschiedener governance-Ansätze fest, die sich u.a. „... in der Begründung bzw. Legitimation von Global Governance durch eine ‚Weltethik' oder ein ‚globales Ethos' [äußert]", S. 40. Aber: „Das Problem, wie sich dieser Konsens herausbilden soll ... wird [dort] nicht ausgeführt", S. 42.

317 „Globalisierung meint .. die Prozesse, in deren Folge die Nationalstaaten und ihre Souveränität durch transnationale Akteure, ihre Machtchancen, Orientierungen, Identitäten und Netzwerke unterlaufen und querverbunden werden." Beck (1997), S. 28-29. Und weiter: „Globalität heißt: Die Einheit von Nationalstaat und Nationalgesellschaft zerbricht; es bilden sich neuartige Macht- und Konkurrenzverhältnisse, Konflikte und Überschneidungen zwischen nationalstaatlichen Einheiten und Akteuren einerseits, transnationalen Akteuren, Identitäten, sozialen Räumen, Lagen und Prozessen andererseits." Beck (1997), S. 47.

318 „[Dies liefe] der Temporalisierung des Wirtschaftslebens und der Ökonomisierung der Zeit als dynamische Ressource diametral entgegen." Wieland (1999), S. 15.

Damit sei kurz auf die Existenz vielfältiger Problemfelder hingewiesen, die operabel gemacht werden *müssten*, aber vernünftig kaum beherrschbar zu sein scheinen, wenn wir das Problem der governance adaptiver Teams durch politische und/oder rechtliche Intervention auf der Ebene der Rahmenordnung im Sinne der *obigen Bedeutung* lösen wollten. Weil explizite Verträge und Gesetzesrecht bei unserem Problem systematisch an ihre Gestaltungsgrenzen stoßen, Verhalten nicht klar beobachtbar und in der Folge auch nicht oder kaum verifizierbar ist, werden nun derartige Mechanismen zur Regelung der Innenverhältnisse in ihrer Bedeutung für die adaptive Teambildung systematisch herabgestuft: „Soziale Sanktionen sind notwendig; sie können gegebenenfalls sogar eine rechtliche Absicherung ersetzen.“[319]

Wir diskutieren das Problem daher als Problem der governance *privater* Organisation und sehen es wegen der systematisch defizitären Strukturen auch *außerhalb* primärer Kooperationen in adaptiven Teams als überzeugend an, die weitere Behandlung des Problems ebenfalls auf der Ebene privatwirtschaftlicher Organisationen im Wettbewerb zu lösen. Dass im folgenden trotzdem Überlegungen zur Rahmenordnung angeführt werden, soll dabei nicht irritieren, denn wir erweitern nun unseren Begriff der Rahmenordnung: Wir verstehen darunter weiterhin allgemein gültige Regeln, beziehen jedoch deren *moralische* Dimension nun ausdrücklich mit ein.[320]

4.1.3 Wirtschaftsethik als Komplement für explizite Normen zur Durchsetzung der Verträge des adaptiven Teams

Die mögliche Ausbeutung von Zuständen asymmetrischer Informationen durch denjenigen, der lokal jeweils die Rolle des Agenten einnimmt, die Abhängigkeit von Personen und deren Wissen, auch im Bereich der abnehmenden, intermediären Identität, verschiebt hier zwingend den Fokus. Wir sind von *formaler* Normativität ausgegangen, identifizierten die Schwierigkeiten der governance durch sie, und bewegen uns folglich nun zur Relevanz der *informalen* Normativität für die Steuerung adaptiver Teams. Sodann diskutieren wir die Möglichkeit

---

319 Horn (1996), S. 51.

320 Es fragt sich hier und im folgenden allerdings stets, ob es sich hierbei um bloße Appelle wirtschaftsethischer Provenienz handeln oder wie sonst auch auf dieser Ebene zu erwartende Opportunismusgefahren erkannt und ggf. gesteuert (sanktioniert) werden können/sollen.

zu deren weitreichender Fixierung über institutionelle Intervention. Wirtschafts- und Unternehmensethik können hier wertvolle Erkenntnisse liefern. Sie sind „... ökonomisch und unternehmenspolitisch gesehen Instrumente zur Implementierung, Steuerung und Kontrolle impliziter Verträge, die auf die Senkung von Transaktionskosten formaler Verträge zielen."[321]

Bei allen Verweisen auf die einschlägige Literatur, die sich in den letzten Jahren zum Themenkomplex der Wirtschafts- und Unternehmensethik entwickelt hat, ist das Folgende unbedingt zu beachten: Diese Literatur argumentiert fortgesetzt und ganz überwiegend aus der Perspektive *moralisch motivierter Legitimationszwänge von Unternehmen*, die von der Öffentlichkeit (und damit aller Adressaten jeweiliger Unternehmensaktivitäten) ausgehen. Umweltverschmutzung, Sozialstandards und anderes stehen dabei oftmals im Mittelpunkt der Diskussionen.[322]

Wir hingegen versuchen die *kollektive* Selbstbindung individueller Akteure zu erreichen, damit diese füreinander verlässliche Kooperationspartner sein können, und zwar trotz der systematischen Diversifität der kooperationsrelevanten Kriterien, die sie als Individuen auszeichnen. Was sich bei dem eben genannten Literaturzweig als ‚Öffentlichkeit' darstellt, ist aus unserer Sicht der weltweite Markt für Kooperationschancen für individuelle Akteure. Das Kooperationsverhalten und damit die Reputation jedes Akteurs für einen beliebig anderen soll daher für diesen Markt transaktionskostengünstig ‚öffentlich' werden.

„Wenn inkompatible Werte oder Wertesysteme sich auf der Ebene lokaler Anwendung nicht in kompatible und allseits akzeptierte Werte transformieren lassen, existiert keine Basis für erfolgreiche globale Transaktionen."[323] Weil aber ohne jede weitere institutionelle Intervention die Akteure jeweils nur temporär miteinander verbunden wären, nämlich wenn sie *vermarktbare* Leistungen produzieren (primäre Kooperation), kann auf eben *dieser* Ebene die Formulierung eines Kodex oder anderer, genereller Regeln kein gangbarer Weg sein. Die Kosten der Einigung auf ein Verfahren, der Aushandlung, der Etablierung und der Durchsetzung desselben wären wegen der Volatilität der Verhältnisse zu groß. Schließlich würden sie bei sich neu anbahnenden Beziehungen immer wieder neu anfallen.

---

321 Wieland (1993b), S. 13.

322 Vgl. hierzu exemplarisch die Aufsatzsammlung unter der Herausgeberschaft von Bausch et al. (2000).

323 Wieland (1999), S. 113.

Daher machen wir den Vorschlag, das adaptive Team um eine vergleichsweise *stabile* Organisationsform - einem Tertium zwischen ihm und der Rahmenordnung - zu ergänzen.

Die nun folgenden Erklärungen werden durchgängig ökonomisch begründet; wir führen also *keine* Begründungsdiskussion von Moral. „Der Vorteil einer ökonomischen Theorie der Moral liegt vor allem darin, die Moral nicht moralisch begründen zu brauchen."[324]

In diesem Sinne besteht die Hauptaufgabe nun darin zu untersuchen, wie die Moral sich als funktionales Äquivalent *und* Komplement von und für andere Institutionen zur Absicherung stabiler Transaktionsbeziehungen in adaptiven Teams erweisen kann.[325] Dabei ist aus institutionenökonomischer Sicht, also vor dem Hintergrund der Rahmenbedingungen unternehmerischen Handelns, die zielführende Wirkung des ‚mahnenden Zeigefingers' eines Moralisten als sehr fraglich einzustufen.[326] Aus der Sicht einer Institutionenethik soll es vielmehr, wo *möglich*, dem (langfristigen) Eigeninteresse der Akteure im adaptiven Team entsprechen, die kooperative Strategie zu wählen, sich also in diesem Sinne *moralisch* zu verhalten.[327] Insofern richtet sich das Augenmerk abermals auf die Anreizstrukturen, diesmal jedoch für die Ebene der informellen Beziehungen.

---

324 Priddat (1994), S. 62. Zur Rekonstruktion einer rationalen Moralbegründung in *ökonomischen* Kategorien vgl. allerdings Homann (1988), dort insbes. S. 221ff und S. 230.

325 Thielemann (1999) bemerkt in seinem sehr kritischen Aufsatz, dass die „'Moral' .. eine Präferenz wie jede andere auch [sei] und es .. allenfalls unseren konventionalistischen Vorurteilen überlassen [wäre], warum man diese Präferenzen überhaupt als ‚moralisch' charakterisieren sollte", S. 143.

326 Dies wäre eher die Vorgehensweise der Individualethik. Zu verschiedenen Ansätzen der Individualethik vgl. einführend Horn (1996).

327 Anders Kant, der eine Handlung nur dann als *moralisch* bezeichnet, wenn sie ‚aus Pflicht', aus der *Idee der Pflicht* selbst entspringt und nicht lediglich ‚gemäß Pflicht' erfolgt. Allein der *gute Wille* macht bei ihm eine Handlung moralisch. Vgl. Kant (1910), S. 397.

4.2 Das Konzept der Wirtschaftsethik nach Homann et al.[328]

Das Dilemma[329] ‚Marktwirtschaft westlichen Typs' wurde von den Akteuren etabliert, da sich nur so die Wettbewerbslogik entfalten kann. Erst *hierdurch* werden attraktive Wettbewerbsleistungen für Konsumenten möglich.[330] „In diesem Sinne ist Wettbewerb solidarischer als Teilen. ... Die 'kollektive Selbstschädigung' der Produzenten im Wettbewerb ist zum Wohl der Allgemeinheit etabliert."[331] Trotz dieses Vorteils liegt im Wettbewerb das Grundproblem, das hier seinen direkten Anwendungsbezug bei adaptiven Teams findet: Das Gewinnstreben des einzelnen führt dazu, dass nicht nur Preise sondern auch *moralische Standards* unterboten werden. „Wettbewerb und Moral scheinen sich auszuschließen: Das ist das Kernproblem der modernen Wirtschaftsethik. ... Wirtschaftsethik, wie wir sie verstehen, muss dazu beitragen, die Wettbewerbsbedingungen moderner Gesellschaften nicht außer Kraft zu setzen, sondern sie vielmehr so zu gestalten, daß mehr Moral möglich wird."[332] Moralisches Verhalten von Akteuren im Wettbewerb wird ökonomisch bestraft. Langfristig *müssen* dann moralisch handelnde Akteure aus dem Markt ausscheiden.[333]

Hier hat es zunächst den Anschein, als gäbe es in dieser Konzeption kein Kriterium zur Unterscheidung von moralischem und kooperativem Verhalten. Denn wenn ein Akteur in moralische Vorleistung geht, dann erfüllt er nach unserem und nach dem Verständnis der Institutionenökonomik einen Vertrag, weil Verhalten immer einen Adressaten hat, *dem gegenüber* sich moralisch verhalten wird, mit dem zusammen also

---

328 Neben dieser Konzeption haben sich die dialogorientierte Unternehmensethik nach Steinmann/Löhr (begründet von Lorenzen 1987) und die integrative Wirtschafts- und Unternehmensethik nach Ulrich als führende Konzepte im deutschsprachigen Raum herausgebildet. Insbesondere bei Lorenzen (1989) wird Moral als der Bestand an faktisch geltenden Normen eines *abgegrenzten* Kulturkreises definiert, was die Frage provoziert, ob Akteure interagierender Kulturkreise keine Moral haben können. Dann müsste gefolgert werden, dass sie grundsätzlich kooperationsunfähig sind.

329 Das oben skizzierte Dilemma (S. 67) diskutieren wir nun als ‚moralisches Dilemma'. Aus dieser Sicht führen aufgrund der Diversifitätskriterien faktisch geltende, jedoch verschiedene Normen zu widersprüchlichen Handlungsorientierungen verschiedener Akteure des adaptiven Teams. Vgl. hierzu auch Tiemann (1999), S. 9.

330 Vgl. Homann/Blome-Drees (1992), S. 33.

331 Homann/Pies (1994), S. 10.

332 Homann/Pies (1994), S. 3.

333 Vgl. Homann/Blome-Drees (1992), S. 34.

die Kooperation stattfindet. Die Moral gibt die Antwort auf die Frage, wie ein Akteur sich verhalten soll. Die Antwort lautet stets: Kooperativ! Aber eben auch dann, wenn Regulierungslücken von den Beteiligten kostengünstig nicht geschlossen werden können, es also für unmoralische Akteure möglich ist, kurzfristig Sondervorteile aus unentdeckten opportunistischen Regelverstößen zu ziehen.

Ethik wird in diesem Konzept als *theoriegeleitete Anwendung von Moral* definiert.[334] Sie ist damit die Referenzebene der Moral. Grundsätzlich muss die Moral der „Solidarität aller Menschen"[335] dienen. Diese Formel ist als eine moderne Form der *Goldenen Regel* zu verstehen, die ihre elaborierteste Form im kategorischen Imperativ von Kant gefunden hat.[336] Nicht durch die Wirtschafts- und Unternehmensethik werden moralische Werte begründet, sondern sie werden vorausgesetzt. Moral ist Input, nicht Output der Theorie.[337] Mit Hegselmann (1989) liegt es nahe, den kategorischen Imperativ in der Terminologie der Spieltheorie folgendermaßen zu formulieren: „Spiele eine Strategie, von der Du wollen kannst, daß alle Spieler sie wählen!"[338]

Da also der Wettbewerb *positive* und *negative* Effekte zeigt und mit ihm immer bestimmte Regeln einher gehen, die von allen gleichermaßen befolgt werden müssen, machen die Autoren den Vorschlag, ihre Theorie folgendermaßen zu formulieren: „Die moderne Wirtschaft ist ein - mindestens - zweistufig ausdifferenziertes Handlungssystem mit Spielregeln und Spielzügen, in dem Moral und Effizienz paradigmatisch auf *unterschiedlichen* Ebenen und *dadurch simultan* abgearbeitet werden können: die Effizienz in den Spielzügen, die Moral in den Spielregeln."[339] Dieser Unterscheidung liegt die Vorstellung zugrunde, dass Wettbewerbshandlungen allein an der Effizienz ausgerichtet werden

---

[334] Homann/Blome-Drees (1992), S. 16. Zu einer Kritik und einem gelungenen Vergleich mit anderen Konzepten vgl. König (1999).

[335] Vgl. Homann/Blome-Drees (1992), S. 15. Vgl. auch S. 107, Fußnote Nr. 330 im vorliegenden Text.

[336] Dem Sinn gemäß findet sich die *Goldene Regel* auch in der indischen und chinesischen Tradition. Als Grundregel rechten Handelns dient sie zusammen mit den Zehn Geboten als Richtschnur des Verhaltens von Juden und Christen (Matthäus 7, 12 und Lukas 6, 31). Zu einer Kritik des rein deontologischen Ansatzes vgl. exemplarisch Morscher (1999), S. 55ff.

[337] Vgl. Homann/Blome-Drees (1992), S. 16; Vgl. Pies/Blome-Drees (1993), S. 751.

[338] Hegselmann (1989), S. 13.

[339] Homann/Blome-Drees (1992), S. 35. Die Unterscheidung zwischen Spielregeln und Spielzügen findet sich auch bei North (1988) zurück („rules of the game", „choices within the rules").

können, wenn die Spielzüge von moralischen Forderungen entlastet werden, die allein auf der Regelebene zum Gestaltungsanspruch werden. Deshalb lautet die verfassungsökonomischen Überlegungen durchaus analoge These, dass „ ... [d]er systematische Ort der Moral in einer Marktwirtschaft .. die Rahmenordnung [sei]".[340] Die Rahmenordnung erfüllt das Kriterium der Wettbewerbsneutralität, weil alle sie befolgen müssen. Sollen moralische Werte geltend gemacht werden, so muss man folglich an den Rahmenbedingungen ansetzen. Ein eigener Vorteil ist dabei nur um den Preis des Vorteils aller anderen zu haben.[341]

Angesichts der Wettbewerbs- und Dilemmastrukturen sind moralische Probleme der Wirtschaft systematisch kollektiver Natur. Somit ist es nicht adäquat, sie individuell lösen zu wollen.[342] Nur kollektive Lösungen kommen in Frage.[343] Moral ist somit ein kollektives Gut.[344] Der mögliche Fehlschluss, dass das Individuum von Moral und moralischer Motivation deshalb frei sei, muss aber vermieden werden[345], da die individuelle Moral dann zum Tragen kommt, wenn es darum geht, die Ordnung zu schaffen, innerhalb derer dann Wirtschaft funktio-

---

340 Für die Autoren ist dies die zentrale Grundthese einer Theorie der Moderne. Homann/Pies (1994), S. 9. In neueren Ausführung relativieren sie ihre These: „Die Rahmenordnung ist zwar der systematische, nicht aber der einzige Ort der Moral in der Marktwirtschaft." Vgl. Homann/Pies (1994), S. 11. „Der systematische - nicht einzige - Ort ... ." Homann/Blome-Drees (1995), S. 104. Zu einer Kritik hierzu vgl. Kleinfeld (1998), S. 343, die eine Gefahr darin sieht, dass „... das ethisch unreflektierte ökonomische Wertesystem zur einzigen Orientierung ökonomischen Handelns wird." Vielmehr sei der eigentliche Ort moralischer Überlegungen das „personale Gewissen", vgl. S. 343.

341 Vgl. hierzu nochmals S. 68 sowie S. 116. Was Buchanan (1984) als die ‚Grenzen der Freiheit' bezeichnet, ist Vorbild für den Homann'schen Theorieentwurf. Damit handelt es sich hierbei um ein non-kognitivistisches Ethik-Konzept. Methodisch orientiert es sich streng am Eigeninteresse.

342 Der einzelne kann dieses Problem nicht auflösen, da er auf die Mitwirkung aller anderen angewiesen ist. Vgl. S. 116.

343 Vgl. Homann/Blome-Drees, (1992), S. 35 sowie Homann (1992). Die Überwindung des 'Naturzustands' der Gesellschaft kann auch bei Hobbes (1980/1991) nur durch einen kollektiven Akt der Bewältigung gegenseitiger Blockade herbeigeführt werden.

344 Vgl. hierzu auch die gelungenen Ausführungen bei Kleinfeld (1998), S. 17ff.

345 Auch Kliemt (1993), S. 308, kommt zu dem Ergebnis, dass es ohne eine personelle Moral keine kollektive Moral geben kann und damit auch keine ‚kollektiven' Institutionen.

niert.[346] Wenn die moralischen Metapräferenzen[347] in der Rahmenordnung durch Ausformung von Institutionen Berücksichtigung gefunden haben, läßt sich die Handlungsempfehlungen der Wirtschaftsethik in eine einzige generelle Maxime zusammenfassen: Die Akteure haben sich schlicht *systemkonform* zu verhalten.[348] Dies wird zur sittlichen Pflicht der Unternehmen „... weil genau dieses Streben den Konsumenten langfristig am nachhaltigsten dient".[349]

---

346 Die Autoren bestreiten dabei nicht, dass Akteure sich von ‚sozialen' Motiven leiten lassen. Zum Funktionieren von Märkten und Marktwirtschaft wird „eine gewisse Moral benötig[t] (Vertragstreue, ‚ehrbarer Kaufmann' u.a.m.)." Homann/Blome-Drees (1992), S. 37.

347 Vgl. Sen (1977).

348 Weil die Differenz zwischen intrinsischer (kognitivistische Ethik-Konzeptionen) und extrinsischer Motivation (‚externe Belohnung'; non-kognitivistische Ethik-Konzeptionen) jeweils überbetont werde (Osterloh, 1996, S. 212, 214-217) führt dies Tiemann (1999) dazu, auf das „... empirisch relevante dynamische Wechselspiel" beider Motivationen hinzuweisen, S. 19ff.

349 Homann/Blome-Drees (1992), S. 51. Wir werden später sehen, dass die Akteure im Zuge unseres Interventionsvorschlags gleichzeitig Konsumenten und Produzenten sind. Sie produzieren ihre eigenen Kooperationsbedingungen.

Zwei Typen von Spielzügen werden unterschieden:

1. Wettbewerbsstrategie oder *individuelle* Selbstbindung: Dies sind Handlungen von Unternehmen *innerhalb* einer bestehenden Rahmenordnung. Sie werden mit dem Interesse ausgeführt, den ökonomischen Erfolg zu finden. Durch individuelle Selbstbindung können dabei Änderungen des eigenen Verhaltens erreicht werden. Darunter fallen beispielsweise unternehmensinterne Verhaltensnormen, die gesetzliche Auflagen übersteigen. Die Suche nach Produkt- und Produktionsinnovationen fällt darunter, wenn durch sie höhere moralische Standards erzielt werden können. Mit Schumpeter fordern die Autoren daher „moralische Innovationen“.[350]

Die *interne* Etablierung von Regeln zur Erlangung eines höheren moralischen Standards für Kooperation bringt transaktionskostenintensive Abstimmungsprozesse mit sich. Ändert sich das Team, so müssen die bestehenden Regeln auch für neue Teammitglieder zustimmungsfähig sein. Stimmen hinzukommende Akteure bereits bestehenden Regeln nicht zu, so kann dies die Änderung bestehender Regeln provozieren, um im Kollektiv kooperationsfähig zu werden. Dann muss aber die Änderung von den aktuellen Teammitgliedern akzeptiert werden können, was abermals für jedes einzelne Team aufwendige Abstimmungs- und Koordinationsprozesse mit sich führt. Zudem würde mit Beendigung der Kooperation dieses Kapital wieder verloren gehen. Es ist darum fraglich, ob *allein* in der individuellen Selbstbindung auf der Ebene der adaptiven Teams eine tragfähige Lösung gesehen werden kann. Die Strukturen des adaptiven Teams sind im Verhältnis zu den hohen Transaktionskosten ihrer Änderung zu volatil. Wünschenswert wäre es hingegen, wenn Regeln den Existenzzyklus einzelner Teams überdauern, um dann ggf. durch jeweils adäquate, also kontextbezogene, teaminterne Regelungen ergänzt zu werden.

2. Ordnungspolitische Strategie oder *kollektive* Selbstbindung: Diese Strategie umfasst Spielzüge, die auf die *Veränderung* der bisherigen Rahmenordnung abzielen.[351] Sie sollen nur dann durchgeführt werden, wenn die Wettbewerbsstrategie nicht zum beabsichtigten Ergebnis des

---

350 Vgl. Homann/Blome-Drees (1992), S. 136.

351 Zur Kritik an der Möglichkeit zur Änderung der Rahmenordnung vgl. Baecker (1994), S. 13ff. Er kritisiert die Unterbestimmtheit der Moral in ihrem Verhältnis zu Gerechtigkeit, Effizienz und Funktionalität und fragt sodann sehr grundsätzlich, ob die Veränderung von Regeln *überhaupt* möglich ist. Aufhänger für diesen Zweifel ist eine grundsätzliche Kritik am Konzept des homo oeconomicus.

positiven Kompatibilitätsfalls[352] führt bzw. im ökonomischen Konfliktfall[353] von hoher moralischer Akzeptanz und geringer Rentabilität verharrt.

Im Zuge einer kollektiven Selbstbindung können die *Defizite* der Rahmenordnung *lokal* kompensiert werden. Die Vorteile liegen hierbei wieder in der vergleichsweise „... größeren Flexibilität und Schnelligkeit der unternehmerischen Selbstorganisation gegenüber der schwerfälligen staatlichen Bürokratie".[354]

Allerdings kann nach Auffassung der Autoren die kollektive Selbstbindung nur ein Provisorium sein. Branchenkodizes oder Berufsethiken haben den Charakter öffentlicher Güter[355], weshalb free rider Verhalten nicht auszuschließen ist und sich (erneut) ein Kontrollproblem ergibt.[356] Darin verbirgt sich die Gefahr kartellähnlicher Strukturen zulasten der Konsumenten.[357] Homann et al. schlagen daher vor, einen Code[358]

---

352 Die Realisierung von moralischen und ökonomischen Zielen ist gleichzeitig möglich. Für die Akteure der Wirtschaft bestehen starke Anreize, durch die Orientierung an Moral bestimmte Wettbewerbsvorteile zu erlangen.

353 Akteure können für ihr Handeln eine hohe moralische Akzeptanz verbuchen. Diese ist jedoch mit großen ökonomischen Nachteilen verbunden.

354 Vgl. Homann/Blome-Drees (1992), S. 139. Anders Priddat (1994): Er reklamiert den „... damit einhergehende[n] Ausschluss bestimmter von vornherein risikofreudiger Handlungsklassen ..." und, dass allenfalls eine „Durchschnittsfreiheit" erreicht werden könnte. Priddat möchte die Honann/Pies'sche Konzeption um eine „dynamische Analyse" ergänzt wissen, weil Institutionen die Tendenz haben denjenigen Beobachtungshorizont, der im Zeitpunkt ihrer Entstehung als legitim erachtet wurde, über die Zeit beizubehalten, müsse später ein trade off entstehen. Dieser konstituiere sich zwischen den „institutionell gewährleisteten" und den nach einiger Zeit „tatsächlich möglichen neuen Handlungsmöglichkeiten", die aber „... in dem von den Institutionen eröffneten Perzeptionshorizont nicht wahrgenommen werden." Dies führe über die Zeit zur notorischen Ineffizienz von Institutionen, „... da sie in der Zukunft eine Vergangenheitsentscheidungssituation abbilden. Inwieweit die Institutionen dann ihrer moralischen Aufgabe, Dilemmastrukturen aufzulösen, gerecht werden können, bleibt einer neuen Institutionenüberprüfung überlassen, so dass die institutionelle Lösung der Dilemmastrukturen nur eine vorübergehende, temporäre sein kann", S. 63. Obwohl diese Kritik eine *generelle* Institutionenkritik zu sein scheint, machen wir im folgenden Abschnitt einen Vorschlag, der ihr gerecht werden kann.

355 Vgl. Olson (1992), S. 13-15, 21-35.

356 Vgl. exemplarisch Frey/Kirchgässner (1994), S. 51-52.

357 Wir sehen allerdings keinen Grund für die Gefahr kartellähnlicher Strukturen, insoweit sichergestellt ist, dass auch nach der Etablierung eines ‚Codes' oder anderer, für alle verbindlicher Regeln der Zugang für

oder andere Regeln ggf. von einem Richter oder Wissenschaftler, jedenfalls einem ‚Vertreter mit öffentlichem Interesse' prüfen zu lassen, um dieses Folgeproblem zu handhaben.

4.3 Institutionelle Intervention auf der Ebene der Spielregeln: Ein Tertium zwischen Rahmenordnung und adaptiven Team

In der alteuropäischen Gesellschaft war ganz überwiegend *unmittelbarer* sozialer Umgang miteinander möglich, weshalb Verträge im weitesten Sinne informal im übersichtlichen Rahmen (der Polis oder der Adelsgesellschaft), und daher kostengünstig durchzusetzen waren.[359] Unsere Kooperationsbedingungen sind andere. Solange ein institutionelles Arrangement kollektiv nicht etabliert werden *kann*, bleiben die Akteure weit hinter ihren Möglichkeiten zurück. Wegen weitreichender Verhaltensunsicherheit kooperieren sie nicht über die Organisationsfigur des adaptiven Teams, so dass ihnen Wettbewerbschancen entgehen. Wegen des hohen Grades an Arbeitsteilung, der Anonymität während der Kooperationsprozesse und der naturgegebenen Interdependenzen bei Teamproduktion ist die *alleinige* Kontrolle durch eine übergeordnete, weitgehend unabhängige Instanz unzureichend. Dasselbe gilt für eine Steuerung des Verhaltens der Akteure *nur* über moralische Motive wie *Sympathie* und *Altruismus*, weil man zunächst die Freundschaft potenzieller Kooperationspartner gewinnen müsste, um deren Leistung zu erhalten. Dies würde das Aktionsfeld der Ressourceneinbindung bei adaptiver Teambildung auf persönlich bekannte Akteure begrenzen und damit schließlich den hier angestrebten Zugang zu einem größeren (weltweiten) Markt undenkbar und undurchführbar machen. „Die Leistungsfähigkeit einer modernen Wirtschaft wird unter Verzicht auf altruistische, solidarische Motive und unter Verzicht auf gemeinsame Ziele allein durch die geeignete Regelbindung der Akteure erzielt."[360]

---

neue Teilnehmer möglich bleibt. Dass die Kosten der Imitation *geringer* sind als die Kosten für die first mover, kann deshalb von den first movers in Kauf genommen werden, weil sie sich durch die Integration potenziell neuer Kooperationspartner Kooperationschancen eröffnen und die Etablierung eines Standards für ihre Branche begünstigen.

358 Bei der Entwicklung und Implementierung eines solchen unterstützt das US amerikanische Handelsministerium Unternehmen. Vgl. US. Department of Commerce, http://www.ita.doc.gov/bgp/clearing.html.

359 Vgl. Homann/Pies (1994) sowie Gerecke (1998), S. 167.

360 Homann (1992), S. 22.

4.3.1 Ein Third-Party-Konzept zur Produktion von Verhaltenssicherheit

Wilkesmann[361] unterscheidet zwei Möglichkeiten der Produktion von Verhaltenssicherheit durch Regeln: „Entweder existiert eine dritte Instanz, die das kollektive Gut ‚Rahmenordnung' erstellt, oder die Aushandlung der Rahmenordnung ist ausschließlich von der Sanktions- und Überwachungskapazität aller beteiligten Akteure abhängig."[362] Wir verfolgen hingegen die Idee, diese beiden Formen zu integrieren: Eine ‚dritte Instanz' ist durch die Akteure selbst zu ermöglichen. Dieses Tertium[363] soll das kollektive Gut *Rahmenordnung* trotz der Diversifitätskriterien für adaptive Teams komplettieren, und selbst - wegen der Dislozierung der Akteure - über das und im Internet (World Wide Web) operieren. So kann durch Mitgliedschaft die naturgemäß beschränkte Sanktions- und Überwachungskapazität individueller Akteure über den Abbau, wie über den *gesteuerten Erhalt* von Informationsasymmetrien[364] ausgeweitet werden. Wegen des kostengünstigen und schnellen ‚Transports' von Informationen ist das Internet für diesen Zweck prädestiniert.[365]

Akteure nehmen es als vorteilhaft wahr, wenn sie wissen, *wie* sich ihre Vertragspartner verhalten können, wenn also der Verhaltensspielraum *bekannt* ist.[366] Auch bei Olson (1992) geht es um (weitestgehend) anonyme, große Gruppen. Mit dem Begriff der *Latenz* (zur Charakterisierung einer anonymen Konsumentengemeinschaft) benutzt Olson einen Terminus, dessen wir uns in ähnlicher Weise zuvor auch schon bedient haben. Für unseren Anwendungsbezug wählten wir den Terminus des *Latenz-Korridors*. Olson hält zur Produktion kollektiver Güter (hier: Erwartungsstabilität im adaptiven Team) gemeinsames Gruppenhandeln durch Organisation für unabdingbar. Jedoch sieht er keinen Grund, *warum* sie sich organisieren sollten und vor allem, wie sie sich als potenziell große Gruppe auch tatsächlich selbst organisieren könnten (weshalb sie aus seiner Sicht als Organisation nicht wirklich, sondern eben nur latent existierten).[367]

---

361 Vgl. Wilkesmann (1999).
362 Wilkesmann (1994), S. 92.
363 Vgl. die *Ebenenverschiebung* auf S. 119.
364 Vgl. hierzu später die Erläuterungen des Evaluationsmechanismus, S. 143.
365 Dies konnte Garbe (1998) aus transaktionskostentheoretischer Sicht zeigen.
366 Vgl. hierzu exemplarisch Elster (1979) und Buchanan (1984).
367 Vgl. Olson (1992), S. 163.

Das Problem besteht nach Olson darin, dass Anreize hierfür häufig nur dann wirken, wenn sie die Präferenzen von Individuen einer Gruppe bedienen, die sich untereinander *kennen*. Weil es leichter fallen dürfte, die Mitglieder einer *kleinen* Gruppe miteinander bekannt zu machen, sieht er damit die erfolgreiche Produktion des Kollektivgutes vor allem in starker Abhängigkeit von der *Gruppengröße* und der Frage, ob für die Akteure *überhaupt* selektive Anreize zum Erwerb der Mitgliedschaft in allen anderen Gruppen zu setzen sind.[368] Auch Cooter verweist in seiner Analyse sozialer Normen und ihrer Bedeutung für das Recht auf systematische Vorteile, die kleine Gruppen gegenüber großen Gruppen haben. Können die Mitglieder kleiner Gruppen wiederholt[369] interagieren, so ist einer solchen Gruppe die Tendenz zueigen, effiziente Regeln für die gegenseitige Kooperation aus dem eigenen Interaktionsgefüge selbst zu entwickeln.[370]

Die Etablierung, Änderung und Koordination der Abstimmungsprozesse *primär* auf der Ebene adaptiver Teams ist aber wegen der Flüchtigkeit der Verhältnisse zu transaktionskostenintensiv. Weiter ist es aufgrund der geographischen Dislozierung wohl kaum adäquat, die Akteure miteinander *bekannt* zu machen, wie es in kleinen Gruppen möglich wäre, deren Mitglieder an einem *gemeinsamen* Ort dauerhaft, zumindest für die Phase der primären Kooperation, physisch anwesend sind. Kurz gesagt, treffen die Olson'schen Zweifel auch auf unsere Kooperationsbedingungen zu. Adressat unserer Intervention muss darum die *Gesamtheit der Akteure* sein, die ein prinzipielles Interesse und die Fähigkeit haben, über Datennetze miteinander zu kooperieren und zwar ungeachtet dessen, ob sie in unserer Terminologie aktuell primär oder sekundär kooperieren.[371] Wir sprechen demnach von einer Gruppe, deren Größe undeterminierbar ist, und die hinsichtlich ihrer Mitgliedschaft darüber hinaus auch noch eine extreme Fluktuation aufweisen kann.

In unserem Anwendungsfall vereint aber die individuellen Akteure ein allen gemeinsames *Interesse* an der Realisierung von Produktivitäts-

---

368 Vgl. Olson (1992), S. 49-50.

369 Vgl. nochmals S. 70, Fußnote Nr. 218.

370 Vgl. hierzu Cooter (1993). Cooter nennt dieses Phänomen „utilitarianism of small groups". Vgl. Cooter (2000), S. 229. Er verweist auf einige Beispiele, an denen diese Tendenz gezeigt werden kann.

371 Bezüglich vermarktbarer Leistungen kooperieren sie noch nicht oder nicht mehr. Somit integrieren wir, wie es angekündigt wurde, den gesamten Prozess, der durch das Vertragsmodell auf S. 83ff, insbesondere durch Abbildung 3 und Abbildung 4 auf S. 84 bzw. S. 90, dargestellt wird.

chancen im Wettbewerb und daraus abgeleitet ebenfalls der Anreiz zur Einwilligung in ein institutionelles Arrangement, insoweit es zu *mehr* Handlungssicherheit für adaptive Teams führt bzw. diese signalisiert.[372] Durch den Zusammenschluss zu einem Kollektiv (auf dieser intermediären Ebene zwischen adaptivem Team und Rahmenordnung) kann die Interessenförderung gelingen. Denn die eigene Einschränkung macht es für andere rational, sich ebenfalls zu binden.[373] "In their relationships with one another, the third parties and their clients, individually or collectively as the case may be, have to perceive then, that the gain from maintaining their relations in the future would exceed whatever gains they may reap from reneging on their agreements in the present."[374] Binden sich einzelne Akteure, so profitiert (c.p.) die Gemeinschaft davon, weil jedes Mitglied nun deutlich besser antizipieren kann, *wie* sich andere verhalten. Auf diese Weise kann ein gruppenspezifisches Kapital[375] entstehen, dessen Produktivität durch die Kooperation von Angehörigen der Gruppe untereinander weitaus größer ausfallen dürfte, als bei der Kooperation mit Akteuren, die der Gruppe nicht angehören.[376] Ohne Third Party muss eine solche Signalisierung unabhängig von den wahren Handlungsmotiven sein. „Every agent benefits by signaling ‚cooperation', regardless of whether his real strategy is cooperation or appropriation, so the signaling equilibrium is uniform."[377]

Schon jetzt wird deutlich, dass es sich *nach* der Einführung der Third Party anders verhält. Erst die Zugehörigkeit zur Third Party macht für andere das Versprechen zur Kooperation glaubwürdig.[378] Die Mitglied-

---

372 Zu dem Anreiz unter vergleichbaren Bedingungen andere davon zu überzeugen, selbst nicht zu betrügen vgl. die Untersuchung von La Croix (1989), S. 213. Seine Untersuchung bezieht sich allerdings auf Vertragsbeziehungen, bei denen ein Versprechen und die Erfüllung des Versprechens in verschiedenen Perioden liegen.

373 „It is necessary not only to trust others before acting cooperatively, but also to believe that one is trusted by others." Gambetta (1988), S. 216.

374 Barzel (1998), S. 2.

375 Zu group-specific capital bemerkt La Croix (1989): "Group-specific capital .. enables group members to use the stream of quasi-rents from the specific asset to establish an effective system of contract enforcement", S. 214.

376 Vgl. hierzu Williamson (1983), S. 526.

377 Cooter (2000), S. 233.

378 „Einigen sich Hersteller und Anbieter komplementärer Leistungen auf einen Standard und signalisieren dies gegenüber potenziellen Abnehmern, steigt hierdurch das Vertrauen der Käufer in das zukünftige Potenzial dieses Standards." Hofacker (2000), S. 647. Er verweist auf Steinmann/Heß (1993), S. 167.

schaft bei der Third Party ist das *entscheidende* Signal: „This type of signaling allows both enforcement activities and business dealings to proceed at a lower cost."[379] Die Allgemeingültigkeit eines Sets von Regeln, die sich auf alle Mitglieder erstreckt, führt dann zur *Standardisierung*[380] von Verhaltensoptionen, wodurch einer weitreichenden Auflösung von personaler und institutioneller Diversifität für die Transaktionen im adaptiven Team der Weg geebnet wird.[381]

Damit stellen wir zur Vervollständigung der Verträge des adaptiven Teams sowie zur Unterstützung ihrer Erfüllung *zwischen* Rahmenordnung und dem adaptivem Team selbst ein *Tertium*.[382] Als eigene, *stabile* Organisation soll diese Regeln und damit Routinen für die Akteure des Teams bereitstellen.[383] Dabei muss das Tertium für die Akteure als Teil ihrer Rahmenordnung *erkennbar* werden, die ihren eigenen und den Möglichkeitsraum jedes anderen Akteurs definiert und dadurch - trotz aller Volatilität - Verhaltenserwartungen stabilisiert.[384] Somit machen wir den Vorschlag zur *individuellen Selbstbindung außerhalb* der Kooperation zur Produktion vermarktbarer Leistungen, aber *trotzdem innerhalb des adaptiven Teams*. Durch die Mitgliedschaft der Akteure wird der Latenz-Korridor einer *gezielten Intervention* zugeführt, so dass im Ergebnis die Erwartungsstabilität steigen kann.

Die Simultaneität von Kooperation und Konkurrenz sahen wir oben als Operations*bedingung* für Organisationen der modernen Wirtschaft

---

379 La Croix (1989), S. 218.

380 Standards können auf drei verschiedenen Ebenen initiiert werden: 1) auf der Ebene staatlicher Institutionen (etwa in Form von Rechtsnormen), 2) durch internationale Gremien, wie die ISO (International Organization for Standardization; etwa ISO 9000 zum Qualitätsmanagement oder ISO 14000 zum Umweltmanagement) sowie 3) durch deren Emergenz auf Märkten. ISO-Normen können Eingang in nationale Gesetze finden. Vgl. ISO (1992), S. 2. Einen sehr guten Überblick hierzu bietet Tiemann (1999), S. 77ff.

381 Balmann/Odening et al. (1996).

382 Mit Ulrich (1994) schlagen wir vor, eine ‚Verfügungsordnung' relativ autonomer Wirtschaftsakteure zu etablieren.

383 Hofacker (2000) kann formal zeigen, dass ein Unternehmen (Third Party) durch das Implementieren eines Netzwerkes (individuelle Akteure, die in jeweiligen Teams kooperieren) einen Standard durchsetzen, wenn es gelingt, Anbieter komplementärer Leistungen in das Netzwerk zu integrieren und diese Tatsache gegenüber Kunden entsprechend zu kommunizieren, vgl. S. 658.

384 Durch Hierarchie von Regeln wird Stabilität erreicht. Vgl. North (1990/1992), S. 98.

an.[385] Diese Intervention zielt nicht auf die Absicht, sich ihr zu entziehen. Die Komplexität und Veränderungsgeschwindigkeit der Wirtschaft wird vielmehr in den Gestaltungsvorschlag, der Institution einer Third Party für adaptive Teams, aufgenommen.

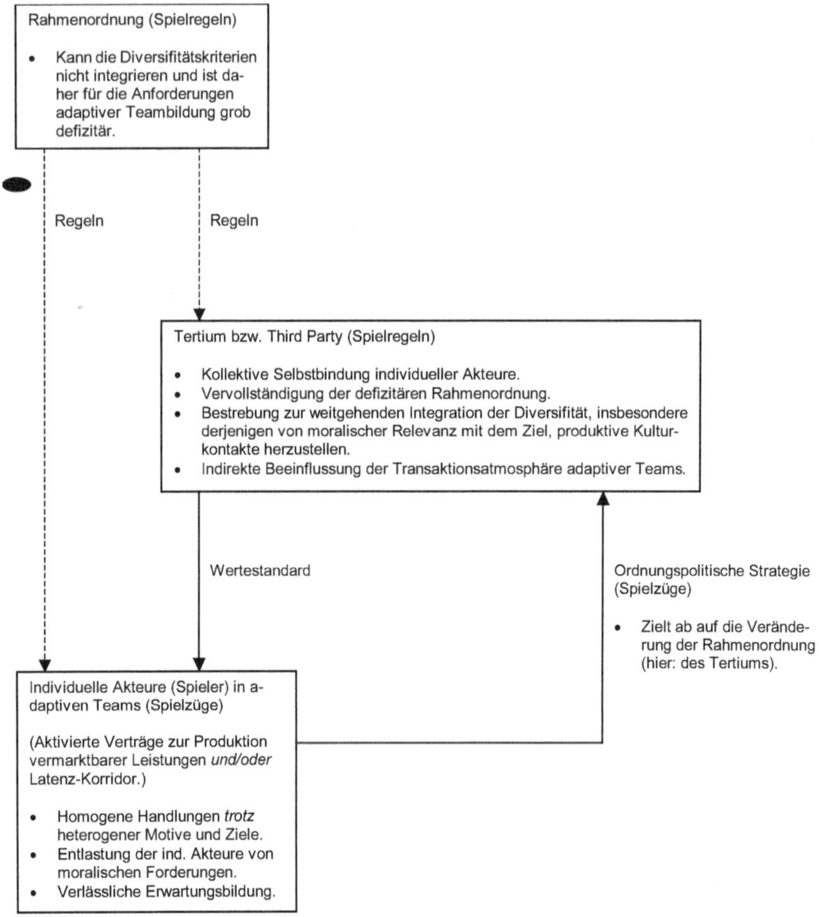

Abbildung 5: Institutionelle Intervention durch das Tertium (Third Party)

Es entspricht dann dem Interesse der Akteure, *allgemein* akzeptierte (Moral-) Regeln zu identifizieren, diese durch Standardisierung als Referenz für das Handeln aller auszuweisen und dadurch „... [*die*

385 S. 34, S. 55, Tabelle 1 und auch S. 120.

eigene] Wettbewerbsordnung präskriptiv[386] so umzugestalten, daß ein Verhalten nach diesen Regeln systematisch belohnt wird."[387]

Im Ergebnis kann es dann für die Akteure rational sein, die kooperative Strategie zu wählen. Insgesamt vollziehen wir damit eine Ebenenverschiebung[388], jedoch ohne dabei die Homann'sche Konzeption eines zweistufig ausdifferenzierten Handlungssystems mit Spielregeln und Spielzügen zu verlassen: Die Spielregeln der individuellen Akteure liegen dann in der Rahmenordnung *und* bei dem Tertium. Das Tertium ist insofern für die ursprüngliche Rahmenordnung Komplement. Die Spielzüge werden innerhalb der Teams vollzogen. Für diese Spielzüge soll das Tertium ein Set von Regeln bereitstellen, der performativ moralischer Standard für die Akteure ist. Er dient ihnen dann als Referenz für ihr Handeln. Wer diesen Regeln nicht zustimmt, wird von den anderen als Outsider ‚markiert' und kann an dem ‚Spiel' nicht teilnehmen, weil und soweit sich kein Partner für ihn oder sie findet.

Erfüllt bezüglich bestimmter, in der jeweiligen Gegenwart zwangsläufig noch unbekannter Fragestellungen die Rahmenordnung zusammen mit dem Tertium ihre Funktion nicht, so „... fällt die moralische Verantwortung für das Handeln an die einzelnen Unternehmer ... zurück."[389] Im Sinne einer ordnungspolitischen Strategie folgen dann Spielzüge, die auf die Veränderung der Regeln des Tertiums, also der ‚Rahmenordnung', zielen. Denn so konstruiert besteht bei einem ‚lokalen' Defizit der Kombination beider Steuerungsmodi sowohl die Verantwortung als auch das Interesse einzelner Akteure darin, durch Handeln in zwei Richtungen die Qualität ihrer Organisationsfigur, des adaptiven Teams, zu verbessern: In Richtung des Teams im Zuge der Produktion vermarktbarer Leistungen[390] und/oder in Richtung der Durchsetzung neuer Regeln bzw. Regelanpassungen für die Third Party und damit für alle Mitglieder. So erlaubt die Third Party Adaptivität für Teams, und kann, wenn Bedingungen sich ändern, selbst *effizienter* ‚Vermittler' kooperativer Arrangements bleiben.

Im Latenz-Korridor stehen sich die Akteure dann gleichzeitig als Kooperationspartner und Wettbewerber gegenüber. Sie kooperieren zur

---

386 Und damit ‚normativ' oder ‚wertend' und ‚evaluativ'.

387 Vanberg (1994), S. 82.

388 Vgl. hierzu die Überlegungen von De George (1990), S. 27 zum ‚Ethical Displacement'. „... what appears as an ethical dilemma [...] on one level may only find a true solution on another level."

389 Homann (1994), S. 111.

390 Vgl. hierzu und zu der Frage nach (institutioneller) Intervention auf der Ebene der primären Kooperation insbes. S. 127 und S. 136ff,

Herstellung des Kollektivgutes (Reputation für Vertrauenswürdigkeit und Integrität) und konkurrieren simultan um Kooperationschancen. Hierdurch werden sie dazu angereizt, Verträge zu erfüllen.[391] Durch sein Engagement für die Third Party wird so gleichzeitig jeder Akteur zum Produzenten und Konsumenten. Er *produziert* das Kollektivgut Erwartungsstabilität über glaubwürdige Kommunikation und *konsumiert* dies selbst, indem er mit den anderen Akteuren kooperiert.[392] Er kann anderen unterstellen, ebenfalls den Standard zu erfüllen, dem er sich selbst verpflichtet hat.[393]

Nunmehr erreichen wir, was oben als Notwendigkeit im Zuge der Etablierung von governance structures für die adaptive Teambildung bezeichnet wurde: Die Kultur(-en) einzelner Akteure werden auf diese Weise zu einer ‚Metakultur', verbunden, produktive Kulturkontakte können prinzipiell entstehen. Das bedeutet dann aber nicht, dass eine Form der governance vorgeschrieben wird, sondern ganz im Gegenteil, dass sie in der jeweiligen Situationen adaptiv entstehen kann. Baecker (2000) spricht hierbei sogar geradezu von einer ‚Situationskultur'. So wird es möglich, jede Situation (Transaktion) in einer eigenen Kultur abzuwickeln, ohne dabei individuelle Identität einbüßen zu müssen[394], oder die Ausbildung einer kollektiven Identität (jeweiliger Teams und der Third Party) zu behindern. Durch die institutionelle Intervention, die sich (auch) auf den Latenz-Korridor richtet, vermögen wir die Funktionen intermediärer Identität auf einem hohen Niveau zu stabilisieren, weil die Akteure, obschon sie sich niemals gesehen haben, bezüglich der Verhaltensdispositionen füreinander ‚bekannte' Entitäten werden können.[395]

Hier wie bei Homann wird so die Moral *überwiegend* in den *Spielregeln*, und die Effizienz in den *Spielzügen* abgearbeitet. Weil so die Spielzüge *weitgehend* von moralischen Forderungen entlastet werden, lassen sich die Wettbewerbshandlungen individueller Akteure in adaptiven Teams fast ausschließlich am Effizienzkriterium ausrichten. Weil *alle* die Regeln (den sich daraus ergebenen moralischen Standard) befolgen

---

391 Und zwar über den ‚Dienst nach Vorschrift' hinaus. Vgl. hierzu Simon (1991) sowie im vorliegenden Text S. 79.

392 Überdies erschließt er sich *diesen speziellen Markt* für Kooperationen über die Organisationsfigur des adaptiven Teams.

393 Vgl. ausführlicher S. 136ff.

394 Vgl. Baecker (2000).

395 "Third parties, at a cost, provide the principals to an agreement with an altered set of incentives such that they expect their net gains from interacting with each other to exceed what they can attain under self-enforcement." Barzel (1998), S. 2.

müssen, erfüllt dieser Vorschlag gleichlaufend das Kriterium der Wettbewerbsneutralität.[396] Lediglich zur Veränderung der Regelvorgaben der Third Party (ordnungspolitische Strategie) sind die Akteure gefordert, Spielzüge zu vollziehen, die *moralische* Forderungen beinhalten. Was sich bei Handlungen auf der Ebene adaptiver Teams als nachteilig erweist, kann aber nun bei Spielzügen zur Veränderung der Kooperationsbedingungen (als Third Party-Transaktionen) vorteilhaft sein: Diese Spielzüge richten sich auf die *Umgestaltung* der für alle gleichermaßen geltenden Ordnung. Eben deshalb ist das notwendige Kriterium der Wettbewerbsneutralität erfüllt.

Durch eine solche institutionelle Intervention geschieht eine *indirekte* Beeinflussung der Spielzüge im Innenverhältnis sich formierender adaptiver Teams und damit deren Transaktionsatmosphäre.[397] Die Beeinflussung und (Selbst-) Steuerung weitestgehend anonymer Gemeinschaften, die sich aus reziproken Spielzügen einzelner ergeben, wirkt desgleichen auf den Latenz-Korridor, wenn eine primäre Kooperation beendet ist.[398] Insgesamt kann dies zu einer *gesteigerten* Handlungssicherheit und in der Folge zu einer *gesteigerten* Teamleistung bei/durch *sinkende(n)* Transaktionskosten führen, denn die Regeln können nunmehr langfristig und wiederholt für jeweils kurzweilige Kooperationsbeziehungen zur Verfügung stehen. Die Vorzüge einer privatwirtschaftlichen Organisation liegen dabei in dem hohen Reaktionsvermögen, das auch Homann et al. für Unternehmen rekla-

---

396 Es wäre dann nur ein scheinbarer Wettbewerbsvorteil, sich diesen Regeln *nicht* zu unterwerfen, aber trotzdem mit Mitgliedern der Third Party zu kooperieren. Aus Sicht der Mitglieder würde sich ein Nicht-Mitglied einen Wettbewerbsvorteil *erschleichen*, bzw. von dem Kollektivgut partizipieren, ohne dessen Produktion zu finanzieren. Obwohl dieser Fall durch Regeln der Third Party geregelt werden sollte, ist die Wahrscheinlichkeit hoch, dass andere sich darauf *nicht* einlassen werden. Weil jeder Akteure sich Kooperationschancen eröffnet, hat er einen Anreiz, in die Mitgliedschaft einzuwilligen. Vgl. zu anderen Grundanforderungen an die Regeln die S. 134 sowie S. 143.

397 Vgl. hierzu nochmals S. 105, Fußnote Nr. 323.

398 Nun gibt es Gründe für Geschäftspartner, auf ein reziprokes Verhalten anderer zu vertrauen. Experimente konnten zeigen, dass ein Akteur sich bei einer als ‚freundlich' empfundenen Aktion eines anderen Akteurs verpflichtet fühlt, ebenfalls eine Aktion zu ergreifen, die der andere als freundlich empfinden wird. Dabei ist bemerkenswert, dass es auch dann zu dieser Aktion kommt, wenn sie mit nachteiligen Konsequenzen, also Kosten für den wählenden Akteur, verbunden ist. Derselbe Mechanismus ist bei Aktionen beobachtbar, die von dem Adressaten als unfreundlich empfunden werden. Vgl. Irlenbusch/Schade (2000) sowie Axelrod (1984), vgl. ebenfalls erneut S. 68, Fußnote Nr. 210.

mieren.[399] Die beim Team als ‚atmosphärisch' apostrophierten Parameter werden *expliziter* und können trotz der Volatilität der Innenverhältnisse des adaptiven Teams, diesem bereits zu Beginn jeweiliger primärer Kooperationen weitgehend stabil zur Verfügung stehen. Dabei wirkt der Third Party Enforcer auf beide Hauptphasen, also auf die Verhältnisse zur primären Kooperation ebenso, wie auf die ausschließlich als informal und implizit identifizierten Beziehungen der Akteure innerhalb des Latenz-Korridors (sekundäre Kooperation).[400]

Element der governance structure adaptiver Teams ist damit die Signalisierung und glaubwürdige Zusicherung moralischer Intentionen von potenziell (sekundär) *und* aktuell (primär) kooperierenden individuellen Akteuren. Durch die Einführung der Third Party integrieren wir über eine *verbindliche Mitgliedschaft* alle Kooperationsbereiten und -fähigen individuellen Akteure und institutionalisieren so den Latenz-Korridor. Trotz weitgehender Anonymität und Diversifität von ‚Akteurseigenschaften' kann so die weitreichende Standardisierung von Verhaltensoptionen erreicht werden. Allein durch ihr Mitwirken bei der Third Party kann so dem Handeln von Akteuren performativ eine Konnotation für Vertragstreue, Verlässlichkeit und Vertrauenswürdigkeit zukommen.

Die Third Party führt jeden individuellen Akteur in einer Datenbank, auf die alle Mitglieder weltweit Zugriff haben. Die Datenbank enthält Angaben zu Projekterfahrungen, zu fachlichen Fertigkeiten usf. Darüber hinaus empfiehlt sich die Abbildung von Interessen, der Honorarvorstellung und der Verfügbarkeit. Durch Datenbankabfragen kann jeder Akteur, gleichgültig, ob ihm die Rolle des Prinzipals oder des Agenten zukommt, ein Wunschprofil eingeben und so die Grundgesamtheit der Mitglieder der Third Party nach den Erfordernissen einer Aufgabe durchsuchen. Sodann können die Akteure miteinander Kontakt aufnehmen, um Details einer Zusammenarbeit zu regeln.[401]

Informationen über das Verhalten von Akteuren in Kooperationen ist für potenzielle Partner akquisitionsrelevant. Unter Zuhilfenahme des World Wide Web kann die Asymmetrie der Informationsverteilung zwischen allen Akteuren bedarfsgerecht reduziert und damit gesuchte Information

[399] Vgl. erneut das Zitat von Homann/Blome-Drees auf S. 112.
[400] Vgl. die Unterscheidungen auf S. 83ff.
[401] Selbstverständlich darf dies nicht ausschließen, dass die Akteure bei der Regelung von Details, umfassender der Investition in Identitätskapital und dem Aufbau von ‚shared mental models' das Internet als Medium für ihre Kommunikation verlassen, um sich ggf. im physischen Raum zu treffen und/oder alle anderen Formen symmetrischer und asymmetrischer Kommunikation zu benutzen.

transaktionskostengünstig verfügbar gemacht werden. Damit aber der Mechanismus insgesamt seine sanktionierende/disziplinierende Funktion entfalten kann, müssen die über die Third Party kontrahierten Vertragsbestandteile im Binnenverhältnis eines Teams über einen geeigneten *Evaluationsmechanismus* einforderbar werden.[402] Bewertungen funktionieren systematisch ex post, weil jedes Verhalten von Akteuren erst dann bewertet werden kann, wenn es geschehen ist. Wir werden später darauf eingehen, in wieweit dies als problematisch anzusehen ist.

Bis hierher zusammengefasst, wird erst durch die organisatorische (institutionelle) Integration von *Volatilität* einerseits und *Stabilität* andererseits durch die Third Party die hier geforderte, *Adaptivität* (adaptive Effizienz) von Teams möglich. Ohne dies sind derartige temporäre Teambeziehungen als Organisationsform höchst riskant und ihrerseits effizienzgefährdend. Gehen die Akteure jedoch eine langfristige Beziehung mit der Third Party ein, entstehen ihnen die geringsten Opportunitätskosten bei der Abwicklung der hier diskutierten Klasse von Transaktionen. Legitimation geht in einer demokratischen Gesellschaft auf die Zustimmung der Betroffenen zurück. Die Legitimation der Third Party entspringt dem vitalen, langfristigen Eigeninteresse der Akteure, ihre moralische Selbstbindung[403] nachzuweisen und über die Third Party kostengünstig ‚organisationsöffentlich' zu kommunizieren. Durch eine langfristig angelegte Investitionsstrategie wird ihnen der Aufbau von Reputationskapital ermöglicht.

4.3.2 Wettbewerb von Third Parties

Es erscheint nur *vordergründig* günstig, eine solche Aufgabe an bereits existierende Organisationen im ‚Zwischenfeld' von Staat und Privatwirtschaft zu delegieren. So traut etwa Steinmann (1999) Organisationen wie der International Labor Organization (ILO) oder der World Trade Organization (WTO/GATT) mit Blick auf deren Geschichte die effiziente Bewältigung einer vergleichbaren Aufgabe *nicht* zu.[404] Zudem haben wir bereits oben dafür argumentiert, die Etablierung des Standards *nicht* zum Gegenstand politischer Diskussionen zu machen,

---

402 Vgl. S. 136ff.

403 Moralische Bindung wird schon von Elster (1979) sehr überzeugend als Selbstbindung interpretiert. Er verweist illustrierend auf Odysseus, der sich im Bewusstsein um seine Anfälligkeit gegenüber dem ‚Gesang der Sirenen' von seinen Begleitern vorsorglich an einen Mast des Schiffes binden läßt.

404 Vgl. Steinmann (1999), S. 5.

sondern dies auf der Befolgung einer dominanten Strategie auf dem Markt für temporäre Kooperationen zu begründen.[405] Denn erst die Konkurrenz *optionaler* Standards würde m.E. den *effizienten Standard* hervorbringen.[406] Gilt dieser, so ist für die diesen Standard inhaltlich tragenden Akteure das moralische Dilemma gelöst. Im Homann'schen Sinne wird der positive Kompatibilitätsfall erreicht.[407] Ethische und ökonomische Argumente verhalten sich dann komplementär zueinander.

So ist es denkbar und erscheint aus Effizienzgründen auch angemessen, wenn *mehrere* solcher Third Parties am Markt um die Mitgliedschaft individueller Akteure konkurrieren. Im eigentlichen Sinne konkurrieren diesbezüglich wieder die Akteure untereinander, denn schließlich rekrutieren sich die kollektiven Akteure (Third Parties) aus *diesen* individuellen Akteuren! Sie repräsentieren das Interesse, den jeweils eigenen Standard am Markt durchzusetzen, und möglichst große Gruppen darauf zu vereinen. Vermag eine Third Party eine wachsende Anzahl individueller Akteure zu gewinnen, so steigt gleichzeitig die Anzahl von möglichen Kombinationen einzelner Wissensaspekte und damit wiederum die Anzahl von Kooperationschancen.[408] Schließlich wird diejenige Rahmenordnung andere Standards dominieren, hinter der das *größte gewichtete Interesse* steht. Gleichzeitig verliert dabei ein einzelner Akteur seinen ‚privaten Einfluss' auf diesen Standard. Im Zeitverlauf nimmt darum der Standard organisationsintern den Charakter eines öffentlichen Gutes an.[409] „Die Moral ist das Resultat von Handlungsbeschränkungen, die sich einige, viele, im Idealfall alle einzelnen Akteure gemeinsam auferlegt haben, und es ist die systematische Interdependenz der gleichförmigen Handlungen (fast) aller, durch die Moral entsteht und Bestand haben kann. Kurzum: Moral ist ein öffentliches Gut."[410]

Wenn das Produkt (die Regeln) für alle Akteure gleich[411] sind, führt der Wettbewerbsdruck zum gegenseitigen *Unterbieten* im Preis bei gleich-

---

405 Vgl. S. 99ff.

406 Zur Persistenz ineffizienter Institutionen vgl. North (1992).

407 Vgl. S. 112, Fußnote Nr. 352.

408 Vgl. zum Begriff der *Wissensaspekte* und damit zusammenhängenden Überlegungen nochmals S. 34ff.

409 Vgl. Kindleberger (1983), S. 386-387. „The distinguishing characteristic of these goods is not only that they *can* be consumed by everyone, but that there is no escape form consuming them unless one were to leave the community by which they are provided." Hirschman (1970), S. 101.

410 Homann (1988), S. 224/225.

411 Unter Umständen sind verschiedene Standards für verschiedene Branchen denkbar (beispielsweise Bio-Technologie und Human-Genetik versus Programmierung).

zeitigem gegenseitigem *Übertrumpfen* der Qualität von Regeln, also ihrer Eignung zur Integration von Diversifität und Temporalisierung durch governance. Beides dient dazu, Pioniergewinne für Third Parties und damit für die individuellen Akteure adaptiver Teams zu realisieren.[412]

4.3.3 Exit, Voice und Loyalty als grundsätzliche Verhaltensoptionen der Akteure im Kontext adaptiver Teambeziehungen

Wird die von Hirschman (1970) ins Feld geführte Unterscheidung der Handlungsoptionen *Exit*, *Voice*, *Loyalty* herangezogen, so ist der Fall der Loyalty hier unproblematisch. Ein Akteur tritt nur dann der Third Party bei, wenn für ihn die Kosten der Befolgung des Normensets und damit die Kosten der Mitgliedschaft niedriger sind als die ihm daraus resultierenden Kooperationsgewinne. Wie hoch aber das Potenzial an möglichen Gewinnen durch die Kooperation ist, kann ex ante nicht eindeutig bestimmt werden, weil bei der Integration hochspezifischen Wissens zur Produktion eines Gutes dessen Eigenschaften oftmals indeterminiert sind. Insoweit ist die Mitgliedschaft für den Akteur eine unternehmerische Investition, weil er über dessen Rendite keine sicherer Erwartung haben kann. Die Stimme (Voice) zu erheben, bedeutet hingegen Änderungsvorschläge zu formulieren. „Voice is political action par excellence."[413] Die jeweilige Einigung auf Regeln für eine Vielzahl adaptiver Teams bedeutet das Entstehen stabiler Strukturen, die die Existenz adaptiver Teams zur primären Kooperation zeitlich überdauern. Die Stabilität von Regeln der Third Party markiert ein *Machtgleichgewicht der Akteure*. Investieren Akteure beispielsweise über die Teilnahme an Abstimmungen (also abermals die Artikulation von *Voice*) in die Änderung von Regeln, so kommt auf diese Weise ein rekursiver Prozess der Befolgung und bedarfsgerechten Anpassung von Spielregeln an Kontingenzen in Gang, der sich bei einem neuen Gleichgewicht einpendeln wird (*Loyalty*). Anpassungen lassen sich dabei auf die Spielzüge von Akteuren zur Verfolgung ordnungspolitischer Strategien zurückführen. Mit dem Austritt aus der Third Party

---

412 Einzelne adaptive Teams differenzieren sich voneinander durch die Bewältigung verschiedener Aufgaben, die Kombination verschiedener Akteure usf.

413 Hirschman (1970), S. 16.

(Exit) verkleinert sich der Pool und damit die Kombinationsmöglichkeiten einzelner Akteure zu temporären Teams.[414]

Es mag scheinen, als seien wir durch die Möglichkeit für Akteure, einen Wechsel der Third Party als strategische Option vorzusehen, mit dem Folgeproblem konfrontiert, dass Akteure hierdurch *Moralarbitrage* erwirtschaften können, was vor dem Hintergrund der Verhaltensannahme des Opportunismus im Prinzip zutreffen kann. Dagegen stehen zwei Argumente: Weil sich durch Wettbewerb ein Standard als dominante Strategie am Markt herausbilden kann, reizt dies die Akteure dazu an, bei der durch Entscheidungen am Markt bevorzugten, attraktiveren Lösung zu verbleiben bzw. zu ihr zu wechseln. Dies ist bezüglich der Regeln der einzig denkbare Anreiz zum Exit. Die attraktivste Lösung für alle repräsentiert einen Standard mit moralischer Relevanz, der die *höchste* Erwartungsstabilität für die Akteure zulässt. Dann ist aber die *Exit*-Option nur zu hohen Kosten verfügbar und wird mit wachsender Gruppengröße zunehmend unattraktiv.[415] Ein Wechsel sollte zudem zum *Verlust* der bislang *dokumentierten* Reputation als Evaluationsergebnis durch ehemalige Kooperationspartner führen. Als Folge hiervon ist dann der Option *Voice* gegenüber der Option *Exit* der Vorzug zu geben. „The voice option is the only way in which dissatisfied customers or members can react whenever the exit option is unavailable. [S. 33] ... [T]he effectiveness of the voice mechanism is strengthened by the possibility of exit" [S. 83].[416] *Beides* unterstützt den rekursiven Prozess von Anwendung (Spielzüge) und Verbesserung der Spielregeln für alle Mitglieder. Jedes Mitglied kann prinzipiell Wechselbewegungen am Markt beobachten, damit erkennen, welchem Standard sich der jeweilige Akteur zu verpflichten bereit ist und erhält so Informationen, die bei ihm eine Intuition für den Kooperationspartner auszubilden helfen.

---

414 „As a result, revenues drop, membership declines, and management is impelled to search for ways and means to correct whatever faults have led to exit." Hirschman (1970), S. 4.

415 Mit zunehmender Gruppengröße erhöht sich die Anzahl möglicher Teambeziehungen. Jedoch besteht bei zunehmender Gruppengröße die Gefahr, dass die Third Party selbst zunehmend unflexibel wird.

416 Hirschman (1970).

4.3.4 Primäre Kooperation: Das adaptive Team im Innenverhältnis

4.3.4.1 Selbstorganisation der Akteure

Mit der Akquisition eines Akteurs folgt auf die sekundäre Kooperation die Nicht-Markt Phase oder primäre Kooperation. Um dem Marktzwang zur adaptiven Effizienz genügen zu können, erscheint es vernünftig, für das Innenverhältnis auf Aussagen im Sinne institutioneller Intervention für adaptive Teams zu verzichten. Vielmehr sind hier die Akteure darauf angewiesen, jeweils adäquate, ggf. technisch unterstützte, in jedem Fall aber möglichst transaktionskostengünstige Mechanismen *selbst* auszubilden und anzuwenden, um Verhalten, wo es notwendig und möglich ist, zu beobachten und Abweichungen *nach ihren* Maßstäben zu korrigieren. Die Akteure formulieren hierfür gegebenenfalls im Innenverhältnis schriftliche Verträge und ergänzen diese durch mündliche Abmachungen.[417] Naturgemäß sind auch diese Verträge *relational*. Je nach Konfiguration der Operationsbedingungen verzichten sie vielleicht vollständig auf schriftliche Festlegungen. Denn die Aktionsräume der Akteure wie auch die Art der Abwicklung von Transaktionen werden bei der primären Kooperation *gleichzeitig* durch dann *vormals* externen Regeln der Third Party kanalisiert.[418] Da die Regeln der Third Party auch die Nicht-Markt Phase (Latenz-Korridor) umschließen, müssen im Innenverhältnis adäquate Anpassungen und Detailregelungen möglich sein, für die Regeln der Third Party Grundlage und damit Voraussetzung darstellen, sollten diese bestimmte moralische Erfordernisse im Innenbereich eines Teams nicht abdecken. Bedarf es einer *spezielleren* Norm im Innenverhältnis eines Teams, so werden die

---

[417] Auch technische Lösungen zur Disziplinierung abweichendes Verhalten sind hier denkbar (vgl. S. 13, Fußnote Nr. 21), wenn auch nicht notwendigerweise bedingungslos vorteilhaft: Neben deren nur eingeschränkt erfolgversprechenden Wirkung zur Prävention und Aufdeckung von abweichendem Verhalten ist es nicht unbedingt überzeugend, dass derartige technische Lösungen einen durchweg positiven Einfuß auf die Bereitstellung der Inputbeiträge der Akteure haben, denn übermäßige Kontrolle wird der Wahrnehmung der Akteure nicht entgehen (können) und sie deshalb möglicherweise in ihrer Würde verletzen (vgl. hierzu S. 137, S. 449). Dies kann das Gegenteil der erhofften Wirkung provozieren und hat dann einen nicht erwünschten, negativen Effekt auf die Transaktionsatmosphäre im adaptiven Team.

[418] Gemäß der Wahrnehmung der Akteure ist dann die Third Party mit ihren Regeln Teil ihrer Rahmenordnung in primären Kooperationen geworden. Vgl. hierzu nochmals S. 117.

Akteure des Teams dieses Erfordernis dann *nicht* als ‚Regelungsdefizit' der Third Party beschreiben, sondern die durch sie bereitgestellten Regeln als *Basis* oder *robuste Grundordnung* für ihre temporären Kooperationsbeziehungen ansehen, die es für die jeweils lokalen Bedingungen (aufgabenbezogen) zu ergänzen gilt. Die Teammitglieder können dann sachgemäßen Forderungen nachkommen, durch Verhandlungen im Innenverhältnis *eigene Regeln* entwerfen und anwenden. Nur diesbezüglich entstehen den Akteuren überhaupt noch Transaktionskosten der Regelbildung, deren Höhe ihnen ex ante *unbekannt* ist. Auch dieses Handeln zielt auf die Senkung von Transaktionskosten ab, weil es auf eine weitere Vervollständigung ihrer Rahmenordnung abstellt, die sich nun aus den Vorgaben der Third Party *und* dem eigenen Regelentwurf im Innenverhältnis zusammensetzt.

Es scheint, als könnten die moral-ökonomischen Überlegungen von Gauthier für das Innenverhältnis relevant werden. Ausgangspunkt für Gauthier ist - wie auch bei Homann - das Prisoner's Dilemma.[419] Bei ihm findet im Unterschied zu Homann aber nicht der Rückbezug auf eine Metaebene (Rahmenordnung) statt. In seiner Konzeption anerkennen die Akteure ohne dies die Moral als für ihr ‚Innenverhältnis' relevant. Exakt auf dieser Ebene befinden wir uns nun im Argumentationsverlauf. Bei Gauthier geht es um Vereinbarungen in privaten Tauschverträgen, die den Verzicht auf Strategien zum Gegenstand haben, die den anderen bei der individuellen Interessenverfolgung schädigen. Gauthier formuliert eine ‚rationale Theorie der Moral', indem er auf einen größeren gegenseitigen Nutzen (Kollektivnutzen) verweist, der durch die Akzeptanz bestimmter Einschränkungen bei der subjektiven Interessenverfolgung entstehen kann.[420] Eine *notwendige Voraussetzung* für das Eingehen von derartigen Verträgen ist nach Gauthier jedoch die wechselseitige Vertrauenswürdigkeit der Partner. Derartige kooperative Arrangements werden nur mit Akteuren eingegangen, die bereits wiederholt „... je häufiger, desto besser ... .“[421] miteinander kooperiert haben.

---

419 Seine Ausgangsfrage lautet: Was kann Marktteilnehmer dazu bringen, sich an bestimmte ethische Grundsätze zu halten, anstatt davon zu profitieren, dass sich nur einige Wenige an solchen Grundsätzen orientieren? Vgl. Gauthier (1986).

420 Gauthier beschreibt seine Überlegungen als eine *mögliche* Moralitätsform. Auf die dabei zugrundeliegenden anthropologischen Voraussetzungen gehen wir hier nicht weiter ein. Vgl. Gauthier (1986), S. 268.

421 Kleinfeld (1998), S. 24.

Wenn aber Vertrauen zwischen den Partnern besteht, bedarf es keines expliziten Vertrags, der moralische Referenz sein müsste. Es ist ja gerade charakteristisch für Vertrauen, dass ein Akteur A ex ante von ‚gutem Verhalten' seines Partners B ausgeht, ohne dass A die *tatsächliche* Strategiewahl von B lokal beobachten könnte oder sogar beobachten wollte. Gerade die Existenz von Vertrauenskapital erlaubt die vergleichsweise transaktionskostengünstigere Abwicklung, weil auf Sicherungsmaßnahmen, so sie denn überhaupt möglich wären, verzichtet werden kann. Ist die Beziehung zwischen den Akteuren so weit gediehen, dass beide die notwendige Bedingung ‚Vertrauen' von Gauthier erfüllen, brauchen sie sich über einen derartigen Vertrag keine Gedanken mehr zu machen. Oder anders formuliert: Sobald die Akteure den für Vertrauen notwendigen Identitätsgrad ausgebildet haben, verliert die Third Party ihre Existenzberechtigung. Denn bei diesem Punkt wäre eine Abwicklung der Transaktion ohne Third Party die kostengünstigere Option für die Beteiligten. Wir hätten damit das Hauptproblem dieser Untersuchung überwunden, was aus Sicht der Akteure abermals transaktionskostengünstig wäre.

Erweisen sich im Innenbereich jeweiliger Teams entworfene Regeln als adäquat, und gehen die Akteure davon aus, dass sie, in gegebenenfalls modifizierter (verallgemeinerter Form) für alle durch die Third Party organisierten Akteure von Nutzen sein können, werden sie, im *eigenen Interesse* der Senkung *zukünftiger* Kosten der Verhandlung (Anbahnung) und Koordination, aus ihren Erfahrungen einen Regelvorschlag für die Third Party formulieren und diesen von allen Mitgliedern beurteilen lassen. Von ihrem Votum ist es dann abhängig, ob es zur Umsetzung eines Änderungsvorschlags kommt. Auf diese Weise *lernt* die Third Party.[422] Folglich sind die Akteure bei der Anbahnung einer primären Kooperation bezüglich dieser Vorgaben zukünftig weitgehend von den Transaktionskosten der Verhandlung mit anderen Partnern befreit.

4.3.4.2 Märkte versus ‚interne' (Quasi-) Märkte

Vor dem Interventionsvorschlag auf S. 113 sind wir von (weitgehend) autonom handelnden individuellen Akteuren ausgegangen, die sich abgesehen von dem spezifischen Wissen (Humankapital), in das sie im Zuge ihrer Ausbildung investierten, in keinerlei für uns *relevante* ex post Abhängigkeit befinden, die als ökonomischer Vertrag zu interpretieren wäre. Für individuelle Akteure in klassischen Organisationen gilt

[422] Vgl. S. 35, Fußnote Nr. 94 sowie S.135, Fußnote Nr. 442.

anderes: Die temporäre, produktive Kombination von Trägern hoch spezifischen Wissens findet in internen Organisationen statt. Zu denken ist dabei beispielsweise an sog. ‚task forces' oder Projektgruppen, die sich ggf. kurzfristig und nur für kurze Dauer aus internen Arbeitsmärkten rekrutieren. Auch wenn die daran beteiligten Akteure nur selten ausschließlich über Datennetze kooperieren, können wir auf einen noch wesentlicheren Unterschied hinweisen, der folgenreich ist: Wenn in Konzernen oder Konglomeraten derartige Teams vorkommen, die ansonsten auch weitgehend unseren Anforderungen gerecht werden, ist dies eben *genau darauf zurückzuführen*, dass wir dort existierende governance structures vorfinden, die dies ermöglichen.

Derartige Verhältnisse sind voraussetzungsvoller als die Kooperation im adaptiven Team ohne institutionelle Intervention. Dann ist nämlich von ex ante existenten expliziten/formalen Verträgen ebenso auszugehen wie von einer höheren Wahrscheinlichkeit für bereits erfolgte Interaktionen und damit Erfahrungen der Akteure miteinander. Identität und ein Vertrauensgrad können dann ebenso schon vorhanden sein, wie ein ‚shared mental model' darüber, was es bedeutet, etwa für die und bei der Deutsche Bank 24 AG tätig zu sein. Im Gegensatz zu adaptiven Teams, wie wir sie bisher betrachtet haben, existieren bereits Transformationsroutinen, dazugehörige Regeln und damit Organisation. Die Transaktionen werden in einer bereits existierenden ‚Atmosphäre' abgewickelt. Hierdurch wird nochmals deutlich, dass der Interventionsvorschlag ‚Third Party' ein Substitut für viele derjenigen Mechanismen sein soll und kann, die in und durch bestehende klassische Organisationen bereits existieren. Nochmals können wir aber gleichwohl nicht für die Fusion bzw. interne Organisation argumentieren, um diejenigen Produktivitäts- und Wettbewerbschancen zu generieren, die adaptive Teams in Kombination mit der Third Party bereitstellen, weil ‚interne' Arbeitsmärkte in Konzernen und Konglomeraten bezüglich ihrer Befähigung zur adaptiven Effizienz natürlichen Grenzen unterliegen. Hierauf sind wir schon eingegangen.

4.3.5 Die ‚Disziplinierung' von Handlungen durch Regeln

Nachdem wir nun für die Third Party zur Herstellung von Erwartungsstabilität argumentiert haben, wird es notwendig, den Prozess der ‚Disziplinierung' von Handlungsoptionen zu besprechen. Die Akteure müssen es leisten, unter Zuhilfenahme von Regeln ein System *grundsätzlicher Handlungsorientierung* zu entwickeln. Wenn Ereignisse nicht beobachtbar sind, können Regeln zu homogenen Handlungen trotz *lokal* divergierender Handlungsziele und Handlungsmotive führen. Die

Art der Entstehung der Handlungsorientierung ist dabei natürlich eine wesentliche Voraussetzung seiner praktischen Wirkungsentfaltung.

4.3.5.1 Betroffenheit und Kompetenz

Kaiser (1999) weist in Anlehnung an Leisinger (1997) auf ein Muster hin, nach dem zur Produktion von Handlungssicherheit *keinesfalls* verfahren werden sollte, weil es die schlechtesten Ergebnisse hervorbringt: a) Entwicklung des Ethik-Kodex (oder anderer Regeln) im kleinen Kreis, b) interne Bekanntmachung über eigene Kommunikationsprogramme und c) das ‚Üben' ihrer praktischen Anwendung in eigens dafür konzipierten Schulungsveranstaltungen.[423] Ein solches Verfahren ist als problematisch anzusehen, weil es mit einer starken Konzentration auf eigens hierfür eingesetzte ‚Experten' einhergeht, die sich weitgehend von den eigentlichen *Anwendern* der ethisch sensitiven Grundsätze unterscheiden. „Es wird durch dieses Vorgehen den Mitarbeitern ... keine Chance geboten, die Unternehmensgrundsätze zum eigenen (Gestaltungs- und Verwirklichungsanliegen) machen zu können."[424] Vielmehr muss die direkte Beteiligung der Akteure schon wegen ihrer *persönlichen Betroffenheit* möglich sein.[425] Die Sachkompetenz liegt bei den Trägern hochspezifischen Wissens, die so über das Internet arbeiten *können* und *wollen*!

4.3.5.2 Normierungsmechanismus

Der Mechanismus der Normierung bei repetitiven Spielen, so Schotter (1981), vollzieht sich durch die Stabilisierung gegenseitiger Verhaltenserwartungen, indem anfänglich *zufällige*, *spontane* Verhaltensweisen zu Konventionen verfestigt werden.[426] Derartige Konventionen (Normen) werden dann weiter stabilisiert, wenn für keinen der Akteure ein Anreiz besteht, von den einmal *erfolgreich* zur Anwendung gebrachten und damit ‚gefundenen' Verhaltensweisen abzuweichen.

---

423 Vgl. Kaiser (1999), S. 75.

424 Kaiser (1999), S. 75.

425 Kaiser verweist auf die Firma *Vorwerk*, die mit dem partizipativen Weg sehr erfolgreich war. Ein differenziert gestalteter Prozess der internen Unternehmenskommunikation beteiligte mehrere hundert Mitarbeiter an der Erarbeitung von Unternehmensgrundsätzen. Vgl. Bromann/Piwinger (1992).

426 Vgl. Schotter (1981), S. 12, 31ff. So auch Lohmann (1996), S. 16: „Es ist eine Frage des Zufalls, nicht aber der Begründung, welche Regeln sich an Märkten durchsetzen."

Naturgemäß werden sich im Sinne der Evolutorik diejenigen Verhaltensweisen zu Konventionen stabilisieren, die einen *höheren* pay off haben als andere Verhaltensweisen. Dabei ist davon auszugehen, dass der Anteil derjenigen Akteure, die eine kooperative Strategie wählen, so lange steigt bzw. die tatsächliche Wahl der kooperativen Strategie selbst so lange steigt, wie die Strategie einen überdurchschnittlichen pay off bewirkt.[427] „A rational person internalizes a norm when commitment conveys an advantage relative to the original preferences and the changed preferences. I call such a change a 'Pareto self-improvement'."[428]

Will ein Mitglied eine Mehrheit für eine von ihm favorisierte Entscheidung gewinnen, muss er Überzeugungsarbeit leisten, wenn nicht ausreichend viele andere Akteure schon ähnlich denken oder den Status quo als unbefriedigend empfinden. Der Vorgang der Überzeugung anderer ist mit Entscheidungsfindungskosten verbunden. Unterliegt dieser Akteur dann trotz seines Engagements gegenüber einer Mehrheit, entstehen für ihn Kosten in Form eines Nutzenverzichts, denn die Abstimmung hat nicht zur Durchsetzung seiner Präferenzen geführt (Diskriminierungskosten). Die Aggregation beider Kostenpositionen führt zu den Gesamtkosten der kollektiven Abstimmung.

Hiervon unabhängig geht jedoch gerade auch die Transaktionskostentheorie davon aus, dass es eines genauen Blicks auf die jeweiligen Kooperationsbedingungen bedarf, um zu geeigneten Hinweisen für die governance distinkter Transaktionen zu kommen. Dieser Punkt markiert die Grenze möglicher Standardisierung bzw. Normierung bei Diversifität.[429] Daher müssen die Akteure der Third Party, und somit die Akteure adaptiver Teams, permanent und rekursiv über Abstimmung die Anpassung ihrer Regeln pflegen, wie wir es oben ausgeführt haben[430], und gleichzeitig müssen die durch sie wirksam werdenden Regeln dem Grundsatz der *Verallgemeinerungsfähigkeit* genügen.[431]

---

427 Vgl. Cooter (2000), S. 232.

428 Vgl. Cooter (1998), S. 586.

429 Überdies kann in der Kombination heterogener Eigenschaften und Bedingungen produktives Potenzial liegen. Auch diese Grenze muss unscharf bleiben. Deren Benennung ist abermals den Akteuren zu überlassen.

430 Vgl. S. 119.

431 Erfüllt eine Forderung diese Kriterien nicht, so verbergen sich dahinter i.d.R. nur singulär-individuelle Interessen oder (Teil-) Gruppeninteressen. Diese sind darum zum Gegenstand von Verhandlungen innerhalb adaptiver Teams zu machen.

In einem diskursiven Verfahren ist dabei *prinzipiell* der Konsens bzw. die Einstimmigkeit anzustreben.[432] Denn „[j]ede Abstimmungsregel unterhalb der Einstimmigkeit ... läßt die Legitimität der Konfliktentscheidung (als Normsetzung) prekär werden."[433] Von *Konsens* über Regeln, der dann erreicht werden würde, kann jedoch in einer institutionenökonomischen Untersuchung kaum die Rede sein. Konsens im wörtlichen Sinne ist auf der Basis des methodologischen Individualismus fast ausgeschlossen. „Die Erstellung einer Rahmenordnung unter Einstimmigkeit scheitert schon an dem Problem der Entscheidungskosten, obwohl sie die Abwälzung von externen Kosten auf Dritte minimiert (Buchanan/ Tullock 1971) und somit gute Gründe für die Einstimmigkeit sprechen."[434] Über Technologie ist es zwar möglich, das Verfahren der Abstimmung kostengünstig zu organisieren (Garbe 1998), aber dennoch wird mit der Entscheidung für eine für *alle* Akteure geltende Einführung oder Änderung einer Regel nur derjenige Punkt markiert, „... ab dem es für jedes ‚rationale Individuum' (Buchanan) ‚sinnlos' (‚nutzlos', ‚zu teuer') wird, weitergehenden Einfluss auszuüben."[435]

4.3.5.3 Regelkriterien

Diesen Überlegungen folgend, müssen Regelvorschläge, bestehende Regeln und die sich auf sie beziehenden Änderungsvorschläge *durch die Betroffenen* dauernd daraufhin überprüft werden können, ob sie den *positiven Kompatibilitätsfall* gestatten. Dies trifft nur dann zu, wenn sich die Regeln durch moralische Akzeptanz bei Akteuren mit ggf. verschiedenen Moralvorstellungen auszeichnen[436] und *gleichzeitig* der Ermöglichung einer subjektiv ausreichend hohen Rentabilität *nicht* entgegenstehen. Dieser Fall beschreibt die gewünschte Situation. Sie integriert individuelle und kollektive Interessen und ermöglicht kooperative Handlungen der Akteure in adaptiven Teams, die das Maß eines ‚Dienstes nach Vorschrift' übersteigen.

---

432 Vgl. hierzu Gabel (1987), S. 98 sowie Wey (1999). Guttman (1997) kann zeigen, dass die einfache Mehrheitsregel unter plausiblen Annahmen zum sozialen Optimum führt, S. 190ff.

433 Okruch (1999), S. 160.

434 Wilkesmann (1994), S. 92. Vgl. hierzu ebenfalls Arrow (1998).

435 Thielemann (1999), S. 145.

436 Vgl. hierzu Homann (1988), für den moralische Urteile immer einen Anspruch auf Allgemeingültigkeit haben. Eine ‚Privatmoral' kann es nicht geben. Moral bezieht sich immer auf eine Mehrzahl von Menschen. Vgl. S. 221.

Wir haben oben auf den Zusammenhang zwischen der Höhe spezifischer Investitionen und ggf. damit einhergehenden lock-in-Effekten einzelner Akteure hingewiesen. Um Ausbeutung zu vermeiden ist es sinnvoll, durch governance ausgewogene Machtverhältnisse anzustreben, obwohl Akteuren verschiedene Grade fachlicher Autorität zugewiesen werden. Die Machtverteilung der Akteure ist bezüglich spezifischer Kenntnisse um so ausgewogener, je dichter die Funktionen bei primärer Kooperation verlaufen. Ist die Machtverteilung während der primären Kooperation *ungleichgewichtig*, so kann ein Akteur dem anderen Bedingungen der Kooperation diktieren. Das kann natürlich sinnvoll (effizient) sein, jedoch ist die Annahme plausibel, dass die ‚unterlegenen' Akteure bei der nächstbesten Gelegenheit versuchen werden, die Kooperationsbedingungen zu ändern. Diese Ursache von Instabilität kann nur gemildert werden, wenn den Unterlegenen nicht externe Kosten einer Entscheidung auferlegt werden.[437] Daher müssen trotz unterschiedlich spezifischen Wissens und daraus abzuleitender fachlicher Autorität (und damit Durchsetzungsmacht) die Beteiligungschancen zur Änderung/Entwicklung der Kooperationsbedingungen *für alle gleich* sein.[438] Dies trifft auch auf die Latenz-Phasen zu, der sekundären Kooperation.

Neben dem Kriterium der Wettbewerbsneutralität sollen die Regeln noch anderen, beinahe selbstverständlichen Anforderungen genügen. Sie sollen allen *bekannt* sein, sich *durchsetzen* lassen und sich über die Zeit als *relativ stabil* auszeichnen.[439] Regeländerungen müssen *schriftlich* erfolgen, mit dem Datum ihrer Inkraftsetzung versehen werden, und allen Mitgliedern der Third Party über das Internet zugänglich sein.

4.3.5.4 Wirkungsentfaltung

Alle beteiligten Akteure verschaffen sich über die Third Party den Zugriff auf einen Sanktionsmechanismus, um regelwidriges Verhalten von Teilnehmern zu ahnden. Die Third Party kann solchen Akteuren über den Verlust (bzw. die Nichtproduktion) von Reputation zukünftige Kooperationschancen verweigern. Durch sie wird der Mechanismus

437 Vgl. Wilkesmann (1994).

438 Dies verweist erneut auf das Kriterium der Verallgemeinerungsfähigkeit, vgl. S. 132.

439 Würden sie sich im Vergleich zu den Regeln des adaptiven Teams selbst nicht als *stabiler* erweisen, so würden die Akteure die Third Party diesbezüglich nicht als vorteilhaft wahrnehmen.

institutionalisiert, dass sich jemand selbst schadet, wenn er anderen Schaden zufügt. Hierdurch wird Vertrauen produziert.[440]

Die Akteure definieren den Markt. Ihre Innovationen und Interventionen zu Änderungen von Regeln werden sich nach den Präferenzen orientieren, die über diesen Markt kommuniziert werden. Das Problem der Orientierung am Markt für Wählerstimmen löst sich damit auf, autonome Normsetzung nach bestimmten Ideologien ist wegen der notwendigen Gleichberechtigung aller nicht möglich. Dennoch können nur in praxi die Regeln ihre Tragfähigkeit unter Beweis stellen: „Freilich bestimmt sich auch der Erfolg solcher Norminnovationen erst im Prozess des sozialen Zusammenlebens, wodurch der Spielraum der normsetzenden Instanz wettbewerblich begrenzt wird."[441] Auf diese Weise legitimiert sich die Third Party aus sich selbst heraus und erweist sich über Lernprozesse[442] als wandlungsfähig. Über die Zeit entwickelt sich die Third Party somit zu einem Berufsverband oder einer Standesvertretung mit Absicherungsfunktion, der/die Informationen über Kooperationschancen, über Kooperationsverhalten und damit schließlich *Reputation* in Richtung individueller Akteure und in Richtung der (organisationsinternen) Öffentlichkeit kommuniziert. Die Third Party wird zur Peer-Group ihrer eigenen Akteure. Damit aber Reputation kommuniziert werden kann, muss eine Bewertung vorausgehen. Hierzu bedarf es wiederum eines geeigneten Evaluationsmechanismus.

---

440 „[T]rust ... is a particular level of the subjective probability with which an agent assesses that another agent or group of agents will perform a particular action. ... When we say we trust someone or that someone is trustworthy, we implicitly mean that the probability that he will perform for us to consider engaging in some form of cooperation with him." Gambetta (1984), zitiert in Williamson (1993), S. 463.

441 Okruch (1999), S. 160.

442 Ohne hier detailliert auf Theorien lernender Organisationen einzugehen, sei zusammengefasst, wie die einschlägige Literatur den Begriff *Organisationslernen* definiert: Kirsch, referiert bei Pautzke (1989), S. 106 versteht darunter die Nutzung, Veränderung sowie die Fortentwicklung der organisatorischen Wissensbasis. Duncan/Weiss (1997), S. 86 verstehen darunter die Veränderung von konsensfähigem Wissen der Organisationsteilnehmer. Geißler (1995), S. 283 bezeichnet es als „Veränderung des Erfahrungs-, Konzept-, Planungs- und Handlungswissens. Allerdings, so Heiner (1998), S. 17, sind die ‚Verschränkungen' individueller und kollektiver Lernprozesse und ihre institutionellen Rahmenbedingungen bisher noch nicht im Detail untersucht worden, so dass das Modell der lernenden Organisation „... noch in der Entwicklung begriffen [ist] und zahlreiche, mehr oder minder explizite Konzepte unterschiedlicher theoretischer Orientierungen [vorliegen]", S. 22.

4.3.6 Evaluation von Verhalten individueller Akteure in adaptiven Teams

Evaluation verstehen wir hier als eine Konstruktion *zweiter* Ordnung, die sich mit der Konstruktion *erster* Ordnung, der sozialen Realität, auseinandersetzt.[443] Dabei erweisen sich die oben genannten, personalen Kriterien individueller Akteure für die Organisationen der modernen Wirtschaft, insbesondere der Organisationsfigur des adaptiven Teams, auch auf dieser letzten Ebene der Gesamtargumentation als sehr bedeutsam. Denn personale Voraussetzung für die Evaluation ist die „... Akzeptanz der Veränderbarkeit und Veränderungsbedürftigkeit .. gesellschaftlicher Einrichtungen, Maßnahmen oder Techniken, was eine erhebliche Loslösung von Gewohnheiten, von Autoritäten und von den durch simple Wiederholung ausgelösten Lerneffekten erfordert."[444] „Angewandte Ethik ist nichts anderes als eine bestimmte Art der Evaluation"[445], womit die Akteure sich der Kontrolle und Bewertung ihres Inputs stellen und gleichzeitig ihre Bereitschaft zum Lernen signalisieren. Schließlich geht es darum, die *Differenz* zwischen einem realen Sachverhalt ‚Wie *hat* der Partner kooperiert?' und einem auch ex post nicht beobachtbaren, aber subjektiv beschreibbaren Sachverhalt ‚Wie *hätte* der Partner kooperieren *können* und *sollen*?', für zukünftige Kooperationen möglichst zu verringern.[446] Wir haben oben auf die Notwendigkeit zur Bewältigung von Kontingenzen durch die Organisationsfigur des adaptiven Teams hingewiesen. Mit Kreps (1990) können wir argumentieren, dass es nicht verifizierbar ist, *wie* mit Kontingenzen umgegangen wird, jedenfalls nicht in dem Sinne, dass bei unzureichender Erfüllung (gemäß subjektiver Einschätzung) eines impliziten Vertrags eine Partei gegenüber der anderen vor Gericht

---

443 Vgl. Widmer (1996), S. 9/15ff. Damit haben wir gleichzeitig die praktische Anwendbarkeit im Blick. Ohne hier im Detail darauf einzugehen, sei auf den Kriterienkatalog des *Joint Committee on Standards for Educational Evaluation* (1981) und seine revidierte Version von 1994 ‚The Program Evaluation Standards' hingewiesen. Die neue Version wird nunmehr von fünfzehn Organisationen unterstützt. Darunter auch solche, die *keine* erziehungswissenschaftliche Ausrichtung haben. Hier ist zuforderst die American Evaluation Association (AEA) zu nennen. Die neue Version ist ebenfalls vom American National Standards Institute (ANSI) als ‚American National Standard' anerkannt worden.

444 Wottawa/Thierau (1998), S. 23.

445 Morscher (1999), S. 42.

446 Vgl. hierzu ähnlich auch Leutner (1999), S. 122. Streng genommen unterliegt auch die Beurteilung der Frage, *wie* ein Partner kooperiert hat, subjektivem Ermessen. Dies gilt vor allem bei der Integration hoch spezifischer Inputs.

einen Anspruch gelten machen könnte. Nichtsdestoweniger gilt: „.. the meeting of the contingencies is observable *ex post*; others can see what the firm [or different actors; CN] did and decide whether to enter into similar transactions with either [S. 119]. ... At best, participants will have a rough sense as to general principle with which unforeseen contingencies will be met, and they will have to gauge the extent to which those principles have been honestly applied [S. 120]"[447] Das Evaluationsergebnis wirkt zurück auf die Akteure, deren Position im Markt und führt, wenn sie selbst Fremdeinschätzungen und Abweichungen für nicht tolerierbar halten, zu eigenen Verhaltens*änderungen*, die dann bei entsprechendem Interesse und entsprechender Befähigung, *prinzipiell* eine Minimierung solcher Abweichungen in zukünftigen Kooperationen zum Ziel haben kann.[448]

Bereits der Aufbau der ex ante Identität geht mit der Entstehung von Reputation füreinander einher. Implizite Vertragsbestandteile wie Vertrauenswürdigkeit, Integrität, Aufrichtigkeit, Wahrheitsliebe, Loyalität, Würde[449] der Person und Fairness kann auf- und abgewertet werden. Die systematische Anerkennung von Subjektivität scheint dabei einer Empfehlung von Widmer (1996) und des Joint Committees (1981, 1994) zuwiderzulaufen: „Die Evaluationsverfahren sollten über Vorkehrungen verfügen, um die Ergebnisse und Berichte einer Evaluation gegen Verzerrungen durch persönliche Gefühle und Vorlieben irgendeiner Partei in der Evaluation zu schützen."[450] Denn die Akteure übersetzen die objektiv bestehenden - gleichwohl oft auch subjektiv gefärbten - Fakten bezüglich einer vergangenen, temporären Kooperation zur Produktion vermarktbarer Leistungen in ihren *subjektiven*

---

447 Kreps (1990).

448 Für definitorische Festlegungen und verschiedene Ansätze der Evaluation vgl. Lassnigg (1997), zitiert in Altrichter (1999), S. 111, zur Geschichte des Begriffs ‚Evaluation' und zur Evaluationsforschung vgl. Tonhauser/Partry (1999), S. 14ff., Wittmann (1985), Gell/Pehl (1970), Wittrock/Wiley (1970), Wulf (1972), Biefang (1980), Hellstern/Wollmann (1984). Dommaschk-Rump (1994) erklären, dass eine Definition von Evaluation nicht möglich ist. Nach ihrer Interpretation soll sie eine „rationale Urteilsbildung" ermöglichen, S. 39. Vgl. auch den Begriff *Evaluierung* in der ISO 8402.

449 Vgl. Williamson (1984), S. 202 „... dignity is intrinsically important and is systematically undervalued", Fußnote Nr. 7.

450 Widmer (1996), S. 35. „Es ist zu vermeiden, Evaluationsberichte zu publizieren, die lediglich die Eigeninteressen des Evaluators .. reflektieren." Widmer, S. 23 und die Empfehlung des Joint Committee (1981), S. 74-76.

Nutzen.[451] Der Messung von Nutzen liegen darum systematisch *subjektive* Wertmaßstäbe zugrunde, denn kaum jemand wird, trotz aller Anstrengungen, seiner ‚subjektiven Objektivität' entfliehen können. Unparteiische, nicht einseitige Positionen können jedoch durch *Aggregation* der Einzelergebnisse ermittelt werden, die dann im Ergebnis so weit als möglich der Empfehlung von Widmer und des Joint Committees entsprechen. Eine andere als auf Ranginformationen aufbauenden Nutzenmessung erscheint in diesem Zusammenhang nicht adäquat. Die Übersetzung einzelner Kriterienausprägungen in ihnen zuordenbaren, subjektiven Nutzenwerten wird überdies der Tatsache gerecht, dass ein monotoner Zusammenhang zwischen Kriteriumsausprägung und Nutzen nicht selbstverständlich sein muss.

So bekommt jeder Akteur durch externe Evaluation ein ‚Feedback'.[452] Einzelne können daraus unmittelbar Schlussfolgerungen für ihr Handeln ableiten.[453] Die Ergebnisse können dann - wiederum aggregiert (Meta-Evaluation[454]) - als Grundlage dafür herangezogen werden, die Regeln

---

451 „Hier geht es auch um eine Wertschätzung, die sich aus dem ‚aktiven Beteiligtsein', dem ‚Gefragtsein' bei Verbesserungsvorschlägen, dem ‚etwas-bewirken-Können' speist, und die im Qualitätsmanagement-Prozess als Motor für Motivation und Erfolg wirkt (Bobzien 1997)." Strauss (1998), S 78.

452 Weil Handlungen bezüglich ihrer Außenwirkung bei den jeweiligen Adressaten überprüft werden, spricht die Evaluationsforschung auch von ‚extrinsischer Evaluation'. Ordnungspolitische Strategien in Richtung der Third Party müssen dann als ‚intrinsisch' bezeichnet werden.

453 Während sich oft der Personenkreis der zu Evaluierenden von dem Personenkreis der Evaluierten unterscheidet, stellt es sich bei unserem Anwendungsfall so dar, dass wir beide Rollen *in einem* Akteur vereinigen. Dies widerspricht nicht dem Kriterium der *Glaubwürdigkeit* bei Widmer (1996), wenn er ausführt: „Die Personen, welche die Evaluation durchführen, sollten sowohl vertrauenswürdig wie auch kompetent sein, damit die Ergebnisse der Evaluation ein Höchstmass an Glaubwürdigkeit und Akzeptanz erreichen", S. 16. Die Glaubwürdigkeit wird über die Regeln (weitgehend) sichergestellt, die sich die Akteure der Third Party selbst geben. Weil die Bewertung einzelner *subjektiver* Einschätzungen unterliegt, liegen die Kriterien in den Akteuren selbst. Daher sind hierzu detaillierte Ausführungen nicht möglich: „Die Bedeutung der einzelnen Aspekte hängt vom Kontext ... ab" (S. 17), der sich in unserer Terminologie aus den Operationsbedingungen, der Spezifizierung der Aufgabe und der jeweiligen Kombination von beidem ergibt.

454 Vgl. ausführlich hierzu Widmer (1996) und die dort angegebene Literatur, S. 3ff. Der Autor erhebt den Anspruch, „... ein deduktiv hergeleitetes und empirisch erprobtes Kriterien-Set für die Bewertung von Evaluationen zu entwickeln", S. 4.

für die Third Party *bedarfsgerecht* zu entwickeln.[455] Diese Konzeption wird so insgesamt einem Zusammenhang gerecht, der aus methodologisch-individualistischer Sicht bezüglich der Anreizstrukturen für individuelle Akteure wünschenswert ist: Je stärker die Evaluation an die Handlungen der Akteure gekoppelt ist, desto stärker werden deren Auswirkungen auf eine Abweichungskompensation und damit einer Weiterentwicklung sein.

Wenn eine primäre Kooperation beendet ist, besteht genau dieses temporäre Team (System) nicht mehr.[456] Das trifft sich mit dem Prinzip der Evaluation, denn diese ist nur dann wirklich sinnvoll, „... wenn das System, auf das diese Maßnahme einwirkt, nicht mehr besteht."[457] Darum und vor dem Hintergrund der Anerkennung und Aufwertung personaler Kriterien verfolgen wir durch die Evaluation mit Wottawa/Thierau eine ‚Übelminimierung' statt unrealistischer Ideallösung: „Evaluationsvorhaben rechtfertigen sich nicht aufgrund des Findens von absoluten Wahrheiten, sondern aufgrund ihres Beitrags zu einem Entscheidungsprozeß bzgl. der Auswahl von Verhaltensalternativen ..."[458].

Nach Beendigung der primären Kooperation ‚fallen' die Akteure in den Latenz-Korridor, der sekundären Kooperation, zurück. Während der primären Kooperation werden Informationen über das Verhalten anderer Akteure generiert. Nach dessen Beendigung liegt es somit prinzipiell vor, denn alle Beteiligten können dann auf *Erfahrungen* miteinander zurückgreifen. Diese Erfahrungen sind für zukünftige primäre Kooperationen, und damit zuforderst für Akquisitionen individueller Akteure, also *vor* dem Übergang von der sekundären zur primären Kooperation, nutzbar zu machen. Sie sollen prinzipiell *allen* Mitgliedern der Third Party, organisationsweit transaktionskostengünstig, aber *anonymisiert*, über das Internet verfügbar gemacht werden.[459] Evalua-

---

455 Wenn Evaluation auf Gestaltungs*verbesserung* ausgelegt ist, spricht die Evaluationsforschung von *formativer* Evaluation. Für eine weitere, hier nicht erforderliche Ausdifferenzierung vgl. Chen (1996) sowie Patton (1996).

456 Allerdings sind die Akteure weiterhin über die Third Party verbunden.

457 Wottawa/Thierau (1998), S. 19.

458 Wottawa/Thierau (1998), S. 21/22. Damit distanzieren wir uns gleichermaßen vom *rein* konsequentialistischen Standardmodell, mit dessen idealtypischen Voraussetzungen ungerechte, sogar unmenschliche Handlungen (kollektiv rational) ‚ethisch' gerechtfertigt werden können. Vgl. hierzu die aufschlussreichen Ausführungen von Morscher (1999), S. 51 und S. 53.

459 „Unter dem Begriff der Öffentlichkeit fallen in diesem Zusammenhang alle Personen oder Organisationen, die als ‚stakeholder' einer Evaluation

tion ist hier damit nur bedingt zu verstehen als Form externer Disziplinierung von Verhalten. Weil zukünftige Bewertungen ihren Schatten in die Gegenwart werfen[460], und dadurch gegenwärtiges Verhalten zukünftig zur Referenz wird, ist sie zuforderst *interne*[461] governance und unterstützt damit abermals self-enforcing.[462] MacDonald unterscheidet im Kontext der Evaluationsforschung bereits 1974 das *right to know* und das *right to privacy.*[463] Das erste bezeichnet die Chance der Weiterentwicklung durch Erkenntnis. Das zweite demonstriert den Anspruch auf einen geschützten Bereich, auf Privatheit, Autonomie und Nichteinmischung. Diese beiden Rechte treffen bei jeder Evaluation aufeinander. Altrichter vergleicht die Verabsolutierung des *right to know* sogar mit der „epistemologischen Perspektive des Polizeistaates"[464] und vertritt die Position, dass dieses Recht in der jeweiligen sozialen Situation von den Beteiligten frei ausgehandelt werden müsse und alle diesem Handlungsprinzip freiwillig zustimmen können müssen.[465] Anonymisierung, wie auch wir sie im Rahmen der Bewertung einzelner Teammitglieder vorschlagen, ist ein in der Evaluationsforschung üblicher Weg, diesen beiden Interessen gerecht zu werden.

Somit erübrigt sich beinahe die Frage, wie Akteure mit den für sie dann transaktionskostengünstig verfügbaren Informationen über das Kooperationsverhalten anderer, also ggf. mit Verstößen einzelner gegen verbindliche, auch ethisch sensitive Grundsätze umgehen: In solchen Fällen werden Akteure über den Marktmechanismus sanktioniert. Die Verpflichtung zur Mitgliedschaft an der Third Party eröffnet darum Chancen im Wettbewerb und geht mit der Anforderung einher, sich sowohl auf der Ebene der Third Party (ordnungspolitische Strategie) als auch auf der Ebene primärer Kooperationen system*konform* zu

---

bezeichnet werden können, also aller Personen, die direkt oder indirekt an dieser beteiligt sind oder von dieser betroffen sind oder sein können." Widmer (1996), S. 23. Grundsätzlich dürfen diese Informationen aber nur für den verfügbar sein, der durch Mitgliedschaft in Verbindung mit einer Zugangsberechtigung autorisiert ist.

460 Vgl. Axelrod (1984) sowie S. 68 im vorliegenden Text.

461 Nach der primären Kooperation geschieht eine *externe* Evaluation. In Richtung der Third Party handelt es sich jedoch um *interne* Evaluation (Selbstevaluation), weil die handelnden Akteure ihre Regeln selbst und eigenverantwortlich überprüfen. Vgl. Posch (1999), S. 140.

462 „Von prognostische Evaluation spricht man, wenn die Untersuchung dazu dienen soll, eine empiriegestützte Prognose über den Erfolg einer später durchzuführenden Maßnahme abzugeben." Wottawa/Thierau (1998), S. 33/34.

463 Vgl. MacDonald (1974).

464 Altrichter (1999), S. 116.

465 Vgl. Altrichter (1999), S. 116.

verhalten.[466] Abweichendes Verhalten wird dann im Ergebnis ökonomisch über den Verlust von Kooperationschancen bestraft, regelgemäßer ‚Dienst nach Vorschrift'[467] und sogar ‚darüber hinaus gehendes' Verhalten wird belohnt. Denn will ein Akteur vor dem Hintergrund geltender Spielregeln anders handeln, ohne seine (ggf. positive) Reputation zu gefährden, so kann er dies *legitim* nur erreichen, wenn er gemäß des oben entwickelten Systems für die Änderung der Regeln *votiert*. Insofern ist auch dies eine - wenn auch abgeschwächte -[468] Form der Evaluation[469], wobei für die daraus gegebenenfalls folgende Anpassung die Zustimmung einer *tragfähigen Mehrheit* erforderlich ist, die sich aus der dialogischen Auseinandersetzung mit (ebenfalls interessierten) Mitgliedern der Third Party ergibt.[470] Dabei weiß jeder Akteur um die bevorstehende Evaluation, so dass über diesen Mechanismus der ‚Schatten Axelrods', trotz *temporärer* Vertragsbeziehungen institutionalisiert wird:[471] ‚Wenn ich Regeln nur halbherzig befolge oder bei den anderen Teammitgliedern einen unzuverlässigen/nicht sonderlich kompetenten Eindruck hinterlasse, werden davon im Zweifel alle meine potenziell zukünftigen Kooperationspartner erfahren, und zwar auch dann, wenn sie sich untereinander nicht kennen.'[472]

Die folgende Abbildung 6 skizziert einen Evaluationsablauf. Freilich müssen die Kriterien der Evaluation von den Akteuren selbst durch Verhandlungen gefunden werden. Das Beispiel bezieht sich auf die Evaluation von ‚Akteur 3'.

466 Vgl. nochmals die Anforderung Homanns auf S. 110.

467 Vgl. auch S. 81.

468 Vgl. S. 139, Fußnote Nr. 457.

469 Sie ist so zu charakterisieren, weil sie die Bedingung nicht erfüllt, die von Wottawa/Thierau als *essentiell* angesehen wird, vgl. nochmals deren Zitat auf S. 139.

470 Bezüglich der Third Party reflektieren die Akteure wiederkehrend über Werte und Ziele. So kann geklärt werden, welche Entwicklungsvorhaben zweckmäßig erscheinen. Vgl. Posch (1999), S. 142.

471 Jeder ‚besetzt' gemäß seines Interesses, seines Vermögens (seiner Befähigung) und gemäß der Bewertung seines Verhaltens in Kooperationen durch andere ‚sein' Qualitätsniveau.

472 Für die Akteure ist es zudem auch interessant zu wissen, wie gross die Gruppe der Kooperierenden war, wie viele Akteure miteinander bereits Kooperationserfahrung hatten, inwieweit die Kooperation den Herausforderungen der Diversifitätskriterien unterlag, ob die Aufgabe jeweils als eher einfach zu bewältigen oder komplex angesehen wurde usf.

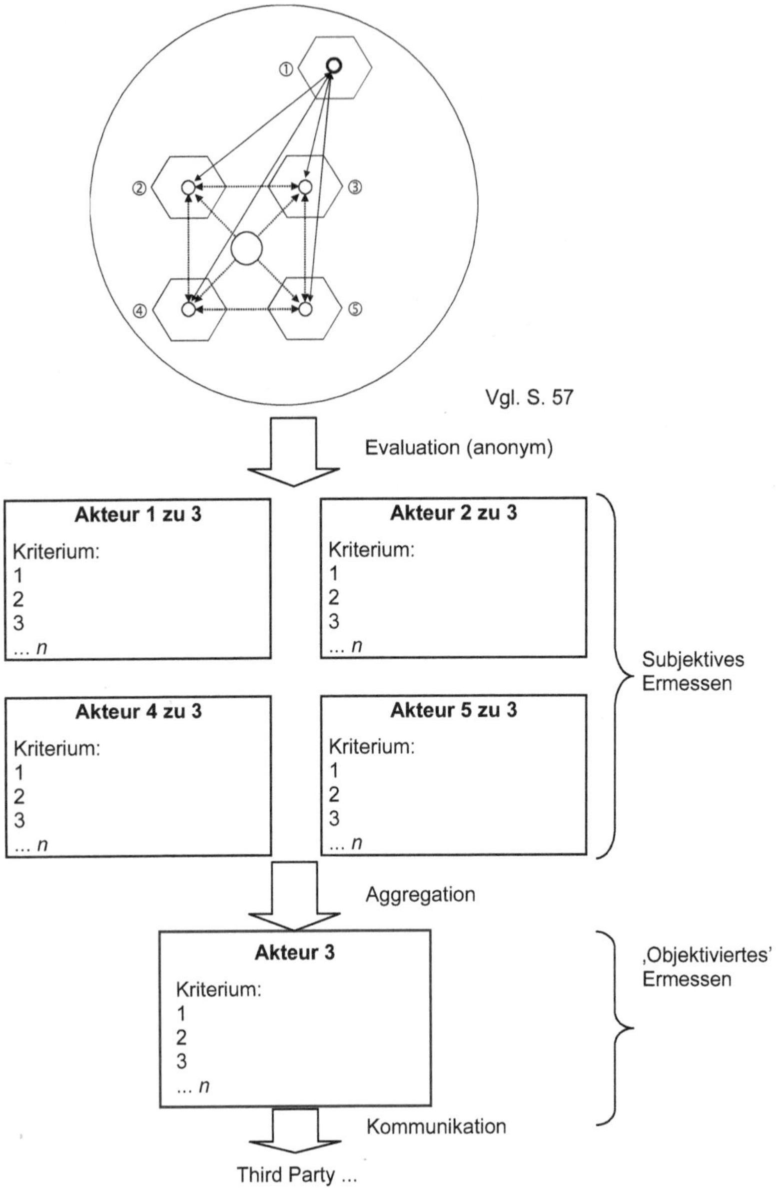

Abbildung 6: Evaluation individueller Akteure

Tritt bei laufender, primärer Kooperation ein neues Teammitglied hinzu, so soll es bereits vorhandene Evaluationen aus vergangenen Kooperationen zu den anderen Akteuren im Team einsehen können. Hierzu muss ihm bei entsprechendem Interesse, wiederum anonymisiert, mitgeteilt werden, welche Akteure einem adaptiven Team bereits angehören. So kann ein Akteur dann auch von diesen Informationen seine Eintrittsentscheidung abhängig machen. Dasselbe gilt umgekehrt: Über die Akquisition eines hinzukommenden Teammitglieds bei entsprechender Auftragslage entscheidet in letzter Instanz der Prinzipal. Dabei muss es Aufgabe der Third Party sein, eine künstliche Informationsasymmetrie zwischen den Akteuren so lange aufrecht zu erhalten, wie alle Beurteilungen noch nicht durchgeführt worden sind.[473] Weil die Gruppengröße adaptiver Teams sich auch während der Dauer der primären Kooperation ändern kann[474], soll zudem jeder Akteur andere nur dann evaluieren, wenn er während der primären Kooperationsphase *direkter Adressat* seines Inputs geworden ist. Denn nur dann erreicht die Interaktion zwischen Akteuren eine Qualität, die systematisch bei Teamproduktion vorkommt und damit auch subjektiv bewertbar ist.

So wird über die Zeit ein System der self-governance aufgebaut, das sich durch den transaktionskostengünstigen Abbau von Informationsasymmetrien im Markt für Mitglieder der Third Party auszeichnet. Damit erlaubt es eine kurze Reaktionszeit auf Kontingenzen, die weitgehende Integration von Diversifität bei gleichzeitigem Schutz vor Opportunismus. Zusammenfassend vermag es die Risiken von Investitionsentscheidungen über adaptive Teams zu reduzieren und wird dabei beiden Marktzwängen (s.o.) gerecht.

---

473 Wenn jemand bei misslungener Kooperation subjektiv die Wahrscheinlichkeit rel. hoch einschätzt, von anderen ‚schlecht' bewertet zu werden, kann dies bei ihm den Anreiz induzieren, selbst die Bewertung anderer Teammitglieder zurückzuhalten, damit sein mangelhaftes Kooperationsverhalten über die Third Party nicht kommuniziert werden kann. Dieser Gefahr kann die Third Party über eine entsprechende Regel gerecht werden: „7 Tage nach Abschluss der Kooperation hat jedes Teammitglied seine Bewertungen für alle anderen abzugeben." Nach Verstreichen einer solchen Frist und einer weiteren Verwarnung muss der Ausschluss aus der Third Party drohen.

474 Zur Fluktuation vgl. erneut S. 115.

4.3.7 Finanzierung

Die Third Party selbst kann als Unternehmensgründung interpretiert werden, die von einem Kernteam geführt wird, das sich über eine Gebühr bei erfolgreicher Vermittlung der Partner oder prozentual an Vertragsvolumina finanziert.

Zwar verursacht die Third Party pekuniäre und nicht-pekuniäre Kosten für individuelle Akteure, diese stellen jedoch Investitionen in einen Mechanismus zur kollektiven Selbstbindung und lokalen Homogenisierung ggf. heterogener, moralisch relevanter Konventionen[475] dar: „... people who are willing to pay such a price have internalized the norm.“[476] So wird der kostengünstige Transfer einer Haltung für *faires* Verhalten in temporären Kooperation möglich, obwohl die Akteure sich ggf. nicht persönlich kennen. Damit reduziert sich also gleichzeitig das Niveau der Kostenpositionen, die ohne Third Party aufgewendet werden müssten. „A person who spontaneously punishes someone often risks confrontation or revenge. This risk tends to fall as the proportion of people willing to punish increases. In other words, the enforcer's cost of punishing decreases as the proportion of enforcers increases."[477] *Eine* Kostenposition bildet dann der Verlust von Produktivitätsvorteilen aus der Nichtwahrnehmung von Kooperationschancen über diese Organisationsfigur, weil die Transaktionen wegen der Risiken nicht zustande kommen. Sollte sie, wenn auch nicht über die Organisationsfigur des adaptiven Teams, zustande kommen, so würden Kosten für die Überwachung der Akteure anfallen, um die Verhältnisse so weit als möglich abzusichern.

Die Third Party hingegen stellt den Akteuren hierfür *Routinen* bereit. Durch die wiederholte Anwendung von Problemlösungsmechanismen vermeiden die Transaktionspartner weitgehend, sich immer wieder auf neue Regeln zu einigen. Dies führt zur Einsparung der dafür anfallenden Kosten und zur Erzielung von Skalen- oder Verbundvorteilen. Diese können Abhängigkeiten zwischen den Vertragspartnern begründen, die wegen der Notwendigkeit zur Absicherung der Verhältnisse von allen rational gewünscht sein können.[478]

---

475 Zum Begriff der Konvention vgl. den Begriff bei Schotter (1981) sowie S. 41, Fußnote Nr. 116, S. 55, Fußnote Nr. 173 und S. 131.

476 Cooter (2000), S. 233.

477 Cooter (2000), S. 236.

478 Vgl. hierzu S. 91, Fußnote Nr. 282.

Kapitel V: Ergebnisse: Die Leistungsfähigkeit und die Grenzen der Organisationsfigur, Ausblick

5.1 Die Leistungsfähigkeit adaptiver Teambildung unter Berücksichtigung des Interventionsvorschlags

Die globale Realisierung von Produktivitäts- und Wettbewerbschancen setzt voraus, die notwendigen Humanressourcen weltweit aufspüren und spontan mit ihren Trägern über personale und institutionelle Differenzen hinweg kooperieren zu können. In dieser Untersuchung begegnen sich die Akteure im Zuge der Anbahnung und Ausführung ihrer Teamproduktion nicht ,face to face'. Die Transaktionsbeziehungen werden vollständig über Datennetze abgewickelt. Die geographische Dislozierung der Akteure sowie deren personale Verschiedenheit stellt diese daher vor besondere Herausforderungen bezüglich ihrer governance. Effiziente governance structures definieren sich hier nicht bloß über die Ermöglichung des ,Dienstes nach Vorschrift'. Vielmehr müssen diese überdies neben der Reduktion von Reaktionszeiten auf Kontingenzen zudem die Freisetzung des schöpferischen Potenzials der Akteure, das vor allem aus der Verschiedenheit resultiert, über den gesamten Interaktionsprozess fördern.

Bestünde die Eintrittswahrscheinlichkeit etwaiger Risiken aus der produktiven Konfrontation von Diversifität *nicht*, nehmen wir also diesbezügliche Homogenität der Kooperationsbedingungen an, so erwiese sich eine Kooperation über Datennetze fraglos als das effiziente und damit anderen überlegene Arrangement, weil diese dann stets durch die spontane und weltweite Integration/Desintegration von Inputbesitzern und deren Humanressourcen uneingeschränkt die geforderten Produktivitäts- und Wettbewerbschancen generierte. Reibungsverluste und damit Transaktionskosten im Zuge der Arbeitsteilung über Differenzen hinweg würden nicht entstehen. *Weil* aber bei weltweiter Akquisition der Akteure aus Diversifität faktisch Risiken resultieren und folglich im Rahmen einer solchen Abwicklung zur Handhabung dieser Risiken prohibitive Transaktionskosten anfallen, *muss* diese Organisationsfigur ohne jede (darüber hinausgehende) institutionelle Intervention im Vergleich mit optionalen Arrangements unterliegen: Gingen die Akteure dennoch eine so gefasste Kooperationsbeziehung ein, müssten sie - um die Eintrittswahrscheinlichkeit von Kooperationshemmnissen und damit im Resultat eine inferiore Kooperationsrente zu reduzieren - im Innenverhältnis in Absicherungsmechanismen investieren. Entweder die Akteure strebten hierzu in der primären Kooperation nach einem vollständigen Vertrag und/oder sie investierten in Monitoring-Mechanismen, die dann fast ausschließlich unterstützt durch Technologie ihre Wirkung entfalten können müssten.[479]

Ersteres erweist sich als nachteilig, weil durch die Suche und weitgehende Explizierung kontextrelevanter Informationen zwischen Akteuren und den sie jeweils umgebenen institutionellen Rahmenbedingungen für *jede* Transaktionsbeziehung, die verschiedenen Phasenabschnitte der gesamten Teambeziehung zeitlich ausgedehnt werden. Natürlich zeigt sich das besonders stark bei der ex ante Spezifitätsfunktion. Ein solches Vorgehen ist daher aus Sicht der Akteure zu transaktionskostenintensiv; im Ergebnis steht es dem Gebot der Adaptivität entgegen. Herkömmliche, in der Praxis übliche Methoden des Monitoring können bei dislozierten Teams greifen, weil hier die bei der klassischen Abwicklung eingesetzten Mechanismen gegenseitiger, auch ‚sozialer' Kontrolle nicht oder nur sehr eingeschränkt ihre Wirkung entfalten können. Hinzukommend vermag die Technologie, die hier als Übertragungs- und auch Ermöglichungsmedium fungiert, (noch) nicht zwischen der absichtlichen Nichterfüllung oder der auch nur teilweisen Zurückhaltung von Inputbeiträgen (Opportunismus) und ‚honest disagreements' zu unterscheiden. Im Resultat erreichen und übersteigen darum auch diese Transaktionskosten schnell die Höhe derjenigen Kosten, die mit einer klassischen Abwicklung einhergehen würden, weshalb auch die zweite Option keine befriedigenden Ergebnisse hervorbringt.

Mögliche Produktivitäts- und Wettbewerbsvorteile der Kooperation über Datennetze können also im Ergebnis nicht realisiert werden, weshalb wir die Hypothese 1[480] als vorläufig bestätigt ansehen können. Unter diesen Kooperationsbedingungen ist es daher in der Regel effizient, insgesamt auf die temporäre Einbindung hochspezifischen Humankapitals über Datennetze gänzlich zu verzichten.[481]

---

479 Beide Varianten sind in ihrer Wirkung nicht überschneidungsfrei.

480 Vgl. S. 13.

481 Nur im Einzelfall kann die temporäre Einbindung beim Vergleich optionaler Arrangements als die effiziente Abwicklungsform hervortreten. Dies ist etwa denkbar, wenn die Akteure bereits Kooperationserfahrung im klassischen Sinne miteinander haben und *gleichzeitig* oder *darauf folgend* über Datennetze miteinander kooperieren.

Je weniger spezifisch das notwendige Wissen für die Bewältigung einer Aufgabe ist bzw. je weniger hemmend die Informationsasymmetrien zwischen den Teammitgliedern für die Produktivität des Kollektivs sind, desto eher ist prinzipiell sowohl eine gegenseitige Kontrolle von Inputleistung - trotz personaler und institutioneller Diversifität - wie auch die Herstellung eines ‚shared understandings' zwischen den Akteuren möglich. Zweifellos steht die zunehmende Anzahl der Akteure pro Team sowie die dann vorfindbaren Informationsasymmetrien in einem wechselseitigen Steigerungszusammenhang. Eine große Anzahl von Akteuren führt hier noch nicht zwangsläufig zu einer gleichfalls hohen Anzahl von Kooperationschancen. Denn die Zunahme der Informationsasymmetrien, die auch auf die ‚Konfrontation' von personaler und institutioneller Diversifität zurückzuführen ist, kann sich wiederum negativ auf die Produktivität auswirken, was auch die Fallbeispiele im Anhang und die durch sie forcierten Strukturvorgaben für Teams zeigen: Durch sie werden systematisch Transaktionen abgewickelt, bei denen Inputleistungen bei Teamproduktion notwendig sind, die vergleichsweise problemlos standardisiert werden können, wie es etwa bei Übersetzungen oder ‚Bürodiensten' der Fall ist. Entsprechend leichter dürfte es dann auch den Akteuren (Prinzipalen) fallen, die Qualität einer erbrachten Leistung zu reklamieren und im Zweifel Ansprüche geltend zu machen.[482]

5.1.1 Die Third Party

Sämtliche Risiken und damit die durch sie aktuell und potenziell zu finanzierenden Kosten bei der Durchführung der hier besprochenen Klasse von Transaktionen können reduziert werden, indem das Team um eine institutionelle Intervention, die Third Party, ergänzt wird. Dadurch, dass diese Third Party sich wiederum aus den Akteuren rekrutiert, die sich zu jeweiligen adaptiven Teams formieren, wenden wir methodisch das Prinzip der ‚Selbstermächtigung durch Selbstentmachtung'[483], auf Teams an.

Jeder individuelle Akteur ist dabei simultan Produzent und Konsument. Er konsumiert und produziert das Kollektivgut ‚Verhaltenssicherheit'.

---

482 Durch ‚smarterwork', wo die Akteure tatsächlich geographisch verteilt agieren, werden auch unter Einbindung von Inputleistungen höheren Spezifitätsgrades aus eben diesem Grund (bislang) ausschließlich paarweise (1:1) Transaktionen abgewickelt. Bei ‚projektwerk' wird die Organisation und Abwicklung einer Gruppe von Akteuren den Akteuren - offensichtlich aus demselben Grund - vollständig selbst überlassen.

483 Vgl. Beck (1997).

Auch bezüglich der Normen erfüllen die Akteure eine Doppelrolle. Auf sie wirkt ein Konformitätsdruck, weil sie für diese Normen Adressaten sind und gleichzeitig rekrutiert sich das Kollektiv (und damit die gleichsam organisationsweite Öffentlichkeit) aus individuellen Akteuren, die die Nichtbefolgung einer Norm sanktionieren. Eben dies schlägt sich für einen ‚Störer' in dem zukünftigen Entzug seiner Kooperationschancen nieder. Damit wird in diesem governance-Vorschlag die systematische Selbststeuerung und so vor allem die Steuerungswirkung *informaler* Institutionen aufgenommen. Wir integrieren damit, wie es aus den einführenden Überlegungen als notwendig begründet worden ist, beim Institutionendesign sowohl die formalen als auch die informalen Institutionen über den gesamten Interaktionsprozess. Dies also auch dann, wenn sich die Akteure nicht in der Phase der primären Kooperation befinden, sondern sie vielmehr in die Herstellung sowie die Erhaltung der Kooperationsfähigkeit investieren, was in dieser Arbeit als sekundäre Kooperation bezeichnet worden ist. Darum kann auch die Hypothese 2[484] als vorläufig bestätigt angesehen werden, denn neben ihrer informalen Verhaltenssteuerung ist die Third Party gleichzeitig als *externe* Kontroll- oder Sanktionsinstanz zur handlungsbestimmenden und damit *formalen* Referenz avanciert. Die folgenden Ausführungen beziehen sich zusammenfassend auf die Ermöglichungsfunktion der Third Party.

5.1.1.1 Die Ermöglichungsfunktion der Third Party: Effizienz für adaptive Teams

Die Etablierung eines solchen Regimes ist dann effizient, wenn staatliche und (sich vergleichsweise auf einem niedrigeren Organisationsniveau bewegende,) private Sicherungsmaßnahmen, allein wegen zu hoher Transaktionskosten für den kollektiven Akteur ‚adaptives Team' versagen. Unser Mechanismus entfaltet seine governance-Wirkung hingegen durch private Investitionen der Akteure in Maßnahmen zur Beeinflussung ihrer Transaktionsatmosphäre bei der Kooperation in adaptiven Teams. Dies verursacht zwar ebenfalls Transaktionskosten, deren Rendite kann sich aber als ein notwendiges Substitut für Vertrauen und/oder als eine Vorleistung zur Produktion von Vertrauen äußern und künftig stabilere Handlungserwartungen seitens der Akteure bewirken. Erweist sich eine Regel der Third Party als ineffizient, so haben die Akteure im Interesse der Senkung ihrer Transaktionskosten dazu wirksame Anreize, durch die Wahl der ordnungspolitischen Strategie die für sie geltenden Regeln zu ändern.

---

484 Vgl. S. 18.

Selbstverständlich werden sie nur dann darauf verzichten, wenn die Kosten der Änderung der Third Party-Regeln größer sind als die wiederholte Regelung in zu unterscheidenden Innenverhältnissen. Vor diesem Hintergrund ist also die ordnungspolitische Strategie effizient, wenn eine Regel aufgrund von Kontingenzen von einer Mehrheit der Akteure nicht mehr akzeptiert wird. In dem Fall müssen die Akteure, die für die Regeländerung oder Neueinführung einer Regel votiert haben, auf die Änderung oder Neueinführung nicht verzichten. Dass sie eine Änderung zum Gegenstand nur ihrer Verhandlungen im Innenverhältnis eines adaptiven Teams machen, ist aus der Sicht aller in und durch die Third Party verbundenen Akteure wiederum effizient.

Im Zuge der Verhandlungen um die Regeln werden die Präferenzen der Akteure aufgedeckt, so dass es über die moralische Relevanz von Regeln hinaus rationale Gründe für Akteure gibt, sich später tatsächlich kooperativ zu verhalten. Kommt es dennoch zum Konflikt im Innenverhältnis, so hat ein Akteur wegen der bevorstehenden Evaluation einen Anreiz zur kooperativen Beilegung desselben in der Gegenwart.[485] Die Konzeption eines sich im Prozess rekursiv anpassenden Komplements zu jeweiligen Rahmenordnungen verschiedener Akteure auf privatwirtschaftlicher Ebene bewirkt die self-governance der Akteure. Investitionen in Regeländerungen, die tatsächlich durchgeführt werden, münden in evolutorische Gleichgewichte von temporärer Stabilität. Im Sinne der adaptiven Effizienz lösen sich aufeinander folgende Gleichgewichte ab, die demnach jedes für sich, bezogen auf die jeweilige Situation, die effiziente Lösung repräsentieren.

485 Weil wir hier nur die Produzentenseite betrachten, soll der Vollständigkeit halber noch erwähnt sein, dass eine Bewertung und damit Evaluation der Gruppenleistung auch durch die Konsumenten auf Märkten entsteht. Der Erfolg eines Produktes auf einem Markt sagt aber natürlich wenig bis gar nichts darüber aus, von welcher Qualität die Kooperation zur Erstellung desselben gewesen sein könnte.

5.1.1.2 Die Third Party als Ort der Produktion vereinbarungsspezifischen Wissens

Die mit Unterstützung der Third Party ausbildbaren Fähigkeiten würden ohne sie zwar auch produziert werden können. Dieses Kapital würde jedoch nach Beendigung einzelner Teambeziehungen schnell wieder verloren gehen. Hingegen wird dieses explizite und implizite Wissen vor dem Hintergrund der Existenz der Third Party ständig *re*produziert und bedarfsgerecht entwickelt (aktualisiert), weil sie die Phasen einzelner Teambeziehungen *überdauern*. So hätten die Akteure eines sich formierenden Teams ohne Third Party etwa wiederholt die Frage zu erörtern, welche Normen überhaupt für sie gelten sollen und wie deren Einhaltung sicherzustellen ist. Überdies hätten sie sich wiederholt auf ein geeignetes Abstimmungsverfahren zu einigen. Somit wären insgesamt die Kosten zu hoch. Hingegen verläuft die Erzeugung von Regeln bei der Third Party nicht beliebig, sondern ist ihrerseits an Regeln und damit Routinen gebunden. Durch deren wiederholte Anwendung senken sie für die Akteure die Transaktionskosten der Entscheidungsfindung. Funktion der Third Party ist daher im Ergebnis die transaktionskostengünstige Bereitstellung einer ‚Verfassung' zur Entwicklung von Regeln für ihre eigenen sowie für die Transformationsprozesse adaptiver Teams.[486] Dies muss im Detail von den betroffenen Akteuren selbst geleistet werden. Sie können durch ihre Kompetenz und Betroffenheit immerhin eine bedarfsgerechte Abwicklung erreichen.

Oben haben wir davon gesprochen, dass durch governance-Mechanismen die Funktionsverläufe vor und bei Kooperation zur Produktion vermarktbarer Leistungen eine hohe Steigung zeigen sollten und der Verlauf der intermediären Funktion auf möglichst hohem Niveau zu stabilisieren ist. Die Diskussion zeigt, dass diese Forderungen durch unseren Gestaltungsvorschlag erfüllt werden: Die Mitwirkung individueller Akteure an der Produktion des Kollektivgutes (die Etablierung und Erhaltung der Third Party) führt zwar zu Kosten, diese sind aber Investitionen in ein ‚Markenzeichen', dessen Rendite der Versicherungscharakter ist. Die Mitgliedschaft an der Third Party kommuniziert glaubwürdig die Befolgung der Regeln. Dies führt für die Akteure zu weitaus größerer Erwartungsstabilität. Wer Mitglied ist, aber das Kollektivgut nicht produziert und damit (oder noch anders) defektiert, wird von den anderen Akteuren sanktioniert und verwirkt sich dadurch mit allen übrigen Akteuren Kooperationschancen, insoweit diese die wie-

[486] Beides ist nicht überschneidungsfrei.

derum von den Akteuren gewählten Kriterien als entscheidungsrelevant für Akquisitionen ansehen.

Bei der Etablierung und ständigen Weiterentwicklung der Regeln handelt es sich, ähnlich wie bei einem reinen Code of Conduct, um Handlungsbeschränkungen, die im adaptiven Team auf eine Senkung der Preise für moralisches Verhalten zielen. Deshalb liegt hier ein Potenzial dafür, gleichfalls die Nachfrage der Akteure des (dann) adaptiven Teams über derartige Regeln zu stimulieren. Dies kann für die Akteure des adaptiven Teams die Steuerungsfunktion von anderen, bereits vorhandenen, aber ggf. in ihrer allokativen (und damit disziplinierenden) Wirkung divergierenden und dann unvollständigen Institutionen, wie Rechtsregeln und formalen, expliziten Verträgen ergänzen und/oder substituieren, so dass die Wahrscheinlichkeit für opportunistisches Verhalten und ‚honest disagreements' komparativ sinkt. Gleichwohl transportieren (kommunizieren) derartige explizite Regeln simultan informale sowie implizite Handlungsbeschränkungen: Im Ergebnis hat so jeder Akteur einen starken Anreiz, das Gewünschte des jeweils anderen möglichst treffend zu antizipieren und bei der Wahl von Strategien und Exekution einzelner Handlungen einzubeziehen. In der Third Party entsteht durch Kooperation das Kollektivgut *vereinbarungsspezifisches Wissen mit moralischer Relevanz* für adaptive Teams.

5.1.1.3 Wettbewerb von Third Parties

Wird der Third Party selbst auf Märkten eine hohe Reputation für die effiziente Abwicklungsunterstützung der Transaktionen adaptiver Teams zugewiesen, so ist es aus individueller Sicht rational, in die Mitgliedschaft zu investieren, sich also die Regeln anzueignen und damit performativ zu versichern, sie auch tatsächlich zu befolgen. Weil nur die Mitgliedschaft die Partizipation am Kollektivgut möglich macht, kann so m.E. verhindert werden, dass Akteure von Vorleistungen profitieren, ohne sich selbst an der Produktion des Kollektivgutes zu beteiligen, zu dessen Finanzierung also nicht beizutragen.[487]

[487] Kooperiert ein Mitglied mit jemandem, der nicht Mitglied ist, so ist die Third Party davon nicht tangiert. Das Kooperationsverhalten des Mitglieds wird dann nicht über die Third Party an alle Mitglieder kommuniziert. Ggf. erfahren diese davon gar nicht. Allerdings tragen dann beide das Risiko opportunistischer Ausbeutung, weil für diese Transaktion das Mitglied der Third Party nicht an ihre Regeln gebunden ist.

Derjenige individuelle Akteur, der in Kombination mit dem ‚leistungsfähigeren' Standard seine Inputleistung auf dem Markt für Kooperationen über Datennetze anbietet, dessen Third Party die branchenadäquateren Abstimmungsverfahren bereitstellt und Kooperationsverhalten ex post zutreffender zu kommunizieren vermag, somit die opportunistische von der nicht opportunistisch motivierten Nichterfüllung durch den geeigneten Abbau von Informationsasymmetrien leistet, wird über die größte Anzahl möglicher Kooperationschancen verfügen und schließlich die höchsten Gewinne realisieren können. Unter Wettbewerbsbedingungen führt die Konkurrenz verschiedener Third Parties m.E. zur effizienten Lösung des governance-Problems.

Adaptive Effizienz für Teams kann im Ergebnis nur erreicht werden, wenn folgende Bedingungen erfüllt sind. Es muss

1. eine hohe Anzahl von Kooperationschancen vorliegen, die
2. zügig in primäre Kooperationen transformiert werden können.

Letzteres schließt zwingend die zügige Auflösung primärer Kooperationsbeziehungen für die Akteure ein. In einer Konkurrenzsituation sind die Akteure der Third Party dazu angereizt, die hierfür notwendigen Kooperationsbedingungen möglichst transaktionskostengünstig bereitzustellen. Denn nur wenn dies gelingt, haben auch andere Akteure einen Anreiz, der leistungsfähigsten Third Party beizutreten bzw. zu ihr wechseln und dann von der Exit Option abzusehen. Wiederum gibt es einen gegenseitigen Steigerungszusammenhang zwischen der Anzahl der Akteure einer Third Party und der Anzahl der Kooperationschancen, die aus individueller Perspektive durch sie verfügbar gemacht werden können.

Bezüglich der Phasenabschnitte soll abschließend nochmals zusammengefasst werden, inwieweit die Third Party komparativ-statisch zu ihrer Nicht-Existenz die vielfältige Einsparung von Transaktionskosten für die über Datennetze kurzweilig kooperierenden Akteure zu leisten vermag. Wir beginnen mit einer Zusammenfassung der Ergebnisse zum Latenz-Korridor.

5.1.2 Der Leistungsfähigkeit der Governance des Latenz-Korridors

Die Mitgliedschaft individueller Akteure bei der Third Party überdauert singuläre primäre Kooperationen. Die Third Party vermag hierdurch schon vor sowie über den primären Kooperationsprozess eines adaptiven Teams hinweg im Latenz-Korridor die systematische Aktualisierung von Identität zwischen dem individuellen und kollektiven Akteur über einen informalen Vertrag zu leisten. Dessen verhaltenssteuernde Wirkung ist hier dominanter als der formale Vertrag, auf dem aber der informale Vertrag begründet ist. Die Mitgliedschaft bedeuten daher zwar zunächst die Begrenzung individueller Freiheit, dies schafft aber erst über die gezielte governance des Latenz-Korridors die Option, in adaptiven Teams überhaupt erfolgreich kooperieren zu können, bewirkt damit also vielmehr eine *Ausweitung* der individuellen Handlungsoptionen.

Würde der Latenz-Korridor nicht in die governance-Überlegungen einbezogen, so wären jeweils neue Verhandlungen und damit in vielerlei Hinsicht aufwendige, transaktionskostenintensive Kommunikationsprozesse zwischen den Akteuren erforderlich. Die Third Party hingegen - repräsentiert durch die Akteure - schreibt hierfür einen vergleichsweise stabileren Standard vor, der dann desgleichen das Handeln der Akteure kanalisiert, die sich im Latenz-Korridor befinden. Beides bewirkt (c.p.) eine Senkung von Transaktionskosten und ist Ausdruck der oben formulierten Anforderung, den volatilen Strukturen des Teams Stabilität zu verleihen, ohne das Kriterium der adaptiven Effizienz zu konterkarieren.

5.1.2.1 Die Phase der ex ante Identität oder sekundären Kooperation im Latenz-Korridor

Etwaige Verhandlungskosten über kollektive Normen wegen personaler und institutioneller Diversifität werden eingespart, weil sich die Akteure ganz überwiegend der Regeln der Third Party bedienen und diese robusten Grundbausteine kooperationsrelevanter Regelvorgaben nur noch für die jeweiligen Transaktionen ihres Teams im Innenverhältnis präzisieren. Diese ermöglichen der Organisationsfigur die Reduktion von Reaktionszeiten auf Kontingenzen, wozu auch die Befähigung zur schnellen Änderung der Teamzusammensetzung gehört, ohne dass sich die Akteure jeweils in kostenintensiven Verhandlungen auf neue Kooperationsstandards zu einigen hätten. Im Vergleich zur nicht-governance der Transaktionsbeziehungen durch die Third Party können die Akteure in dieser Phase ihre Kooperationsfähigkeit über den transaktionskostengünstigen Aufbau von personaler Identität rascher herstellen.

5.1.2.2 Die intermediäre Identität oder sekundäre Kooperation im Latenz-Korridor

Hier wir zunächst nach subjektivem, dann ‚objektiviertem' Ermessen bezüglich der Einschätzungen der Kooperationsfähigkeit kommuniziert. Damit entfaltet ein (Evaluations-) Mechanismus zur transaktionskostengünstigen Zuweisung von Reputation seine Wirkung, über den die an primärer Kooperation interessierten Akteure effizient informiert werden können. Damit fungiert die Third Party in dieser Phase als Vertrauensintermediär mit Signalfunktion, in dem Identität zwischen den Akteuren transaktionskostengünstig bewahrt wird.[488] Insgesamt wird es im Vergleich zur nicht-governance unwahrscheinlicher, dass ein Akteur überhaupt defektiert, weil er sich damit selbst extrem schaden würde: Er würde Einbussen seiner Wettbewerbs- und Produktivitätschancen hinnehmen müssen, nachdem er bereits spezifisch in die Mitgliedschaft investierte, was seine Präferenz für Kontinuität ausdrückt. Die Defektion ist vor dem Hintergrund dieser Geisel aus individueller Sicht nur noch rational, wenn sich ein Akteur in einer Endspielsituation befindet und die übrigen Akteure davon keine Kenntnis haben.[489]

---

[488] Kommt es zur wiederholten primären Kooperation derselben Akteure, so ist auch die Phase der ex ante Identität Ort dieser Kommunikation.

[489] Dann ist sie allerdings immer noch unmoralisch.

5.1.3 Die Kooperationsphase zur Produktion vermarktbarer Leistungen oder primäre Kooperation

Wie schon zuvor, können auch in dieser Phase die Regeln der Third Party wiederholt transaktionskostengünstig zur Durchsetzung der Verträge herangezogen werden. Ein Verstoß gegen Regeln in der jeweiligen Gegenwart dieser Phase mündet in Kombination mit dem Evaluationsmechanismus, der in der darauffolgenden Phase greift, für den aber hier die Ursachen ‚gesetzt' werden, in einer Einschränkung, die Befolgung oder Übererfüllung des ‚Dienstes nach Vorschrift' resultiert in einer Ausweitung der Wettbewerbschancen individueller Akteure auf dem Markt für temporäre Kooperationen.[490] Ohne institutionelle Intervention würden diese Informationen nicht oder nur zu prohibitiven Transaktionskosten verfügbar sein können.

Abschließend bleibt zu bemerken, dass der so gestaltete Interventionsvorschlag gleichsam als ein ‚Substitut' für eine Unternehmensverfassung für klassische Organisationen angesehen werden kann.[491] Eine derartige Verfassung ist notwendig, muss aber in adaptiven Teambeziehungen aufgrund der Volatilität der Verhältnisse ohne Intervention systematisch fehlen. Bezüglich des Wissens sind die Akteure dann als idiosynchratisch, bezüglich der Kultur sind sie als plastisch zu charakterisieren, weil der Befähigung zur zügigen primären Kooperation Verhandlungen um Standards vorausgehen müssen, die zwangsläufig mit der Herstellung von produktiven Kulturkontakten einhergehen, ohne die eigene Identität zu verlieren. Trotz aller Volatilität signalisiert die dabei gleichzeitig produzierte Identität dann eine Präferenz für Kontinuität. Diese wird durch die Position der Akteure im Latenz-Korridor signalisiert. Die Identität füreinander kann jedoch durch die Institutionalisierung des Latenz-Korridors (transaktionskostengünstig) erhalten bleiben. Akteure mit inkompatiblen Identitäten oder ohne Identität füreinander wären hingegen nicht kooperationsfähig. Dies wären sie auch dann nicht, wenn sie zwar zur Identitätsbildung befähigt

[490] Dies ist abhängig von der Auszahlung, die einzelnen Akteuren durch andere, ehemalige (primäre) Kooperationspartner, zugewiesen wird.

[491] Gifford (1991) sieht Verbindungspunkte zwischen der Wahl von Strukturen für die Firma und der Entwicklung einer politischen Konstitution. „The members of a firm face a constitutional problem that is similar to that requiring a political constitution." Obwohl er Unterschiede sieht, geht es aus seiner Sicht in beiden Fällen um den wirksamen Schutz spezifischer Investitionen der beteiligten Individuen. „It is in the interest of the owner to set up the constitutional constraints so as to maximize the sum of the present values of all the assets used in the firm." S. 93.

wären, mit deren Entstehung und Erhaltung aber prohibitive Transaktionskosten einhergehen würden.

Die Regeln der Third Party gelten für die Akteure im Latenz-Korridor weiterhin. Weil sich die Akteure bereits über einen Katalog von Verhaltensdispositionen verständigt haben, werden diese Transaktionskosten im Zuge der Anbahnung einer neuen Kooperationsbeziehung zur Produktion vermarktbarer Leistungen für alle Seiten eingespart.

Der gesamte Mechanismus des Interventionsvorschlags lässt sich zusammengefasst auf einer einzigen Abbildung verdichten:

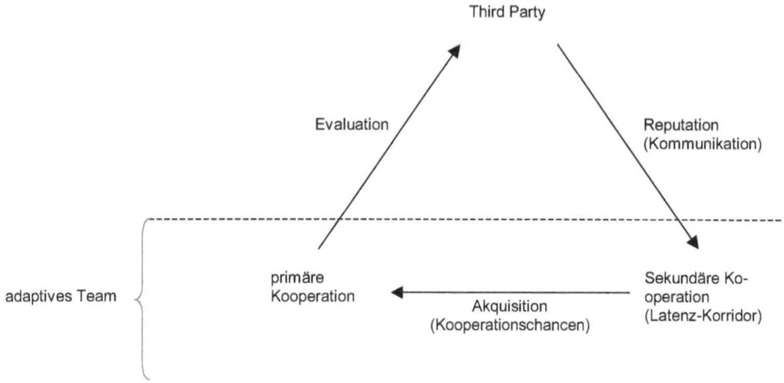

Abbildung 7: Funktionsmechanismus

5.2 Grenzen adaptiver Teambildung

‚Neue' Institutionen schaffen neue Handlungsspielräume. Diese können den beteiligten Akteuren gemischte, und damit auch unerwünschte Signale senden. So kann es Anreize zu Betrug und Trittbrettfahrerverhalten geben, obwohl der Status quo, verglichen mit dem Status quo ante, die Realisierung von Tauschvorteilen begünstigt. „Angesichts der Verhaltenseigentümlichkeiten der Menschen gibt es einfach keine Möglichkeiten, Institutionen so zu planen, dass sie komplexe Tauschprobleme lösen und gleichzeitig gar keine damit unverträglichen Anreize ausüben."[492] Auch die Grenzen adaptiver Teambildung lassen sich nicht trennscharf zuordnen. In diesem Abschnitt sollen wesentliche Hemmnisse der institutionellen Intervention anhand einiger Situationsanalysen herausgestellt werden.

---

[492] North (1990/1992), S. 128f.

1. Kein Akteur sollte grundlos zu seinem Nachteil bewertet werden können, denn dessen Schlechtbewertung kann seine (zukünftigen) Kooperationschancen einschränken. Es erhebt sich die Frage, wie die Akteure eines adaptiven Teams damit verfahren, wenn jemand ‚sein Bestes' gibt, die Qualität seines Inputs (Teilproduktes) aber zur Bewältigung einer Aufgabe nicht genügend beitragen konnte.

Ein perfekter Mechanismus würde es leisten, die Differenz zwischen unzureichender Qualifikation und mangelnder Befähigung eines Kollektivs zur produktiven Transformation von Inputs zu Outputs aufzuzeigen.[493] Perfekt kann aber schon deshalb ein solcher Mechanismus nicht sein, weil wir bei Teamproduktion stets mit der Inseparierbarkeit von Inputfaktoren der jeweils geltenden Produktionsfunktion konfrontiert sind. Die ursprünglichen Anreize für individuelle Akteure, nämlich durch die Zusammenlegung ihrer Inputfaktoren ein höheres Nutzenniveau zu erreichen, machen es gleichzeitig unmöglich, die individuellen Beiträge am Gesamtoutput exakt zu benennen.[494] Wie es schon angesprochen wurde, führt dies dann in einem zweiten Schritt zu der systematisch unbeantwortbaren Frage, was eine effiziente oder ‚gerechte' Kompensation der Akteure ist. Während wir die Frage der pekuniären Kompensation hier als ex ante gelöst unterstellen, setzt sich die genannte Schwierigkeit gleichwohl ex post im Zuge der gegenseitigen Evaluation fort, denn auch dies ist für die Akteure des adaptiven Teams eine Form der Kompensation, die sich zumindest indirekt auch pekuniär niederschlägt. Durch dieses generelle Problem bei Kooperation wird auch eine wesentliche Grenze der governance adaptiver Teambildung markiert. Dennoch soll zumindest gezeigt werden, wo dieses Problem in unserem Vertragsmodell angesiedelt ist:

Die institutionelle Intervention setzt die Anreize für jeden Akteur einerseits so, dass jeder, bevor er sich für primäre Kooperationen verbindlich entscheidet, seine personale wie fachliche Kooperationsfähigkeit für jeweilige Projekte und potenzielle Partner gründlich prüft. Der Temporalisierungszwang reizt nun aber andererseits die Akteure gleichfalls dazu an, die Erfolgsaussichten etwaiger primärer Kooperationsbeziehungen *rasch* zu prüfen, um dem Temporalisierungszwang zu genügen.[495] Es ist darum von der *subjektiven Risikoneigung* abhängig, wie viele Kosten (und damit auch Zeit) ein Akteur aufwendet, bis er sich

---

[493] Überdies müsste die Differenz für alle aktuellen und potenziellen Partner transparent gemacht werden.

[494] Dies ist allenfalls unter sehr rigiden Annahmen möglich. Vgl. hierzu den Shapley-Value. Shapley/Shubik (1977).

[495] Natürlich gilt dies in der Phase der ex ante Identitätsfunktion.

unter gegebenen Bedingungen für oder gegen eine primäre Kooperation entscheidet. Eine Ursache für die temporäre Integration eigentlich ‚unpassender' Humanressourcen, einer dann unbefriedigenden Kooperationsrente und schließlich eines zukünftig benachteiligenden Evaluationsergebnisses kann daher eine fehlgeschlagene, persönliche Risikokalkulation sein.[496]

2. ‚Nutzen' kann von verschiedenen Gruppen von Betroffenen sehr unterschiedlich interpretiert werden. Dies hat dann auch Einfluss auf die Qualität von Evaluationen.

„Unter dem Kontext des Evaluandums verstehen wir die Kombination aller Rahmenbedingungen, welche den zu evaluierenden Gegenstand umgeben. Dazu zählen beispielsweise die geographische Lokalisierung, die institutionelle Einbindung, das soziale und politische Klima, die personellen Charakteristiken der maßgeblich am Programm Beteiligten [und] die Struktur der Politikarena... ."[497] Nur eine fundierte und detaillierte Kontextanalyse erlaubt es darum einem Akteur, *fair* zu evaluieren. Gleichwohl ist anzunehmen, dass die Akteure dies aufgrund der Diversifitätskriterien nicht stets gleichförmig tun werden, und zwar auch nicht unter der Annahme, dass jeder die größtmögliche Fairness gegenüber jeden anderen Akteur eines Teams anstrebt. Diese systematische Unschärfe schafft für potenzielle Partner Unsicherheiten, sind diese doch darum gefordert, die Qualität eines vergangenen Kontextes auf einen zunächst gedachten, zukünftigen, zu projizieren. Es geht hier also einerseits um die Verfügbarkeit der dazu erforderlichen Informationen, andererseits aber auch um das Vermögen der Akteure, die Übertragbarkeit von Resultaten einzuschätzen. Was schon Widmer (1996) für seine Untersuchung betont, gilt - bezogen auf die Evaluation - systematisch auch für uns: „Es wird ... nicht möglich sein, aufgrund unserer Analyse auf die Qualität der Evaluatoren zu schließen." Darum ist zu akzeptieren, dass Ergebnisse einer Evaluation nur Anhaltspunkte sein können, niemals aber dem Anspruch gerecht werden, über Eigenschaften oder ‚Qualitäten' eines Akteurs auch nur annähernd ‚vollständig' zu informieren.

3. Die Motivation zur Durchsetzung eines Standards liegt aus der Sicht der Akteure der Third Party vor allem in der Schaffung einer faktischen Markteintrittsbarriere zur Sicherung und Ausweitung der Qualität ihrer Kooperationsbedingungen. Allerdings ist anzunehmen, dass die Dominanz eines Standards auch zu einer nachlassenden Innovations-

---

496 Das Problem der negativen Risikoauslese ist ohnehin niemals völlig aufzulösen.

497 Widmer (1996), S. 27.

dynamik bei der Verbesserung der Strukturen und Regeln der Third Party führen kann. Die moralische Relevanz von Regeln könnte die Akteure beispielsweise subjektiv glauben machen, sie hätten ihrer moralischen Verantwortung durch die Einhaltung eines Kodexes und/oder anderer Regeln Genüge getan und seien überdies bei der Exekution von Handlungsoptionen von weiterer Verantwortung befreit, so dass sie zur Rechtfertigung ihrer sämtlichen Handlungen systematisch auf die Third Party verweisen.

4. Die Organisationsfigur des adaptiven Teams kann aber auch insuffizient sein, obwohl die Ursachen für ein Scheitern nicht in der Institution selbst begründet sind. Eine primäre Kooperation kann sich auf eine Art entwickeln, die vom Kollektiv zu Beginn nicht antizipiert werden konnte, wenn etwa Inputleistungen gebraucht werden, die einem primär kooperierenden Team aktuell nicht zur Verfügung stehen. Der Vollständigkeit halber soll auch diese Möglichkeit betrachtet werden.

Nehmen wir an, dass in ein bereits bestehendes adaptives Team keine neuen Akteure integriert werden können. Ein Grund hierfür kann etwa in der Begrenztheit finanzieller Mittel liegen, ein anderer in der mangelnden Verfügbarkeit eines Experten zur Bewältigung einer bestimmten Fragestellung. Unter diesen Bedingungen ist dem - eigentlich adaptiven - Team trotz der governance des Latenz-Korridors unter Hinzuziehung der Third Party seine Befähigung genommen, die Reaktionszeiten auf Kontingenzen zu reduzieren. Dann kann ein unbefriedigendes Teamprodukt sicherlich nicht allein auf die mangelnde Qualifikation eines oder mehrerer Teammitglieder zurückgeführt werden. Verschiedene Akteure werden nach Abschluss einer mit einem solchen Problem behafteten primären Kooperation zudem verschiedene Meinungen darüber haben, inwieweit hiervon die Höhe der Kooperationsrente beeinflusst ist, und vermutlich etwaige Defizite jeweils anderen Partnern zuschreiben wollen. Auch dies kann sich für einzelne in unvorteilhaften Evaluationsergebnissen niederschlagen, obwohl weder die Konkretisierung ihrer Handlungsoptionen, noch ihre spezifischen Kenntnisse dafür ursächlich waren.

5. Wir haben oben mit Verweis auf Olson davon gesprochen, dass die Effizienz einer Institution ganz wesentlich von der Gruppengröße abhängen kann. Mit zunehmender Anzahl der Mitglieder der Third Party wächst die Gefahr, anfängliche Effizienzgewinne wieder aufzuzehren.

Dennoch bedeutet eine große Anzahl von Mitgliedern der Third Party gleichfalls eine hohe Anzahl von Kooperationsmöglichkeiten zwischen den Akteuren. Werden die Effizienzgewinne jedoch wegen einer zu großen Gruppe kompensiert, etwa, weil die Entscheidungsfindung sich als zu transaktionskostenintensiv erweist, so ist es denkbar, dass sich die große Ursprungsgruppe aufspaltet. Vermutlich ist es lohnend, sich für die Aufspaltung an bestimmten Branchen und sogar Arbeitsgebieten zu orientieren. Weil der Grad der Komplexität einer Entscheidung (hier: Regeleinführung oder -änderung) vielfach abhängig ist von der Größe des Kollektivs, ist davon auszugehen, dass eine derartige Ausdifferenzierung die Kosten der Informationsbeschaffung und -verarbeitung reduziert.[498] Um dem Folgeproblem eingeschränkter Kooperationschancen auszuweichen, sind die Akteure gefordert, geeignete Kriterien für eine Aufspaltung zu finden, die den Verzicht auf Kooperationschancen zumindest einschränken, wenn auch nicht ausschließen. Wie diese auch immer aussehen werden: „There is no uniquely perfect constitutional order ‚out there', waiting to be revealed and discovered through our trails and errors, no ‚optimal' solution' toward which we might gradually approximate."[499]

5.3 Schlussbemerkung

Die mikroökonomische Theorie schlägt als politische Maßnahme oft ‚mehr Wettbewerb' zur Verbesserung der Wirtschaftsleistung vor. Weil von der Vertragstheorie Abweichungen von den idealen Marginalbedingungen mit unvermeidlichen Friktionen begründet werden, die natürlich in der ‚realen' Welt vorkommen, besteht eine ‚Handlungsempfehlung' aus dieser Perspektive nicht zwangsläufig nur in ‚mehr Wettbewerb', sondern möglicherweise auch in ‚mehr Hierarchie'. Die Formierung adaptiver Teambeziehungen in Verbindung mit der Third Party verweist, verglichen mit puren Marktbeziehungen, zweifellos in die Richtung von mehr Hierarchie, macht sich aber gleichfalls den Wettbewerb als Grundlage effizienter Ressourcenallokation zunutze. Effiziente governance bedeutet dann, *beide* Kontinuen nämlich formaler - informaler Vertrag und primäre - sekundäre Kooperation als Steuerungsmodi zu begreifen. Trotz Diversifität kann dann Vermögen in Transformationsprozesse einfließen, wenn über dies Akteure verfügen, die sich aus den verschiedensten - auch persönlichen Gründen - vielleicht gar nicht (längerfristig) vertikal integrieren lassen wollen!

In einer primär theoretisch-konzeptionell ausgerichteten Arbeit wie der unseren steht natürlich die Schlüssigkeit des Argumentationsmusters

---

498 Vgl. hierzu Barzel/Sass (1990), S. 749f.
499 Vanberg/Buchanan (1991), S. 75.

im Vordergrund. Auf einer solchen Grundlage sind jedoch die Akteure der Wirtschaft bei der Entdeckung ihrer Möglichkeiten und Grenzen auf Märkten weiter zu beobachten. Reizvoll wird dabei die Frage bleiben, wie viel ‚Selbststeuerung' oder ‚Freiheit' die gewählten Konstruktionen den Akteuren gewähren, und wie sie es durch governance erreichen, mit dem oftmals unfreiwilligen ‚Verzicht' auf Kontrolle und rigide Durchsetzung klar definierbarer Regeln Produktivität zu induzieren. Es bleibt zu hoffen, dass diese Untersuchung einen Beitrag dazu liefern konnte und zu zeigen vermochte, dass Maßnahmen zur Senkung von Transaktionskosten und die Wahrnehmung von Wettbewerbschancen in Grenzen durchaus in einem gegenseitigen Steigerungszusammenhang stehen können. Ob der Volatilität der Verhältnisse müssen die Beobachter aus der Theorie ihren Untersuchungsgegenstand genau anschauen, handelt es sich doch bei der Organisationsfigur des adaptiven Teams systematisch stets um ein Übergangskonzept.

Literatur

Ainslie, G. (1992): Picoeconomics - The Strategic Interaction of Successive Motivational States within the Person, Cambridge.
Akerlof, G.-A. (1970): The Market for 'Lemons': Qualitative Uncertainty and the Market Mechanism, in: Quarterly Journal of Economics, S. 488-500.
Albach, H. (1980): Vertrauen in der ökonomischen Theorie, in: Zeitschrift für die gesamte Staatswissenschaft, S. 2-11.
Alchian, A. (1977): Corporate Management and Property Rights, in: Phelps E.-S. (Hrsg.): Economic Forces at Work, Indianapolis.
- /Demsetz, H. (1973): The Property Rights Paradigm, in: Journal of Economic History, S. 16-27.
- /Demsetz, H. (1972): Production, Information Costs and Economic Organization, in: American Economic Review, S. 777-795.
- /Woodward, S. (1988): The Firm is Dead; Long live the Firm - A Review of Oliver Williamson's 'The Economic Institutions of Capitalism, in: Journal of Economic Literature, S. 65-79.
- /Woodward, S. (1987): Reflections on the Theory of the Firm, in: Journal of Institutional and Theoretical Economics, S. 110-163.
Altrichter, H. (1999): Evaluation als Alltäglichkeit, als Profession und als Interaktion, in: Thonhauser, J. (Hrsg.): Evaluation im Bildungsbereich, S. 103-120, Innsbruck.
Altvater, E./Mahnkopf, B. (1997): Grenzen der Globalisierung: Ökonomie, Ökologie und Politik in der Weltgesellschaft, Münster.
Alwart, H. (1998): Verantwortung und Steuerung von Unternehmen in der Marktwirtschaft, München.
Arnold, O./Faisst, W./Härtling, M./Sieber, P. (1995): Virtuelle Unternehmen als Unternehmertyp der Zukunft?, in: Handbuch der modernen Datenverarbeitung, S. 8-23.
Arrow, K.-J. (1998): The External Costs of Voting Rules: A note on Guttman, Buchanan, and Tullock, in: European Journal of Political Economy, S. 219-222.
- (1974): The Limits of Organization, New York.
- (1951): Social Choice and Individual Values, New Haven.
Axelrod, R. M. (1984): The Evolution of Cooperation, New York.
Azariadis, C. (1987/1988): Implicit Contracts, in: Eatwell, J./Milgate, M./Newman, P. (Hrsg.): The New Palgrave, A Dictionary of Economics, Bd. 2, S. 733-737, London.
Baecker, D. (2000): Globalisierung und kulturelle Kompetenz, in: Wozu Kultur?, S. 11-32, Berlin.
- (1999): Mit der Hierarchie gegen die Hierarchie, in: Organisation als

System, S. 198-236, Frankfurt.
- (1995): Lettre International, S. 24-28.
- (1994): Kritik [zu Homann/Pies im selben Band], Zweifel am homo oeconomicus, in: Ethik und Sozialwissenschaften, S. 13-15.
Balling, R. (1997): Kooperationen - Strategische Allianzen, Netzwerke, Joint-Ventures und andere Organisationsformen zwischenbetrieblicher Zusammenarbeit in Theorie und Praxis, Frankfurt.
Balmann, A./Odening, M. (1996): Path-Dependence without Returns to Scale and Network Externalities, in: Journal of Economic Behavior & Organization, S. 159-172.
Barnard, C. (1938): The Functions of the Executive, Cambridge.
Barney, J. B. (1991): Firm Resources and Sustained Competitive Advantage, in: Journal of Management, S. 99-120.
Barzel, Y. (1989): Economic Analysis of Property Rights, Cambridge.
- (1998): The State and the diversity of Third Party Enforcers, paper presented at the Second Annual Conference of the International Society of New Institutional Economics, Paris.
- Sass, T. R. (1990): The Allocation of Resources by Voting, in: Quarterly Journal of Economics, S. 745-771.
Bates, R. H. (1995): Social Dilemmas and Rational Individuals, in: The New Institutional Economics and Third World Development, London.
Bateson, G. (1981): Kulturberührung und Schismogenese, in: ders. (Hrsg.): Ökologie des Geistes: Anthropologische, psychologische, biologische und epistemologische Perspektiven, S. 99-113, Frankfurt.
- (1985): Ökologie des Geistes, Frankfurt.
Baumgarten, C. (1998): Unternehmenskooperationen, Herrsching.
Bausch, T./Kleinfeld, A./Steinmann, H. (2000): Unternehmensethik in der Praxis, München.
Beatty, R.P./Zajac, E. (1994): Managerial Incentives, Monitoring, and Risk Bearing: A Study of Executive Compensation, Ownership, and Board Structure in Initial Public Offerings, in: Administrative Science Quarterly, S. 315-335.
Beck, U. (1997): Was ist Globalisierung?, Frankfurt.
Becker, G.S. (1992): Habits, Addictions and Traditions, in: Kyklos, S. 327-345.
Becker, H. S. (1982): Culture: A Sociological View, in: The Yale Review, S. 515-527.
Behrend, C. (1998): Unternehmertum, Wandel und Wissen, München.
Behrens, P. (1998): Corporate Governance, in: Festschrift für Ulrich Drobnig, Tübingen.
- (1986): Die ökonomischen Grundlagen des Rechts - politische Ökonomie als rationale Jurisprudenz, Tübingen.

Benjamin, R./Wigand, R. (1995): Electronic Markets and Virtual Value Chains on the Information Superhighway, in: Sloan Management Review, S. 62-72.

Bernstein, L. (1996): Merchant Law in a Merchant Court: Rethinking the Code's Search for Immanent Business Norms, in: University of Pennsylvania Law Review, S. 1765-1821.

Boettcher, E. (1974): Kooperation und Demokratie in der Wirtschaft, Tübingen.

Böhler, M./Schatz, C. (1997): Project Management in Virtual Organizations, in: Liebl, F. (Hrsg.) (1999): Wittener Jahrbuch für ökonomische Literatur, S. 125-170, Marburg.

Bonus, H. (1995): Prekäre Beziehungen, in: Stabilität und Effizienz hybrider Organisationsformen - Die Kooperation im Lichte der Neuen Institutionenökonomik, Wagner/Jäger (Hrsg.), S. 101-107.

Braham, M. (2001): Non-Contractual Relations in Business Re-examined: A Critical Assessment of Macaulay's Legal Realism, in: Homo Oeconomicus, Veröffentlichung in Vorbereitung.

Brand, U. et al. (2000): Global Governance, Alternative zur neoliberalen Globalisierung, Münster.

Brennan, G./Buchanan, J.M. (1985/1993): Die Begründung von Regeln. Konstitutionelle Politische Ökonomie, Tübingen.

Brill, A./de Vries M. (Hrsg.) (1998): Virtuelle Wirtschaft - Virtuelle Unternehmen, Virtuelle Produkte, Virtuelles Geld und virtuelle Kommunikation, Wiesbaden.

Brock, D. (1997): Wirtschaft und Staat im Zeitalter der Globalisierung. Von nationalen Volkswirtschaften zur globalisierten Wirtschaft, Aus Politik und Zeitgeschichte, S. 12-19.

Brockhoff, K./Hauschildt, J. (1993): Schnittstellenmanagement - Koordination ohne Hierarchie, in: Zeitschrift Führung + Organisation, S. 396-403.

Broman, P./Piwinger, M. (1992): Gestaltung der Unternehmenskultur, Stuttgart.

Buchanan, J. M. (1984): Die Grenzen der Freiheit, Tübingen.

- Constitutional Economics, in: Eatwell, J./Milgate, M./Newman, P. (Hrsg.): The New Palgave: A Dictionary of Economics, S. 585-588, London.

- Politics and Science, in: Buchanan, J. M.: Freedom in Constitutional Contract, S. 64-80, Michigan.

- (1995): Economic Science and Cultural Diversity, in: Kyklos, S. 193-200.

Buchhardt, H.-J. (1997): Die Globalisierungsdebatte: Ahistorisches Ringelreihen und reduktionistische Prophezeiungen, Gewerkschaftliche Monatshefte, S. 397-409.

Bühl, A. (1997): Die virtuelle Gesellschaft. Ökonomie, Politik und Kultur im Zeichen des Cyberspace, in: Gräf, L. (Hrsg.): Soziologie im Internet, Frankfurt (Oder: http://www.uni-wh.de. Abgerufen am 15.08.1999.)
Buxmann, P. (2000): Der Einfluß von Entwicklungen in der Informations- und Kommunikationstechnik auf betriebliche Entscheidungssysteme, in: Schmalenbachs Zeitschrift für betriebswirtschaftliche Forschung, S. 714-729.
Byrne, J./Brandt, R/Port, O. (1993): The Virtual Corporation, in: Business Week, February 8, S. 98-102.
Chen, H.T. (1996): A Comprehensive Typology for Program Evaluation, in: Evaluation Practice, S. 121-130.
Choi, C.-J. (1994): Contract Enforcement Across Cultures, in: Organization Studies, S. 673-682.
Cleff, T. (1997): Industrielle Beziehungen im kulturellen Zusammenhang - eine theoretische und empirische Untersuchung kultureller Einflüsse auf die Einstellung zu Regelungen industrieller Beziehungen in Deutschland, Frankreich, Grossbritanien, Italien Schweden, Spanien, Türkei und den USA, München.
Coase, R. (1988): Lecture 1. The Nature of the Firm: Origin, in: Journal of Law, Economics and Organization, S. 3-17.
- (1960/1980): The Problem of Social Cost, in: Journal of Law and Economics, S. 1-44.
- (1937): The Nature Of The Firm, in: Economica, reprinted in: Williamson, O. E.; Winter, S. (Hrsg.) (1993): The Nature Of The Firm, S. 18-33, New York.
Coleman, J.S. (1990/1991): Grundlagen der Sozialtheorie, Körperschaften und die moderne Gesellschaft, München.
Commons, J. R. (1934/1990): Institutional Economics. Its Place in Political Economy, New Brunswick.
Conslik, J. (1996): Why Bounded Rationality?, in: Journal of Economic Literature, S. 669-700.
Cook, K. S./ Emerson, R.M./Gillmore, M.R/Yamagishi, T. (1983): The Distribution of Power in Exchange Networks: Theory and Experimental Results, in: American Journal of Sociology, S. 275-239.
Cooter, R. (2000): Law from Order: Economic Development and the Jurisprudence of Social Norms, in: Olson, M./Kähkönen, S. (Hrsg.): A Not-So-Dismal Science, S. 228-244, Oxford.
- (1998) Models of Morality in Law and Economics: Self-Control and Self-Improvement for the 'Bad Man' of Holmes, in: Boston University Law Review, S. 902-930.
- (1998): Expressive Law and Economics, in: Journal of Legal Studies, S. 585-608.
- /Ulen, T. (1997): Law and Economics, New York.
- (1993) Law and Unified Social Theory, Lecture presented on

December 19, 1993, at the Celebration of the 21st Anniversary of the Center for Socio-Legal Studies, Wolfson College, Oxford.
Davidow, W/Malone, M. (1992): The Virtual Corporation, New York.
De George, R. T. (1990): Using the Techniques of Ethical Analysis in Corporate Practice, in: Enderle/Almond/Argandona (Hrsg.): People in Corporations. Ethical Responsibility and Corporate Effectiveness, S. 25-33, Dordrecht.
de Vries, M. (1998): Das virtuelle Unternehmen: Formtheoretische Überlegungen zu Grenzen eines grenzenlosen Konzeptes, in: Brill, A./de Vries, M. (Hrsg.): Virtuelle Wirtschaft, S. 54-86, Wiesbaden.
Debreu, G. (1959): Theory of Value, New York.
DEKRA Akademie (Hrsg.) (1999): Coopetition: Die Klugen vergrößern den Kuchen - Marktstudie zur Kooperation zwischen Wettbewerbern, Bielefeld.
Denzau, A.T./North, D. (1994): Shared Mental Models: Ideologies and Institutions, in: Kyklos, S. 3-31.
Diehl, P. (1997): The Politics of Global Governance - International Organizations in an Interdependent World, London.
DiMaggio, P. (1994): Culture and Economy, in Smelser, N./Swedberg, R. (1994): The Handbook of Economic Sociology, S. 27-57, Princeton.
Dommaschk-Rump, C. (1994): Zur Problematik der Evaluation einer Organisation, Pfaffenweiler.
Dorner, K./Klump, R. (1996): Wirtschaft und Kultur: Institutionenökonomische und wirtschaftssoziologische Aspekte, in: Wirtschaftskultur, Wirtschaftsstil und Wirtschaftsordnung - Methoden und Ergebnisse der Wirtschaftsforschung, S. 39-68, Marburg.
Douglas, M. (1986): How Institutions Think, New York.
Duncan, R. B./Weiss, A. (1979): Organizational Lerning: Implications for Organizational Design, in: Staw, B.M. (Hrsg.): Research in Organizational Behavior, S. 75-123.
Eger, T. (1996): Die Entstehung von Recht als Prozeß der Selbstorganisation, in: Priddat, B. P./Wegner, G. (Hrsg.): Zwischen Evolution und Institution - Neue Ansätze in der ökonomischen Theorie, S. 211-243, Marburg.
- (1995): Eine ökonomische Analyse von Langzeitverträgen, Marburg.
Eisenberg, M. A. (1995): Relational Contracts, in: Beatson, J./Friedmann, L. (Hrsg.) Good Faith and Fault in Contract Law, S. 290-304, Oxford.
Elkin-Koren, N./Salzberger, E. M. (1999): The Economic Analysis of Cyberspace: Challenges posed by Cyberspace to Legal Theory and Legal Rules, unveröffentlichtes Manuskript eines Vortrags, gehalten vor dem Graduiertenkolleg Recht und Ökonomik der Universität Hamburg.
Ellickson, R.-C. (1994): Order without Law - How Neighbors Settle Disputes, London.

Elster, J. (1979): Ulysses and the Sirens, Studies in Rationality and Irrationality, Cambridge.
Engelhardt, G. (1998a): Innere Sicherheit und Police-Private Partnership, in: Stober, R./Pitschas, R. (Hrsg.) (1998): Quo vadis Sicherheitsgewerberecht?, S. 153-233, Köln.
- (1998b): Imperialismus der Ökonomie, in: Schäfer, H.-B./Wehrt, K. (Hrsg.) (1989): Die Ökonomisierung der Sozialwissenschaft, S. 19-49, Frankfurt a.M.
Erlei, M./Leschke, M./Sauerland, D. (1999): Neue Institutionenökonomik, Stuttgart.
Eschenburg, R. (1977): Der Ökonomische Ansatz zu einer Theorie der Verfassung, Tübingen.
Farrell, J./Saloner, G. (1985): Standardization, Compatibility, and Innovation, in: Rand Journal of Economics, S. 70-83.
Fisbeck, H. (1999): Customized Marketing im Internet am Beispiel personalisierter Informationsdienstleistungen, Berlin.
Frank, R.H. (1988): Passion within Reason, New York.
Frey, B. S. (1990): Ökonomie ist Sozialwissenschaft - Die Anwendung der Ökonomie auf neue Gebiete, München.
Frey, B. S./Kirchgässner, G. (1994): Demokratische Wirtschaftspolitik. Theorie und Anwendung, München.
Fried, C. (1981): Contract as Promise, Cambridge.
Friedrich-Ebert-Stiftung (Hrsg.) (1999): Soziale Konditionierung des Welthandels - Die Instrumente Sozialklauseln, Verhaltenskodex und Gütesiegel in der Diskussion, Gutachten von Christoph Scherrer im Auftrag der Friedrich-Ebert-Stiftung, http://www.fes.de. Abgerufen am 23.02.2000.
Furubotn, E. (1988): Codetermination and the Modern Theory of the Firm: A Property Rights Analysis, in: Journal of Business, S. 165-181.
- /Richter, R. (1996): Neue Institutionenökonomik, Tübingen.
- /Pejovich, S. (1974): Property Rights and Economic Theory: A Survey of recent Literature, in: Journal of Economic Literature, S. 1137-1162.
- (1991): The New Institutional Economics, Tübingen.
Gabel, L. (1987): Open Standards in the European Computer Industry: The Case of X/Open, in: ders. (Hrsg.): Product Standardization and Competitive Strategy, S. 91-123, Amsterdam.
Gäfgen, G. (1988): Der Wandel moralischer Normen in der Entwicklung der Wirtschaftsordnung: Positive Erklärung und ethische Folgerungen, in: Wirtschaftswissenschaft und Ethik. Schriften des Vereins für Socialpolitik, S. 85-107.
Gambetta, D. (1988): Trust: Making and Breaking Cooperative Relations, Oxford.

Garbe, M. (1998): Der Einfluß neuer Informations- und Kommunikationstechnik auf die Effizienz der Koordination, in: Brill, A./de Vries, M. (1998): Virtuelle Wirtschaft, S. 101-119, Wiesbaden.
Gauthier, D. (1987): Morals by Agreement, Oxford.
Geißler, H. (1995): Grundlagen des Organisationslernens, Weinheim.
Gerecke, U. (1998): Soziale Ordnung in der modernen Gesellschaft - Zum Diskurs von Ökonomik, Systemtheorie und Ethik, unveröffentlichtes Manuskript, Tübingen.
Giarini, O./Liedtke, P.M. (1998): Wie wir arbeiten werden - Der neue Bericht an den Club of Rome, Hamburg.
Gifford, A. (1991): A Constitutional Interpretation of the Firm, in: Public Choice, S. 91-106.
Gilson, J. R. (1996): The Fading Boundaries of the Firm: The Role of Information and Communication Technology - Comment, in: Journal of Institutional and Theoretical Economics, S. 80-88.
Goerke, L./Holler, J.M. (1998): Strategic Standardization in Europe: A Public Choice Perspective, in: European Journal of Law and Economics, S. 95-112.
Greif, A. (1997): Reputation and Coalitions in Medieval Trade: Evidence on the Maghribi Traders, in: Reputation, Studies in the Voluntary Elicitation of Good Conduct, S. 137-163, Michigan.
- (1995): Markets, Inter-Community Contract Enforcement, and Legal Systems: The Development of Markets in Late Medieval Europe and the Transition From Community Responsibility to an Individual Responsibility Legal Doctrine, unpublished memorandum from Yale Law School.
Grenier, R./Metes, G. (1995): Going Virtual, London.
Grossman, S./Hart, O. (1986): The Costs and Benefits of Ownership - A Theory of Vertical and Lateral Integration, in: Journal of Political Economy, S. 691-719.
Guttman, J. M. (1997): Unanimity and majority rule: the calculus of consent reconsidered, in: European Journal of Political Economy, S. 189-207.
Handy, C. (1995): Trust and the Virtual Organization, in: Harvard Business Review, S. 40-50.
Hansmann, H. (1996): The Ownership of the Enterprise, London.
- /Kraakman, R. (1999): The Essential Role of Organizational Law, unveröffentlichtes Manuskript.
- (1999): The Structure of Organizational Law, unveröffentlichtes Manuskript.
Hardin, G. (1968):The Tragedy of the Commons, in: Daly, H. (Hrsg.) (1973): Towards a steady State Economy, San Francisco.
Harris, J./Lewis, C (1995): The New Institutional Economics and Third World Development, London.

Hart, O. (1989): An Economist's Perspective on the Theory of the Firm, in: Columbia Law Review, S. 1757-1774.
- (1987): Incomplete Contracts, in: Eatwell, J./Newman, P./Milgate, T. (Hrsg.): The New Palgrave, S. 163-179, London.
Hedberg, B./Dahlgren, G./Hansson, J./Olve, N.-G. (1997): Virtual Organizations and Beyond, Chichester.
Hegmann, H. (1999): Reale Präferenzen und potenzieller Konsens - Koreferat zu Cay Folkers: Konstitutionelle Ökonomik und Finanzwissenschaft, http://www.rrz.uni-hamburg.de/fb03-ifw/personal/hegmann/folkers.htm. Abgerufen am 28.12.1999.
- (1997): Wissenssoziologische Aspekte der Verfassungsökonomik - Das Beispiel der Nachhaltigkeitsdebatte. Diskussionspapier, Institut für Finanzwissenschaft der Universität Hamburg.
Heiner, M. (1998): Experimentierende Evaluation - Ansätze zur Entwicklung lernender Organisationen, Weinheim.
Hegselmann, R. (1989): Wie weit reicht die Klugheitsmoral? Oder: Zur strategischen Analyse und spieltheoretischen Modellierung von Moral, in: Loccumer Protokolle - Dokumentation einer Tagung der evangelischen Akademie Loccum in Zusammenarbeit mit dem Chicago Center for Religion and Science vom 6. bis 9. Oktober 1988, Rehburg-Loccum.
Hewson, M./Sinclair, T. (1999): Approaches to Global Governance Theory, New York.
Hippe, A. (1997): Interdependenzen von Strategien und Controlling in Unternehmensnetzwerken, Wiesbaden.
Hirschman, A.O. (1970): Exit, Voice, and Loyalty, Cambridge, Massachusetts.
Hobbes, T. (1991): Leviathan, Frankfurt.
- (1651/1980): Leviathan, Erster und Zweiter Teil, Stuttgart.
Hodgson, G.-M. (1988): Behind Methodological Individualism, in: Hodgson, G.-M. (1993): Economics and Institutions - A Manifesto for a Modern Institutional Economics, S. 53-72, Cambridge.
Hofacker, I. (2000): Unternehmensnetzwerke zur Durchsetzung eines Standards, in: Schmalenbachs Zeitschrift für betriebswirtschaftliche Forschung, S. 643-660.
Holmstrom, B. R./Tirole, J. (1989): The Theory of the Firm, in: Handbook of Industrial Organization, Schmalensee, R./Willig, R.D. (Hrsg.), S. 63-133, Boston.
Homann, K./Suchanek, A. (2000): Ökonomik, Tübingen.
- (1997): Unternehmensethik und Korruption, in: Zeitschrift für betriebswirtschaftliche Forschung, S. 187-209.
- (1994): Marktwirtschaft und Unternehmensethik, in: Forum für Philosophie Bad Homburg (Hrsg.), Markt und Moral, Bern.
- /Pies, I. (1994): Wirtschaftsethik in der Moderne: Zur ökonomischen

Theorie der Moral, in: Ethik und Sozialwissenschaften, S. 3-12.
- (1992): Marktwirtschaftliche Ordnung und Unternehmensethik, in: Albach, H. (Hrsg.): Unternehmensethik: Konzepte - Grenzen - Perspektiven, Wiesbaden.
- /Blome-Drees, F. (1995): Unternehmensethik - Managementethik, in: Die Betriebswirtschaft, S. 95-114.
- /Blome-Drees, F. (1992): Wirtschafts- und Unternehmensethik, Göttingen.
- (1988): Rationalität und Demokratie, Tübingen.
- (1988): Die Rolle ökonomischer Überlegungen in der Grundlegung der Ethik, in: Hesse, H. (Hrsg.) Wirtschaftswissenschaft und Ethik, Berlin.
Horn, I.-K. (1996): Moral und Wirtschaft, Tübingen.
Hosmer, L. T. (1995): Trust: The Connecting Link Between Organizational Theory and Philosophical Ethics, in: Academy of Management Review, S. 379-403.
Hutter, M. (1994): Wirtschaftsethische Werte, oder: Wie prämodern ist die Moderne?, in: Ethik und Sozialwissenschaften, S. 30-33.
- (1979): Die Gestaltung von Property Rights als Mittel gesellschaftlicher Allokation, Göttingen.
Ichiishi, T. (1993): The Cooperative Nature of the Firm, New York.
Irlenbusch, B./Schade, L. (2000): Zur Wirksamkeit nicht bindender Verträge - Eine experimentelle Untersuchung, in: Schmalenbachs Zeitschrift für betriebswirtschaftliche Forschung, S. 730-749.
ISO International Organization for Standardization (1992): Directives Part 2. Methodology for the development of International Standard, Genf.
Jackson, P. J./ van der Wielen, J. M. (Hrsg.) (1998): Teleworking: International Perspectives - From Telecommuting to the Virtual Organisation, London.
Jensen, M./Meckling, W. (1976): Theory of the Firm: Managerial Behavior, Agency Costs and Ownership Structure, in: Journal of Financial Economics, S. 305-360.
Jickeli, J. (1996): Der langfristige Vertrag: eine rechtswissenschaftliche Untersuchung auf institutionen-ökonomischer Grundlage, Baden-Baden.
Joint Committee on Standards for Educational Evaluation (1981): Standards for Evaluations of Educational Programs, Projects, and Materials, New York.
Kaiser, M. (1999): Rahmenkonzept zur systematischen Gestaltung und Beurteilung von Ethiknassnahmen auf republikanisch-liberaler Grundlage, in: Unternehmerische Freiheit, Selbstbindung und politische Mitverantwortung, S. 59-84, München.
Kandori, M. (1992): Social Norms and Community Enforcement, in: Review of Economic Studies, S. 63-80.

Kasper, W./Streit M. (1999): Institutional Economics - Social Order and Public Policy, Cheltenham.
Kieser, A. (1993): Organisationstheorien, Stuttgart.
Kindleberger, C.-P. (1983): Standards as Public, Collective and Private Goods, in: Kyklos, S. 377-396.
Kirchner, C. (1993): Unternehmensorganisation und Vertragsnetz, in: Ott, C./Schäfer, H.-B. (1993): Ökonomische Analyse des Unternehmensrechts, S.196-215, Heidelberg.
Klein, B./Crawford, R./Alchian, A. (1978): Vertical Integration, Appropriable Rents, and the Competitive Contracting Process, in: Journal of Law and Economics, S. 297-326.
Klein, D.-B. (1997): Reputation, Studies in the Voluntary Elicitation of Good Conduct, Michigan.
Kleiner, P. (1992): Bestechung - Eine theologisch-ethische Untersuchung, Frankfurt.
Kleinfeld, A. (1998): Persona Oeconomica - Personalität als Ansatz der Unternehmensethik, Heidelberg.
Kleinsteuber, H./Hagen, M. (1998): Was bedeutet ‚elektronische Demokratie'? Zur Diskussion und Praxis in den USA und Deutschland, in: Zeitschrift für Parlamentsfragen, S. 128-143.
Kliemt, H. (1993): Ökonomische Analyse der Moral, in: Ramb, B.-T./Tietzel, M. (Hrsg.): Ökonomische Verhaltenstheorie, S. 281-310, München.
Knight, F. (1965): Risk, Uncertainty and Profit, New York.
Knight, J. (1998): The Bases of Cooperation: Social Norms and the Rule of Law, in: Journal of Institutional and Theoretical Economics, S. 745-763.
Köndgen, J. (1993): Die Relevanz der ökonomischen Theorie der Unternehmung für rechtswissenschaftliche Fragestellungen - ein Problemkatalog, in: Ott, C./Schäfer, H.-B. (1993): Ökonomische Analyse des Unternehmensrechts, S. 128-155, Heidelberg.
- (1981): Selbstbindung ohne Vertrag - Zur Haftung aus geschäftsbezogenem Handeln, Tübingen.
König, M. (1999): Ebenen der Unternehmensethik, in: Nutzinger, H. G. (1999): Wirtschafts- und Unternehmensethik: Kritik einer neuen Generation, S. 55-73, München.
Kreps, D. (1990): A Course in Microeconomic Theory, New York.
- (1990): Corporate Culture and Economic Theory, in: Perspectives on Positive Political Economy (Political Economy of Institutions and Decisions), Shepsle, K. A. /Alt, J. E. (Hrsg.), S. 90-143, Cambridge.
Krüsselberg, H. (1982): Property Rights - Theorie und Wohlfahrtsökonomik, in: Schüller, A. (Hrsg.) (1983): Property Rights und ökonomische Theorie, S. 45-77, München

Kudrle, R. T. (1999): Three Types of Globalization: Communication, Market, and Direct, in: Väyrynen, R.: Globalization and Global Governance, Oxford.
La Croix, S.J. (1989): Homogeneous Middleman Groups: What Determines the Homogeneity?, in: Journal of Law, Economics, and Organization, S. 211-222.
Laubacher, R. J./Malone T. W. (1997): Flexible Work Arrangements and 21st Century Worker's Guilds, www.mit.edu (Sloan School of Management), abgerufen am 17.03.1999.
Leutner, D. (1999): Standards empirischer Forschung für Evaluation im Bildungsbereich, in: Evaluation im Bildungsbereich, S. 121-132, Innsbruck.
Lieckweg, T. (1999): Wird die Globalisierung des Rechts durch Organisationen der Wirtschaft vorangetrieben?, Diskussionspapier, Universität Witten/Herdecke.
Lipnack, J./Stamps, J. (1997): Virtual Teams - Reaching across Space, Time, and Organizations with Technology, New York.
Lohmann, K. R. (1996): Was ist eigentlich Wirtschaftsethik? - Eine systematische Einführung, unveröffentlichtes Manuskript, Universität Witten/Herdecke.
Löhr, A./Osterloh, M. (1993): Ökonomik und Ethik als Grundlage organisationaler Beziehungen, in: Staehle, W. H. /Sydow, J. (Hrsg.): Managementforschung, S. 109-155, Berlin.
Lorenzen, P. (1989): Philosophische Fundierungsprobleme einer Wirtschafts- und Unternehmensethik, in: Steinmann, H./Löhr, A. (Hrsg.): Unternehmensethik, S. 25-57, Stuttgart.
Luhmann, N. (1993): Die Paradoxie des Entscheidens, in: Verwaltungsarchiv, S. 287-310.
Macaulay, S. (1963): Non-Contractual Relations in Business: A Preliminary Study, in: American Sociological Review, S. 55-67.
Machlup, F. (1967): Theories of the firm: Marginalist, Behavioral, Managerial, in: The American Economic Review, S. 1-33.
Macneil I.-R. (1974): The Many Futures of Contracts, in: Southern Californian Law Review, S. 691-816.
Malone, T. W./ Yates, J./Benjamin, R. I. (1987): Electronic Markets and Electronic Hierarchies, in: Communications of the ACM, S. 484-497.
Masten, S. E./Crocker, K. J. (1985): Efficient Adaptation in Long-Term Contracts: Take-or-Pay Provisions for Natural Gas, in: The Economics of Transaction Costs, Williamson, O. E./Masten, S. E. (Hrsg.), S. 351-361, Cheltenham.
Medema, S. G. (1998): Coasean Economics: Law and Economics and the New Institutional Economics, Boston.

Mefford, A. (1998): Lex Informatica: Foundations of Law on the Internet, http://www.law.indiana.edu/glsj/vol5/no1/mefford.html. Abgerufen am 13.11.2000.
Meyer, W. (1982): Entwicklung und Bedeutung des Property Rights - Ansatzes in der Nationalökonomie, in: Schüller, A. (Hrsg.) (1983): Property Rights und ökonomische Theorie, S. 1-44, München.
Milgrom, P. (1988): Employment Contracts, Influence Activities, and Efficient Organization design, Journal of Political Economy, S. 42-60.
- /Roberts, J. (1992): Economics, Organization & Management, New Jersey.
Mingst, A. K. (1999): Global Governance: The American Perspective, in: Globalization and Global Governance, Oxford.
Misztal, B. (1996): Trust in Modern Societies, Cambridge.
Mizruchi, M.S./Potts, B.B. (1998): Centrality and Power Revisited: Actor Success in Group Decision Making, in: Social Networks, S. 353-387.
Morscher, E. (1999): Evaluation aus Sicht der Ethik, in: Evaluation im Bildungsbereich, S. 35-65, Innsbruck.
Muchlinski, E. (1998): in: Wegner, G./Wieland, J. (Hrsg.): Formelle und Informelle Institutionen, S. 279-308, Marburg.
Neuweg, G. H. (1999): Könnerschaft und Implizites Wissen - Zur lehr-lerntheoretischen Bedeutung der Erkenntnis- und Wissenstheorie Michael Polanyis, Münster.
Niehus, C. (1997): Cooperation Within the Firm - Hidden Agendas and the Meaning of Morality, in: Baecker, D. (Hrsg.) (1997): Wittener Jahrbuch für ökonomische Literatur, S. 363-390, Marburg.
North, D. (1995): The New Institutional Economics and Third World Development, in: Harris, J./ Hunter, J./Lewis, C.-M. (Hrsg.): The New Institutional Economics and Third World Development, S. 1-13, London.
- (1993): Institutional Change: A Framework of Analysis, in: Institutional Change - Theory and Empirical Findings, Sjöstarnd, S.-E. (Hrsg.), S. 35-46.
- (1990/1992): Institutionen, institutioneller Wandel und Wirtschaftsleistung, Tübingen.
- (1988): Theorie des institutionellen Wandels, Tübingen.
Nutzinger, H. G. (1999): Wirtschafts- und Unternehmensethik: Kritik einer neuen Generation, München.
Okruch, S. (1999): Innovation und Diffusion von Normen, Berlin.
Olson, M. (1985/1992): Die Logik des kollektiven Handelns. Kollektivgüter und die Theorie der Gruppen, Tübingen.
Osterloh, M. (1993): Innovation und Routine. Das organisatorische Dilemma in klassischer und neuer Sicht, in: Zeitschrift Führung und Organisation, S. 214-218.

Ostrom, E. (1990): Governing the Commons - The Evolution of Institutions for Collective Action, Cambridge USA.
Panther, S. (1997): Soziale Netzwerke und die Logik kollektiven Handlens, in: Leschke, M./Pies, I. (Hrsg.): Mancur Olsons Logik kollektiven Handelns, S. 71-93, Tübingen.
Patton, M.Q. (1996): A World Lager than Formative and Summative, in: Evaluation Practice, S. 131-144.
Patzig, G. (1986): Ethik und Wissenschaft, in: Maier-Leibnitz, H. (Hrsg.): Zeugen des Wissens, S. 977-997, Mainz.
Pautzke, G. (1989): Die Evolution der organisatorischen Wissensbasis, München.
Pearce, R. D. (1993): The Growth and Evolution of Multinational Enterprise, Cambridge.
Pfeffer, J. (1992): Understanding Power in Organizations, in: Managing with Power, S.29-50, Boston.
Picot, A. (1999): Die Wirtschaft der Zukunft, in: Bertelsmann Briefe, Gütersloh.
- /Dietl, H. (1998): Neue Institutionenökonomie und Recht, in: Ott, C./Schäfer, H.-B. (1993): Ökonomische Analyse des Unternehmensrechts, S. 306-331, Heidelberg.
- /Michaelis, E. (1984): Verteilung von Verfügungsrechten in Großunternehmungen und Unternehmensverfassung, in: Zeitschrift für Betriebswirtschaftslehre, S. 252-272.
- /Reichwald, R./Wigand R.-T. (1996): Die Grenzenlose Unternehmung - Information, Organisation und Management, Wiesbaden.
⊄ Ripperger, T./Wolff, B. (1996): The Fading Boundaries of the Firm: The Role of Information and Communication Technology, in: Journal of Institutional and Theoretical Economics, S. 65-79.
Polanyi, M. (1966/1983): The Tacit Dimension, Gloucester.
Posner, E.: Law, Cooperation and Rational Choice, Veröffentlichung in Vorbereitung.
Powell, W. (1990): Neither Market nor Hierarchy: Network Forms of Organization, in: Research in Organizational Behavior, S. 295-336.
Prahalad, C. K./Hamel, G. (1990): The Core Competence of the Corporation, in: Harvard Business Review, S. 79-91.
- /Visscher, M. (1980): Organization Capital, in: Journal of Political Economy, S. 446-461.
Priddat, B.-P. (1994): Moral, nützlich, in: Ethik und Sozialwissenschaften, S. 62-63.
Rasmusen, E. (1989): Games and Information, Oxford/Cambridge.
Reichwald, R./Bastian, C. (1999): Führung von Mitarbeitern in verteilten Organisationen - Ergebnisse explorativer Forschung, http://www.aib.wiso.tu-muenchen.de/publikationen/papers-online/Reichwald-bastian-1999-führung.pdf. Abgerufen am 14.12.1999.

- /Möslein, K. (1998): Management und Technologie, http://www.aib.wiso.tu-muenchen.de/publikationen/papers-online/reichwald-moeslein-1998-technologie.pdf. Abgerufen am 14.12.1999.
- /Engelberger, H./Möslein, K. (1998): Telekooperation im Innovationstest – Strategieorientierte Evaluation von Pilotprojekten, http://www.aib.wiso.tu-muenchen.de/publikationen/papers-online/reichwald-engelberger-möslein-1998-innotest.pdf. Abgerufen am 14.12.1999.
- /Möslein, K./Sachenbacher, H./Engelberger, H. (1997): Telearbeit & Telekooperation, Bedingungen und Strategien erfolgreicher Realisierung, http://www.aib.wiso.tu-muenchen.de/publikationen/papers-online/reichwald-et-al-1997-telearbeit&telekooperation.pdf. Abgerufen am 14.12.1999.
- /Möslein, K. (1996): Auf dem Weg zur virtuellen Organisation: Wie Telekooperation Unternehmen verändert, http://www.aib.wiso.tu-muenchen.de/publikationen/papers-online/Reichwald-Moeslein-1996-Virtuelle-Organisation.pdf. Abgerufen am 14.12.1999.

Richter, R. (1996): Bridging Old and New Institutional Economics: Gustav Schmoller, the Leader of the Younger German Historical School, Seen with Neoinstitutionalists' Eyes, in: Journal of Institutional and Theoretical Economics, S. 567-592.
- /Furubotn, E. (1996): Neue Institutionenökonomik, Tübingen.
- (1994): Institutionen ökonomisch analysiert - Zur jüngeren Entwicklung auf einem Gebiet der Wirtschaftstheorie, Tübingen.

Ripperger, T. (1998): Ökonomik des Vertrauens, Tübingen.

Rohe, M. (1998): Netzverträge, Tübingen.

Rosenau, J. N. (1999): Toward an Ontology for Global Governance, in: Approaches to Global Governance Theory, New York.

Sauerland, D. (1998): Sozialkapital: Individuelle Vermögensbestand oder gesellschaftliches Institutionensystem?, in: Pies, I./Leschke, M. (Hrsg.): Gary S. Beckers Ökonomischer Imperialismus, S. 51-56, Tübingen.

Schäfer, H.-B./Ott, C. (Hrsg.) (1995): Lehrbuch der ökonomischen Analyse des Zivilrechts, Berlin.
- (1993): Ökonomische Analyse des Unternehmensrechts: Beiträge zum 3. Travemünder Symposium zur Ökonomischen Analyse des Rechts, Heidelberg.

Schanze, E. (1999): Die Entwicklung von Institutionen, in: Handbuch der Wirtschaftsethik, Band 2: Ethik wirtschaftlicher Ordnungen, S. 95-104, Sonderdruck.
- (1998): Beyond Contract and Corporation: The Law and Economics of Symbiotic Arrangements, in: Riis, T./Nielsen R. (Hrsg.): Law and Economics - Methodology and Application, S. 113-130, Copenhagen.

- (1991): Symbiotic Contracts: Exploring Long-Term Agency Structures Between Contract and Corporation, in: Joerges, C. (Hrsg.) (1991): Franchising an the Law. Theoretical and Comparative Approaches in Europe and the United States / Das Recht des Franchising. Konzeptionelle, rechtsvergleichende und europäische Analysen, S. 68-103, Baden-Baden.
Scheer, A.-W. (1995): Wirtschaftsinformatik, Berlin.
Schelling, T. C. (1989): Promises, in: Negotiation Journal, S. 113-118.
Schmidtchen, D. (1995): Territorialität des Rechts, Internationales Privatrecht und die privatautonome Regelung internationaler Sachverhalte, in: Zeitschrift für ausländisches und internationales Privatrecht, S. 56-112.
Schneider, D. (1993): Ökonomische Theorie der Unternehmung, in: Ott, C./Schäfer, H.-B. (1993): Ökonomische Analyse des Unternehmensrechts, S. 1-30, Heidelberg.
Scholz, C. (1997): Strategische Organisation: Prinzipien zur Vitalisierung und Virtualisierung, Landsberg am Lech.
- (1996): Virtuelle Organisation: Konzeption und Realisation, in: Zeitschrift für Organisation, S. 204ff.
- (2000): The Virtual Corporation: Empirical Evidences to a Three Dimensional Model, http://www.orga.uni-sb.de/bibliothek/artikel/aom_toronto.pdf. Abgerufen am 02.08.2000.
Schotter, A. (1981): The Economic Theory of Social Institutions, Cambridge.
Schüller, A. (Hrsg.) (1983): Property Rights und ökonomische Theorie, München.
Schumpeter, J. A. (1928/1997): Theorie der wirtschaftlichen Entwicklung, Berlin.
Schwartz, S. H. (1992): Universals in the Content and Structure of Values: Theoretical Advances and Empirical Tests in 20 Countries, in: Advances in Experimental Social Psychology, S. 1-65.
- (1996): The Normative Implications of Transaction Cost Economics - Concluding Comment, in: Journal of Institutional and Theoretical Economics, S. 287-294.
Schweizer, U. (1999): Vertragstheorie, Tübingen.
Sen, A. (1977): Rational Fools: A Critique of the Behavioral Foundations of Economic Theory, in: Philosophy and Public Affairs, S. 317-344.
Shapley, L./Shubik, M. (1977): Trade using a Commodity as a means of Payment, in: Journal of Political Economy, S. 937-68.
Shavell, S. (2000): Contracts, Beitrag für: The New Palgrave Dictionary of Economics and the Law, http://www.economics.harvard.edu/hier/author.html. Abgerufen am 29.11.2000.

Shelanski, H. A./Klein, P. G. (1995): Empirical Research in Transaction Cost Economics: A Review and Assessment, in: The Journal of Law, Economics & Organization, S. 335-361.
Simon, H. (1993): Homo Rationalis, Frankfurt.
- (1991): Organizations and Markets, in: Journal of Economic Perspectives, S. 25-44.
- (1947/1961): Administrative Behavior, New York.
- (1957): Models of Man, New York.
Smith, A. (1759/1985): Theorie der ethischen Gefühle, orginal: Theory of Moral Sentiments, Hamburg.
- (1776/1979): An Inquiry into the Nature and Cause of the Wealth of Nations, Oxford.
Steinmann, H./Löhr, A. (1994): Grundlagen der Unternehmensethik, Stuttgart.
- (1999): Freiheit, Selbstbindung und Verantwortung, in: Unternehmerische Freiheit, Selbstbindung und politische Mitverantwortung, S. 1-6, München.
- /Heß, G. (1993): Die Rolle von Marktsignalen bei der Etablierung von Kompatibilitätsstandards im Rahmen der Wettbewerbsstrategie, in: Die Betriebswirtschaft, S. 167-186.
Strauss, F. (1998): Partizipatives Qualitätsmanagement als Erweiterung praxisorientierter Evaluationskonzepte, in: Heiner, M. (Hrsg.) (1998): Experimentierende Evaluation - Ansätze zur Entwicklung lernender Organisationen, S. 67-92, München.
Strohm, O./Ulich, E. (1998): Integral Analysis and Evaluation of Enterprises: A Multilevel Approach in Terms of People, Technology, and Organization, in: Human Factors and Ergonomics in Manufacturing, S. 233-250.
Sydow, J. (1992): Strategische Netzwerke, Wiesbaden.
Telser L. G. (1980): A Theory of Self-Enforcing Agreements, in: Journal of Business, S. 27-44.
Thielemann, U. (1999): Die Entfaltung integrativer Wirtschaftsethik in der Kritik, in: Nutzinger, H. G. (Hrsg.): Wirtschafts- und Unternehmensethik: Kritik einer neuen Generation, S. 117-153, München.
Thompson, J. D. (1967): Organizations in Action, New York.
Thorelli, H. B. (1986): Networks: Between Markets and Hierarchies, Strategic Management Journal, S. 37-51.
Tiemann, R. (1999): Ethische Branchenstandards: Ein Lösungsweg für Unternehmen aus moralischen Dilemmata, München.
Tisdell, C. (1996): Bounded Rationality and Economic Evolution, Cheltenham.
Tonhauser, J./Patry J.-L. (1999): Nicht gegen, sondern für die Evaluation, in: Evaluation im Bildungsbereich, Innsbruck.

Tullock, G. (1997): Adam Smith and the Prisoners' Dilemma, in: Reputation, Studies in the Voluntary Elicitation of Good Conduct, Michigan.
Tushman, M. L./Nadler, D. A. (1978): Information Processing as an Integrating Concept in Organizational Design, in: Academy of Management Review, S. 613-624.
U.S. Department of Commerce (2000): Best Global Practices - Information Clearinghouse, http://www.ita.doc.gov/bgp/clearing.html. Abgerufen am 26.07.2000.
Ulrich, P. (1994): Integrative Wirtschafts- und Unternehmensethik - ein Rahmenkonzept, in: Forum für Philosophie Bad Homburg (Hrsg.): Markt und Moral - Die Diskussion um die Unternehmensethik, Bern.
Universität Kiel (1999): Graduiertenkolleg ‚Betriebswirtschaftliche Aspekte lose gekoppelter Systeme im Zeitalter elektronischer Medien' http://www.bwl.uni-kiel.de/bwlinstitute/grad-kolleg. Abgerufen am 23.11.1999.
Vanberg, V. (1994): Markt, Wettbewerb und Moral, in: Ethik und Sozialwissenschaften, S. 81-83.
- (1992): Organizations as Constitutional Systems, in: Constitutional Political Economy, S. 223-253.
- /Buchanan, J. M. (1991): Constitutional Choice, Rational Ignorance and the Limits of Reason, in: Jahrbuch für Neue Politische Ökonomie, S. 61-78.
Väyrynen, R. (1999): Globalization and Global Governance, Oxford.
Veblen, T. (1899/1994): The Theory of the Leisure Class, New York.
Veljanovski, C. (1996): The Economics of Law, London.
Weber, H. (1996): Globalisierung und Herausforderung für Unternehmen der Wirtschaft, in: Braczyk, H.-J./ Schienstock, G. (Hrsg.): Kurswechsel in der Industrie: lean production in Baden-Würtemberg, S. 110-122.
Weber, M. (1918/1990): Wirtschaft und Gesellschaft, Tübingen.
Wegner, G./Wieland, J. (1998): Formelle und Informelle Institutionen - Genese, Interaktion und Wandel, Marburg.
Weise, P. (1994): Ökonomische Moral, in: Ethik und Sozialwissenschaften, S. 89-92.
Welge, M.-K./Al-Laham, A. (1992): Planung, Wiesbaden.
-/ Holtbrügge, D. (2000): Wissensmanagement in Multinationalen Unternehmungen - Ergebnisse einer empirischen Untersuchung, in: Schmalenbachs Zeitschrift für betriebswirtschaftliche Forschung, S. 762-777.
Wey, C. (1999): Marktorganisation durch Standardisierung - Ein Beitrag zur Neuen Institutionenökonomik des Marktes, Berlin.
Widmer, T. (1996): Meta-Evaluation, Bern.

Wieland, J. (1999): Die Ethik der Governance, Marburg.
- /Löhr, A./Ulrich, P. (1999): Unternehmerische Freiheit, Selbstbindung und politische Mitverantwortung, München.
- (1998) Globalisierung und rechtliche Verantwortung, in: Alwart, H. (Hrsg.): Verantwortung und Steuerung von Unternehmen in der Marktwirtschaft, S. 46-59.
- Moralische Kommunikation und Unternehmensführung - Warum Unternehmensethik? Vortrag vor dem 1. Ethikforum Euregio Bodensee „Unternehmensethik - Praktische Erfahrungen und Perspektiven", Konstanz 05.-07.06.1996.
- (1998): Kooperationsökonomie. Die Ökonomie der Diversifität, Abhängigkeit und Atmosphäre, in: Wegner, G./Wieland, J. (Hrsg.): Formelle und Informelle Institutionen, S. 9-33, Marburg.
- (1996): Ökonomische Organisation, Allokation und Status, Tübingen.
- (1995): Economics of Atmosphere als Element der Governance Structure, unveröffentlichtes Manuskript des Akademie Vortrages, Universität Witten/Herdecke, am 28.01.1995.
- (1994): Formen der Institutionalisierung von Moral in der Unternehmung - Empirische Resultate, theoretische Reflexionen. Vortrag für die Ausschusssitzung ‚Wirtschaftswissenschaften und Ethik', Verein für Socialpolitik, vom 10.-12.02.1994 in Osnabrück.
Wiesenthal, H. (1995): Konventionelles und unkonventionelles Organisationslernen. Literaturreport und Ergänzungsvorschlag, in: Zeitschrift für Soziologie, S. 135-155.
Wiggins, S. N. (1991): The Economics of the Firm and Contracts: A Selective Survey, in: Journal of Institutional and Theoretical Economics, S. 603-661.
Wilkesmann, U. (1994): Wer entscheidet über die Rahmenordnung?, in: Ethik und Sozialwissenschaften, S. 92-93.
Williamson O.-E. (2000): Economic Institutions and Development: A View from the Bottom, in: Olson, M./Kähkönen, S. (Hrsg.): A Not-So-Dismal Science, S. 92-118, Oxford.
- /Masten, S. E. (1999): The Economics of Transaction Costs, Cheltenham.
- (1993): Calculativeness, Trust, and Economic Organization, in: Journal of Law & Economics, S. 453-486.
- (1996): Transaktionskostenökonomik, Hamburg.
- /Winter, S.-G. (1993): The Nature of the Firm - Origins, Evolution, and Development, New York.
- (1993): The Evolving Science of Organization, in: Journal of Institutional and Theoretical Economics, S. 36-63.
- (1985): Die ökonomischen Institutionen des Kapitalismus, deutsche Übersetzung (1990), Tübingen.
- (1983): Credible Commitments: Using Hostages to Support Exchange,

in: The American Economic Review, S. 519-540.
- (1979): Transaction-Cost Economics: The Governance of Contractual Relations, in: Journal of Law and Economics, S. 233-361.
- (1975) Markets and Hierarchies: Analysis and Antitrust Implications, New York.
Witte, E. (1984): Die Unternehmensverfassung als Kooperationsmodell, in: Albert, H. (Hrsg.): Ökonomisches Denken und soziale Ordnung, S. 261-274, Tübingen
Wolff, G. (1994): Organisation durch Verträge, München.
Wolffgang, H.-M./Feuerhake, W. (2000): Kann -oder soll- das internationale Handelsrecht eine internationale Sozialordnung ersetzen?, in: Internationaler Wettbewerb - nationale Sozialpolitik? - Wirtschaftsethische und moralökonomische Perspektiven der Globalisierung, Aufderheide, D./Dabrowski, M. (Hrsg.), S. 147-172.
Wottawa, H./Thierau, H. (1998): Lehrbuch Evaluation, Göttingen.
Zaheer, A./McEvily, B./Perrone, V. (1998): Does Trust Matter? - Exploring the Effects of Interorganizational and Interpersonal Trust on Performance, in: Organization Science, S. 141-159.
Zöllner, W./Loritz, K.-G. (1998): Arbeitsrecht, München.
Zweigert, K./Kötz, H. (1996): Einführung in die Rechtsvergleichung, Tübingen.

Anhang: Fallbeispiele

Anhand zweier existierender Third-Party-Unternehmungen wird deutlich werden, dass die Wirtschaft bereits Anpassungsbewegungen vollzieht, um den genannten Marktzwängen gerecht werden zu können. Trotzdem sind die empirischen organisatorischen Interventionen zur Ermöglichung und Absicherung derartiger Transaktionsbeziehungen gegenwärtig noch weit weniger entwickelt, als es das Kooperationsdilemma und die Hypothesen nahe legen, die dieser Untersuchung zugrunde liegen.

1 Fallbeispiel I

1.1 Projektwerk Unternehmensberatung GmbH[1]

Die projektwerk Unternehmensberatung GmbH wurde im März 1999 in Hamburg gegründet. Die Geschäftsführung formuliert den Gründungszweck folgendermaßen: „Unser Ziel ist es, ein Umfeld zu schaffen, in dem sich Netzwerke und virtuelle Unternehmen entwickeln können." Virtuelle Unternehmen versteht die Unternehmensführung als „Geschäftspartnerschaften auf Zeit". Auf der Homepage werden dazu Definitionen dargeboten.[2] In ‚virtuellen' Kooperationsformen wird „die Zukunft" gesehen. Der Vorteil läge darin, dass Unternehmen und Freelancer zusätzliche Potenziale erschließen können, indem sie projektbezogen Kernkompetenzen kurzfristig bündeln. Die Geschäftspartnerschaften auf Zeit erlaubten es, Kapazität oder Fähigkeiten zu „erweitern". Das Unternehmen passe sich dann flexibel Kundenwünschen, aktuellen Wettbewerbsverhältnissen und zukünftigen Anforderungen an. Im Ergebnis sei die Unternehmensform problemlösungsorientiert und marktnah.

Das Unternehmen bietet eine Checkliste, anhand derer Marktteilnehmer ermitteln können sollen, ob die ‚virtuelle' Kooperationsform für sie adäquat ist. „Ob diese Organisationsformen geeignet sind, ist weniger

---

1 Die folgenden Informationen über die Funktionsweise des Unternehmens sowie die angeführten Zitate entstammen seiner Homepage, http://www.projektwerk.de, abgerufen am 19.06.2000 sowie persönlichen Gesprächen mit der Geschäftsführung.

2 Diese sind der betriebswirtschaftlichen und Management-Literatur entnommen. Zudem findet sich eine kurze Literaturliste und einige Aufsätze.

eine Frage der Unternehmensgröße oder Branchenzugehörigkeit als vielmehr eine Frage der Anforderungen in Ihren Märkten sowie Ihrer Ziele und Kompetenzen." Eine derartige Kooperationsform sei angebracht für Freelancer und Unternehmen, die

- „ihre Marktchancen durch projektbezogene Zusammenarbeit erhöhen können.
- beabsichtigen, neue Produkt- oder Dienstleistungspakete zu entwickeln.
- wachsen wollen, ohne an Flexibilität zu verlieren.
- sich auf Ihre Kernkompetenzen konzentrieren wollen.
- in einem dynamischen Markt agieren.
- zunehmend komplexere Prozesse beherrschen müssen.
- spezifische knappe Qualifikationen nicht akquirieren können.
- eine (Geschäfts-) Idee verwirklichen wollen und dazu weitere Fähigkeiten benötigen.
- Größenvorteile nutzen wollen.
- ihr Kapazitätsmanagement verbessern möchten."

Verglichen mit ‚Kooperationsbörsen' im Internet, geht das Anliegen von 'projektwerk' über die Herstellung von Kontakten weit hinaus. Zunächst möchte 'projektwerk' eine „Business Community" bieten und sieht darin die „besten Voraussetzungen", ... damit Kontakte entstehen." Dabei sollen „wirtschaftliche Ziele" und wirtschaftlichen Erfolg" im Vordergrund stellen. Ganz im Sinne einer Community, wie sie im Internet auch für andere Kontexte gilt, sollen alle beteiligten Akteure davon profitieren. Der Beitrag jedes einzelnen zur Entwicklung und zum Erhalt der Community steht im Vordergrund: „Business Community heißt aber auch, dass die Teilnehmer an der Weiterentwicklung der Leistungen mitwirken." Damit potenzielle Kooperationspartner sich finden können, bietet das Unternehmen den ‚projektwerk Pool' an. Er soll die Online-Suche unterstützen. Zudem werden registrierte Teilnehmer regelmäßig durch den ‚ProjektLetter', einer eMail des Unternehmens, über aktuelle Kooperationschancen informiert. Auf einer persönlichen Administrationsseite kann jeder Benutzer[3] seine Kooperationsbereitschaft durch eine standardisierte ‚Bewerbung' ausdrücken und diese direkt an den Pool senden. Weiter ist es möglich, bei einer Kontaktaufnahme zunächst anonym zu bleiben.

Das Unternehmen formuliert folgende Regeln, die von den Teilnehmern des Pools eingehalten werden müssen:

1. „Der Umgangston sollte sachlich und freundlich sein.
2. Die Mitteilungen an einen Projektinitiator dürfen nicht für Werbe-Mails missbraucht werden. Da jeder im Pool auch mal Projektinitiator sein kann, kommt diese Regelung auch allen zugute.
3. Die Teilnehmerprofile müssen wahrheitsgemäß ausgefüllt werden. Dies betrifft sowohl die Mitarbeiterzahl als auch die Kompetenzen. Ziel der Community ist es, die richtigen Partner zu finden. Die Teilnehmerprofile sind hierbei eine wichtige Entscheidungsgrundlage.
4. Bitte achten Sie darauf, sich nur auf ausgeschriebene Aufgaben zu bewerben. Selbst wenn Sie der Meinung sind, daß Ihre Kompetenzen für das Projekt relevant sind, räumen Sie dem Projektinitiator das Recht ein, die Entscheidung über die Aufgabenverteilung zu treffen. Vielleicht hat er schon Partner aus anderen Bereichen.
5. Pool-Teilnehmer, die sich auf Ihr Projekt bewerben, haben ein Recht auf eine Antwort innerhalb von 14 Tagen - auch auf eine Absage.
6. Bitte beschreiben Sie Ihr Projekt so, daß die anderen Teilnehmer verstehen, was Sie suchen.
7. Sollten Sie Unstimmigkeiten mit einem Teilnehmer haben, wenden Sie sich gern an uns unter http://www.projektwerk.de."

Zusammenfassend stellt die projektwerk Unternehmensberatung GmbH seine Leistungen folgendermaßen dar: „Wir ['projektwerk']

- akquirieren neue Partner für den projektwerk Pool,
- sind für die Vermarktung vom projektwerk Pool zuständig,
- sorgen für die Beachtung der Kommunikationsregeln,

---

[3] Ein Benutzer ist jemand, der den damit zusammenhängenden Nutzungsvereinbarung zugestimmt hat und von dem Domain-Betreiber zur Nutzung der Dienstleistungen zugelassen wurde.

- sind für die Teilnehmer Ansprechpartner im Konfliktfall,
- führen Maßnahmen zur Einhaltung der Qualität durch,
- betreiben und erweitern die Kommunikations- und Arbeitsplattform,
- entwickeln weitere Dienstleistungen für die Teilnehmer."

Vertrauen wird von 'projektwerk' als kritischer Erfolgsfaktor solcher Kooperationen identifiziert. Hierzu findet sich jedoch nur die vage Bemerkung, dass eben dieses „... durch gute Qualität der Arbeitsprozesse und Arbeitsergebnisse ..." entstehen würde. Sogleich wird in den Ausführungen der Vertrauensfaktor wieder verlassen.

Als Maßnahme zur Sicherung der Qualität wird auf ein „System der gegenseitigen Bewertung" der Teilnehmer abgehoben, durch das sich die Teilnehmer *nach* Projektabschluss einschätzen sollen. Die Bewertungsergebnisse werden *nicht* veröffentlicht. Jeder Teilnehmer kann seine Beurteilungen durch andere online einsehen. Für den Fall, dass ein Teilnehmer eine „ungenügende" Bewertung erhalten sollte und sich „diese Probleme nicht abstellen", droht 'projektwerk' ihm mit dem Ausschluss aus dem Pool.

Die projektwerk Unternehmensberatung GmbH finanziert seine „Business Community", insbesondere die *hier* skizzierten Leistungen ausschließlich über *freiwillige* Zahlungen: „Sie als Teilnehmer entscheiden, was Ihnen unsere Leistungen wert sind. Nach der Registrierung steht Ihnen die Kontaktplattform unentgeltlich zur Verfügung. Haben Sie gute Partner oder interessante Projekte gefunden und sind Sie vom Nutzen des projektwerk Pools überzeugt, so freuen wir uns, wenn Sie das honorieren und uns einen Betrag überweisen, der Ihnen angemessen scheint. Wir senden Ihnen dann umgehend eine Rechnung."[4]

---

[4] Auch sehen die Nutzungsbedingungen nicht vor, die reinen, auch personenbezogenen Daten für andere als eigene Marktforschungszwecke zu benutzen bzw. zu verkaufen: „1. Die projektwerk Unternehmensberatung GmbH speichert die Daten der Teilnehmer für interne Zwecke in der 'projektwerk'-Datenbank. Dritten sind diese Daten nicht zugänglich. 2. Die Daten werden nur im Rahmen von Projekten an andere Teilnehmer weitergeleitet. Über eine anonyme oder offene Weitergabe der Teilnehmerprofile entscheidet der jeweilige Teilnehmer."

1.2 Bewertung

Es sind mühelos Parallelen zwischen der eher explorativen Aufzählung der Kriterien zu sehen, die aus Sicht von 'projektwerk' für die Abwicklung durch sich kurzfristig konstituierende Teams sprechen, und den Operationsbedingungen die wir für unsere Organisationsfigur in Kapitel I identifizieren.[5] Dabei wird abermals die Relevanz des Virtualitätsbegriffs für die Praxis deutlich.[6] Die systematische Unschärfe von Begriffen, die in der Wissenschaft problematisch gesehen werden müsste, reicht hier aus: „... [I]n der Wirtschaft beginnt es zu wimmeln von virtuellen Leistungen und virtuellen Organisationen. Ein mit atemberaubender Geschwindigkeit ablaufender Vorgang ist dadurch zumindest erkennbar geworden, das ein Name dafür selektiert wurde: man spricht von 'Virtualisierung' und man versteht sich."[7]

Es wird schnell deutlich, dass das Unternehmen nicht eigens, sondern nur vordergründig für die Unterstützung von kurzfristigen und damit *volatilen* Kooperationsbeziehungen konzipiert wurde: Dessen Initiatoren suchen die Vermittlung von (potenziellen) Kooperationspartnern mit dem sich daraus ggf. ergebenen Beratungsbedarf zu verbinden. Folgefragestellungen aus der Anbahnung einer Kooperation einzelner Teilnehmer (Akteure) sollen dafür Anknüpfungspunkte liefern und zu Beratungsaufträgen führen, die dann *nicht* mit „freiwilligen Zahlungen" abgegolten werden können, deren Höhe zudem nur durch den Zahlenden selbst bestimmt wird. Hervorstechend sind in diesem Zusammenhang die Leistungsangebote, Geschäftsideen bei ihrer Verwirklichung zu unterstützen und „weitere Dienstleistungen für die Teilnehmer" zu entwickeln.

Wir haben es hier daher offensichtlich mit einer Zusammenführung von ganz verschiedenen Organisationskonzepten zu tun, nämlich (trotz aller Unschärfe der dort verwendeten Begriffe) mit langfristigen versus kurzfristigen Kooperationen einerseits und der Intervention[8] versus der Nicht-Intervention seitens 'projektwerk' andererseits. Demnach muss auch das Interesse der Initiatoren des Unternehmens der Forderung nach adaptiven Teambeziehungen tatsächlich weitestgehend zuwider laufen, insofern dies für die projektwerk Unternehmensberatung GmbH

---

[5] Die Auflistung durch 'projektwerk', S. 182, kann gleichsam als das praxisrelevante Komplement unserer Auseinandersetzung mit dem Thema angesehen werden. Vgl. ebenfalls S. 25ff.

[6] Vgl. zum Terminus der ‚virtuellen Unternehmung' erneut S. 32, dort auch die Fußnote Nr. 84 sowie S. 32 und S. 89.

[7] Hutter (1998), Geleitwort.

[8] Hier: Intervention = Beratung.

nicht in Beratungsprojekte mündet. Wir müssen demzufolge zur der Interpretation gelangen, dass diejenigen Leistungen, die mit *freiwilligen* Zahlungen verbunden sind, aus Sicht der Initiatoren von 'projektwerk' vor allem der Kontaktaufnahme bzw. Akquisition von Beratungsaufträgen dienen. Sie sind in soweit ein Marketing-Instrument. Dies bedeutet aber organisatorische ‚Einmischung' seitens 'projektwerk' in die Transformationsstrukturen konzeptionell ggf. kurzfristig angelegter, kurzweilig miteinander kooperierender individueller wie kollektiver Akteure. Zusammengefasst scheint daher für 'projektwerk' die Bereitstellung der (technischen) Plattform zur Etablierung eines Netzwerks als unternehmerische Investition zu gelten, die sich durch die Akquisition von Beratungsaufträgen auszahlen soll. Je aufwendiger diese ausfällt und je langfristiger diese angelegt ist, desto attraktiver dürfte die Abwicklung eines Beratungsprojekts für 'projektwerk' sein.

Beides weicht vom Konzept einer Third Party ab, wie wir es zuvor charakterisiert haben. Entscheidend ist dabei, dass den beteiligten Akteuren ex ante keine Kosten entstehen. So kann das Arrangement ex post auch nicht self-enforcing sein, weil der Verstoß gegen Abmachungen für alle Akteure beinahe kostenlos zu haben ist. Auch eine organisationsweite Reputation für mangelnde Kooperationsbereitschaft oder -fähigkeit kann nicht entstehen, weil nur der jeweils bewertete Akteur Einblick in die Bewertung hat. Erst eine ‚schlechte' Reputation wäre ein Preis, den ein Akteure zu vermeiden interessiert ist. Für eventuell auftretende Dissensen wegen personaler und institutioneller Diversifität gilt, dass ihnen transaktionskostengünstig durch den Abbruch der Kooperationsbeziehung (*Exit*) ausgewichen werden kann.

Es empfiehlt sich daher, einen wie oben skizzierten Pool von Akteuren noch weitreichender als Marktinformationsinstrument zu nutzen. In die Bewertung eines Mitglieds hat in der geltenden Konzeption jedoch nur das jeweilige Mitglied selbst Einsicht. Somit verfügen insgesamt drei Parteien über diese Information, nämlich der Adressat von Bewertungen, die bewertende Partei sowie der kollektive Akteur 'projektwerk', der natürlich in der vorliegenden Konzeption von seinen ‚Benutzern' bzw. Kunden unterschieden werden muss. Durch diese Handhabung wird jedoch die Signalwirkung verschenkt, die bei einer derartigen „Business Community" prinzipiell zum Vorteil aller möglich wäre. Würden auch andere Pool-Mitglieder (potenzielle Prinzipale) *anonymisierte* Bewertungen online einsehen können, dann könnten sie mit Blick auf zukünftige Kooperationen bereits ex ante einen Eindruck von bestimmten Eigenschaften potenzieller Kooperationspartner gewinnen und diesen Eindruck in Ihre Akquisitionsentscheidungen einfließen lassen. Dies ist aber nur sinnvoll, wenn es sich bei den ‚Organisatoren' einer Third Party, also in diesem Fall bei den Initiatoren von ‚projektwerk' und den Akteuren eines ‚Pools' um dieselben Akteure handelt. Auf diese Weise könnten die beteiligten Akteure in Verbindung mit der handlungsbestimmenden und damit formalen Referenz ‚Third Party' und der subjektiven Wahrnehmung vergangener Kooperationspartner ihr individuelles Verhältnis zu impliziten oder stillschweigenden Vereinbarungen kommunizieren. Die Entscheidung eines Prinzipals für einen Agenten reflektierte dann seine Präferenz auf der Grundlage vergleichsweise weitreichender Informationen. Dann diente der Pool (das Netzwerk) nicht nur als einfache Kontaktbörse und Akquisitionsplattform von Beratungsprojekten für die projektwerk Unternehmensberatung GmbH, sondern gleichfalls als Plattform für einen Markt für Kooperationschancen, dessen Allokationsmechanismus neben der fachlichen Qualifikation von Akteuren deren *Reputation* wäre.

Die Teilnehmer des Pools hätten so einen Anreiz, in ihre Reputation zu *investieren*, weil sie sich durch eine hohe Reputation zukünftige Kooperationschancen eröffnen und durch diese Signalwirkung ihren Marktwert steigerten. Die Androhung zur Vergeltung, also die potenzielle Abwertung bestimmter Qualitäten (‚Gutseigenschaften' der Akteure) gegenüber allen interessierten, potenziellen Partnern und die in dem Fall sinkende Wahrscheinlichkeit zukünftiger Akquisition dieser Akteure wirkte dann auf deren Handlungen.[9] Nur in der Endspielsituation, wenn ein Akteur den Pool zu verlassen plant und die anderen Akteure über dieses Vorhaben nicht in Kenntnis sind, besteht dann noch die Gefahr einseitiger, opportunistischer Ausbeutung.

Die Akteure (Benutzer) der „Business Community" werden bei ‚projektwerk' nicht an der Regelbildung bzw. einer späteren Änderung von Regeln beteiligt. Weil sich aber Vertreter jeder beliebigen Branche über ‚projektwerk' finden und schließlich miteinander kooperieren können sollen, ist davon auszugehen, dass die Geschäftsführung von ‚projektwerk' kaum ein Regelkonzept wird entwickeln können, das für alle Branchen effizient ist und dies auch noch ohne die individuellen Akteure bei dem Prozess der Regelfindung einzubeziehen.[10] Es sei nochmals daran erinnert, dass sich die Effizienz einer Intervention auch dran misst, inwieweit diese die Akteure dabei unterstützt, die Diversifitätskriterien zur Herstellung der Kooperationsfähigkeit zu integrieren bzw. zu überbrücken. Es sind die Akteure selbst, die dies beurteilen müssen und können. Eben darum sollen die ordnungspolitischen Strategien auch durch sie vollzogen und bewertet werden können.

---

9 Vgl. Axelrod (1984).

10 Anders verhält es sich beim V.S.Ö. e.V., weil dieser speziell für eine Branche entwickelt wurde.

2 Fallbeispiel II

2.1 Smarterwork GmbH[11]

Die smarterwork GmbH bezeichnet sich als der „... erste Full-Service-Partner für Dienstleistungen, die elektronisch abgewickelt werden können".[12] Das Unternehmen hat den Anspruch, seine Kunden von der Projektausschreibung bis zur Projektabrechnung zu betreuen.[13] Dabei haben die Akteure die Wahl, unmittelbar mit ihren jeweiligen Partnern online zusammenzuarbeiten oder aber das Projekt durch die Mitarbeiter von 'smarterwork' koordinieren zu lassen.[14]

Das 1999 gegründete Unternehmen beschäftigt inzwischen mehr als 80 Mitarbeiter und ist in acht Ländern vertreten. Die deutsche Niederlassung mit Sitz in München wurde im April 2000 gegründet, Anfang

---

[11] Die folgenden Informationen über die Funktionsweise des Unternehmens sowie die angeführten Zitate entstammen seiner Homepage, http://www.smarterwork.de, abgerufen am 16.12.2000 sowie Gesprächen mit der Geschäftsführung.

[12] In den ‚Nutzungsvereinbarungen' heisst es unter ‚Definitionen und Auslegungen': „Die Dienstleistung ist ausschließlich für gewerbliche oder berufliche Zwecke bestimmt und steht nur volljährigen natürlichen *oder* juristischen Personen, die rechtlich bindende Verträge unter dem anwendbaren Recht abschließen können, zur Verfügung." H.n.i.O.

[13] Ein *Projekt* ist „... die zwischen dem Auftraggeber und dem Experten vereinbarten Dienst- oder Werkleistungen zu einem von dem Experten und dem Auftraggeber zu bestimmenden Preis."

[14] Wie diese Koordinationsleistung bzw. -funktion von 'smarterwork' im Detail aussieht, ist nicht klar erkennbar. Vermutlich richtet es sich nach dem Koordinationsbedarf, der von Aufgabe zu Aufgabe verschieden sein kann. Gleichwohl heißt es in den Nutzungsvereinbarungen unter §3 ‚Dienstleistungsgegenstand': „Die smarterwork Website fungiert als bloßer Marktplatz, der es Benutzern ermöglicht, Projekte zu platzieren (oder, je nachdem, Angebote zur Durchführung von Projekten einzuholen) oder Angebote für Projekte zu machen. Soweit nicht anders in dieser Nutzungsvereinbarung festgelegt, ist smarterwork *nicht mit der eigentlichen Durchführung oder Fertigstellung der Projekte befasst.* Daher hat smarterwork *keinerlei Kontrolle* über die Qualität, Sicherheit oder rechtliche Zulässigkeit der aufgelisteten und durchgeführten Projekte, über die Wahrhaftigkeit oder Genauigkeit der aufgelisteten Positionen, die Befugnis und Eignung der Auftraggeber, Projekte zu vergeben und durchführen zu lassen sowie die Eignung der Experten, diese Projekte abzuwickeln. smarterwork ist nicht mit der Durchführung möglicher Übereinkünfte der Kunden und Experten in Zusammenhang mit dem Projekt befasst und sichert deshalb in keiner Weise zu, dass eine Transaktion zwischen einem Auftraggeber und einem Experten erfolgreich abgewickelt wird." H.n.i.O.

Mai war das Unternehmen mit seiner Deutschen Internetseite präsent. Nach eigenen Angaben haben sich inzwischen mehr als 4000 deutschsprachige Experten[15] in den verschiedenen Service-Kategorien[16] qualifiziert und insgesamt bietet das Unternehmen seinen Kunden den Zugriff auf die Expertise „tausender qualifizierter Spezialisten aus mehr als 130 Ländern. ... Zeitliche Engpässe und fehlende Ressourcen können so jederzeit ausgeglichen werden, Spezialaufgaben innerhalb kürzester Zeit professionell erledigt werden." Weltweit sind über 14.000 Experten gespeichert.[17]

Die smarterwork GmbH will ihren Kunden eine „umfangreiche Qualitätssicherung" bieten. Wer sich registrieren möchte und sich nicht „auf andere Art" qualifiziert, muss einen Test absolvieren, der von ‚Kategorie-Managern' entworfen wurde. Je nach Rubrik handelt es sich dabei um Multiple-Choice Verfahren oder Fragebögen, die online ausgefüllt werden. Mit diesen Maßnahmen soll gewährleistet werden, dass alle 'smarterwork' Experten den „Qualitätsstandards" entsprechen, die die Initiatoren und Mitarbeiter von 'smarterworks's formulieren.[18]

Die Akteure können sich sodann über ‚Profile' anderen online vorstellen und diese fortschreitend um erfolgreich abgewickelte Projekte ergänzen. „Diese Profile können vom Auftraggeber[19] während der Ausschreibung eingesehen werden und bieten ihm ein wertvolles Entscheidungskriterium. Zusätzlich kann 'smarterwork' nach eigenem Ermessen die Arbeitserfahrung weitergehend prüfen und unter gewissen Umständen Bewerber ohne die erforderliche Erfahrung ausschließen."

---

15 Der *Experte* ist ein „... Benutzer, der entweder einen Online-Test bestanden oder auf andere Art die erforderliche Qualifikation nachgewiesen hat und aufgrund dessen berechtigt ist, die von smarterwork angebotene Dienstleistung in Anspruch zu nehmen und diese ausschließlich für gewerbliche oder berufliche Zwecke nutzt."

16 Die Kategorien sind: Übersetzungen, Steuerberatung, Software-Entwicklung, Rechtsberatung, Unternehmensberatung, Internet-Dienstleistungen, Grafikdesign & Marketing, Office-Services, Recherche & Analyse, Webseiten-Erstellung, Texten & Redigieren. „Die stärksten Kategorien sind zurzeit aber Webseiten-Erstellung, Übersetzungen, Recherchen und Analysen sowie Grafikdesign." GF.

17 Dies ist auch darauf zurückzuführen, dass die smarterwork GmbH andere, vergleichsweise kleine Anbieter, übernommen hat.

18 Vgl. hierzu S. 188, Fußnote Nr. 14: Die smarterwork GmbH schließt jede Haftung für nicht erfolgreich abgewickelte Projekte aus.

19 Der *Auftraggeber* ist „... ein Benutzer, der berechtigt ist, die von smarterwork angebotene Dienstleistung in Anspruch zu nehmen und diese ausschließlich für gewerbliche oder berufliche Zwecke nutzt."

Sobald ein Auftrag vergeben ist, zieht 'smarterwork' die zwischen den Akteuren vereinbarte Summe auf ein Treuhandkonto ein. Dies soll Vorteile für beide kooperierenden Partner haben: Wenn der Experte zufriedenstellende Arbeit leistet, ist sein Honorar gesichert. Das Geld verlässt dieses Treuhandkonto erst, wenn der Auftragnehmer seine Leistung abgeliefert hat und der Auftragnehmer den Empfang gegenüber 'smarterwork' bestätigt hat. Der Auftraggeber zahlt den vereinbarten Preis und „... erlebt keine unangenehmen Überraschungen". ... „Sollten Sie einmal - aus welchen Gründen auch immer - nicht so ganz zufrieden sein mit den Arbeitsergebnissen Ihres Anbieters, bieten wir Ihnen die Möglichkeit, einen unabhängigen Moderator anzurufen.[20] Dieser ist ein qualifizierter Fachmann für den entsprechenden Service-Bereich und wird versuchen zu vermitteln. Falls dies nicht gelingt, wird er die Qualität der abgelieferten Arbeit beurteilen und entscheiden, ob und in welcher Höhe eine Zahlung fällig wird. Mit dieser einzigartigen Maßnahme ist sichergestellt, dass Sie wirklich nur dann zahlen müssen, wenn Ihre - und unsere - Qualitätsansprüche erfüllt werden."

Als wesentlicher Bestandteil der 'smarterwork' Qualitätssicherung wird das Feedback und die Bewertung der Experten durch die Auftraggeber nach Beendigung eines Projektes angesehen. Zum einen kann der Auftraggeber einsehen, wie andere Auftraggeber die Arbeit mit dem Experte beurteilen. Zum anderen wird eine Durchschnittsnote angezeigt, die sich aus den Bewertungen der letzten zehn Projekte errechnet. Beides zusammen spiegelt einen Erfahrungswert des 'smarterwork' Netzwerks wieder, der je aussagekräftiger wird je mehr Projekte der Experte bereits bearbeitet hat." Diese Bewertungen können auch zukünftige Auftraggeber einsehen, so dass diese bei der Akquisition zusätzliche Sicherheit erzielen. Weiter ist auf der Homepage von einer „ständigen Qualitätsüberprüfung der Dienstleister und Experten" die Rede.

Das Unternehmen finanziert sich in der Hauptsache durch 10% Provision, die der Experte zahlt.[21] Berechnungsgrundlage für diesen Anteil ist das jeweilige Vertragsvolumen.

2.2 Bewertung

Auch in der Bewertung dieses Fallbeispiels wollen wir uns auf die wesentlichen Aspekte konzentrieren. Dazu halten wir uns an die vorgege-

[20] „Bisher hat der Prozentsatz der Reklamationen aber lediglich bei 0,5 Prozent gelegen." GF

[21] Der Zinsvorteil (Treuhandkonto) liegt ebenfalls auf der Seiten der smarterwork GmbH.

bene Terminologie und bezeichnen die Akteure weiter mit ‚Experten' und ‚Auftraggeber'.

Vor allem das Treuhandkonto in der Konzeption von ‚smarterwork' kann dazu beitragen, die Transaktionsbeziehungen abzusichern, weil der Experte das Geld nur dann bekommen soll, wenn der Auftraggeber mit dessen Leistung tatsächlich zufrieden ist. Damit entspringt dieses Verfahren der Absicht, dem Experten schon *ex ante* Sicherheit darüber zu verschaffen, dass der Auftraggeber seine Zahlung nicht opportunistisch vorenthalten kann. Weil das Geld hierzu den unmittelbaren Verfügungsbereich des Auftraggebers verlässt und bis zur Erfüllung des Vereinbarten in den Verfügungsbereich von ‚smarterwork' übergeht, kann dies eine überzeugende Signalwirkung für die Akteure haben.

So überzeugend ein derartiges Verfahren auch auf den ersten Blick erscheinen mag, ist gleichwohl kritisch zu bemerken, dass der Auftraggeber seine Leistung dennoch opportunistisch vorenthalten kann, nämlich dann, wenn er sich mit der Leistung des Experten nach dessen Erfüllung nicht zufrieden zeigt und so versucht, einen niedrigeren Preis zu erzwingen. Weil in einem solchen Streitfall die Zahlung an den Experten nicht angewiesen wird und andere, nämlich ‚neutrale' Experten eine Mediationsfunktion wahrnehmen, können möglicherweise durch zeitaufwendige Prüfungsverfahren und darauf folgende Meinungsverschiedenheiten, auch zwischen zugezogenen Experten, hohe Transaktionskosten für die Parteien entstehen, die sich in erster Linie durch einen Zeitverlust für den Experten äußern.

Das Problem ist auch deshalb prekär, weil der Auftraggeber, will er sich über die Leistung des Experten unzufrieden äußern, im Besitz dieser Leistung sein muss (Arrow'sches Informationsparadoxon). Damit hat er sie bereits *konsumiert*. Weil es sich dabei um immaterielle Produkte (Datenpakete) handelt, die über Datennetze verschickt (kopiert) werden, kann der Auftraggeber diese entsprechend seinen Bedürfnissen verwerten, ohne seinerseits - vertreten durch ‚smarterwork' - in voller Höhe dafür zu zahlen. Ein Auftraggeber hat, so er denn die Wahrscheinlichkeit für zukünftige Interaktionsgelegenheiten mit demselben Experten nicht hoch einschätzt, stets einen Anreiz, mit der Wahl dieser Strategie seine Leistung zu reduzieren. Denn unter der Verhaltensannahme opportunistischer, gleichzeitig eigennutzorientierter Akteure und der fehlenden Evaluation des Auftraggebers durch den Experten kann der Auftraggeber kein Interesse daran haben, ein Vertrauenskapital (Identität) aufzubauen bzw. zu erhalten. Dies gilt unabhängig davon, dass er zu Beginn eine ‚Geisel' bei smarterwork hinterlässt, denn es kostet ihn nichts, wenn er sich später trotzdem opportunistisch verhält.

Darum ist in dieser Konzeption der Auftraggeber im Vergleich zum Experten besser gestellt. Für einen Experten birgt die Konzeption Risiken, die ihn sogar davon abhalten könnten, auf die geschilderte Weise überhaupt zu kooperieren.[22] Dann aber ist die institutionelle Intervention ‚smarterwork' beinahe mit dem Zustand vergleichbar, der vorherrschen würde, wenn es überhaupt keine Intervention gäbe. Die Attraktivität von ‚smarterwork' wird dann für die Experten auf die generelle Möglichkeit reduziert, sie als Kooperationsbörse zu nutzen, um sodann nach erfolgter Kontaktaufnahme - diesmal im gegenseitigen Interesse, wiederum opportunistisch - die Third Party von der Transaktion auszuschließen, sie um die ihr zustehenden 10% zu prellen und im Innenverhältnis eine für beide Partner adäquate Regelung zu finden.[23] Auch wenn ein derartiges Verhalten von Auftraggeber und Experte noch anderes motiviert sein mag, macht sich an diesem Punkt die Third Party ‚smarterwork' obsolet. Dieses Problem wird offensichtlich von ‚smarterwork' erkannt und in den Regeln zu berücksichtigen versucht.[24] Trotzdem kann es aber dadurch nicht vermieden werden.

Der Qualitätssicherung kommt in der Konzeption eine besondere Bedeutung zu. Kommen Mechanismen zur Qualitätssicherung erfolgreich zur Anwendung, können sie generell dazu beitragen, Risiken für den Auftraggeber zu reduzieren. ‚smarterwork' lässt einen Test durchführen, den alle Experten durchlaufen müssen, um überhaupt in dem Pool geführt werden zu können, soweit sie sich nicht anders als qualifiziert ausweisen können.[25] Hier ergibt sich aber ein besonders dominantes Identitätsproblem. Es erhebt sich nämlich die Frage, *wer* sich dem Test am Rechner überhaupt stellt.[26] Darum muss es mehr als

---

22 Hinzu kommt, dass ‚smarterwork' die Haftung in seinen Regeln grundsätzlich ausschließt.

23 Vor allem bei der Erwartung, auch in Zukunft miteinander zu kooperieren, trifft dies zu. Eine interne Regelung könnte beispielsweise eine Anzahlung seitens des Auftraggebers an den Experten vorsehen. Derartiges wäre dann auf das Ziel gerichtet, die Risiken zwischen den Akteuren aufzuteilen.

24 „Für den Fall, dass Auftraggeber und Experte sich über die Dienstleistung finden, aber das Projekt außerhalb der Dienstleistung durchführen und abschließen, erkennen beide an, dass sie verpflichtet sind, smarterwork über die Durchführung des Projekts und das vereinbarte Honorar zu informieren. Der Experte erklärt sich damit einverstanden, smarterwork denselben Provisionssatz zu zahlen, der auch im Rahmen der Nutzung der Dienstleistung zu zahlen ist."

25 Es bleibt jedoch unklar, was als Substitut für einen Test anerkannt wird.

26 Handelt es sich bei der zu registrierenden Person und der getesteten Person um dieselbe? Wird der Prüfling unlauter unterstützt? Es ergeben sich also vielfältige Kontrollprobleme.

fraglich sein, ob einem bestandener Test überhaupt die ihm zugedachte Signalwirkung zuerkannt werden kann, nämlich Risiken für einen Auftraggeber wirksam zu reduzieren.

Teil der Qualitätssicherung ist auch das im Haupttext angesprochene Feedback. Dieses findet jedoch nur in eine Richtung statt. Bewertet wird nach abgeschlossenem Projekt nur der Experte durch die Auftraggeber. Nehmen wir an, dass dies ein probates Vorgehen ist, so können wir daraus ableiten, dass es sich zwischen bei/über ‚smarterwork' kooperierenden Akteuren ausschließlich um die temporäre Integration von Leistungsträgern handelt, deren Inputs ex ante weitreichend standardisiert werden können, wie es etwa bei Übersetzungen der Fall ist. Bei hoher Spezifität der Inputleistungen wird es nämlich unmittelbar notwendig, dass auch der Auftraggeber im engen Sinne des Wortes (primär) kooperiert. Nur dann können wir von echter Teamproduktion sprechen. Dann kann aber der Beitrag eines Experten ebenso nur ein Teilprodukt sein, wie die Inputleistung des ‚Auftraggebers' als Teilprodukt bezeichnet werden muss. Mit anderen Worten ist dann die Qualität der Teilbeiträge von dem Kooperationsverhalten des jeweils anderen abhängig. Bei komplexen Aufgaben ist der von ‚smarterwork' so genannte ‚Experte' genau so abhängig von dem Verhalten und der Informationsversorgung durch seinen ‚Auftraggeber', wie der Auftraggeber von einer adäquaten Erfüllung durch den ‚Experten' abhängig ist.[27] Dass über die Plattform ‚smarterwork' zwischen unbekannten Akteuren nur Transaktionen abgewickelt werden können, die bezüglich des Spezifitätsniveaus der beteiligten Inputleistung mindestens plastisch, auf keinen Fall aber tatsächlich idiosynchratisch sind, wird auch durch systematisch nur paarweise, also 1:1 Kooperationsbeziehungen demonstriert.[28]

Gerade die Internet-Technologie bietet den Vorzug, nicht an verschiedenen Orten der Welt präsent sein zu müssen. Exakt auf diesen Vorzug basieren die Wettbewerbs- und Produktivitätschancen der individuellen Akteure in adaptiven Teams! Es erhebt sich die Frage, warum 'smarterwork' dann acht Niederlassungen in verschiedenen Ländern betreibt. Gilt für die ‚Third Party' anderes als für die Spezialisten, deren Kooperationen durch die Third Party ermöglicht und abgesichert werden sollen? Die Geschäftsführung nennt für die geographischen Dislozierung zwei Argumente:

- „Die Marketingaktivitäten lassen sich ‚vor Ort' besser koordinieren."

---

27 Vgl. nochmals den Begriff ‚Interaktionsökonomik' bei Homann/ Suchanek (2000) sowie die S. 93.

28 Im Vergleich dazu ist bei ‚projektwerk' die Gruppengröße nicht durch die Konzeption beschränkt, was klar als vorteilig herauszustellen ist.

- „Von den Interessenten und Benutzern wird ein Ansprechpartner in der jeweiligen Landessprache gewünscht.“

Das zweite Argument erscheint kaum tragfähig. Eine Person mit Kenntnissen einer Landessprache muss nicht zwingend in dem jeweiligen Land persönlich präsent sein. Allerdings ist es vermutlich für Interessenten attraktiver, Dienste über eine Plattform anzubieten, die im eigenen Land präsent ist. Auch wenn dies nicht notwendig rational begründbar sein muss, spielt die physische Präsenz für die persönliche Risikokalkulation der Akteure in der Praxis eine sicherlich nicht zu unterschätzende Rolle.

Marketingaktivitäten haben bei einer über das Internet weltweit agierenden Third Party zum Ziel, weltweit individuelle Akteure für die Plattform zu gewinnen. Die Qualifizierung eines Marketingmix ist dabei abhängig von der Qualität jeweiliger Zielmärkte, und damit von spezifischen Bedingungen, die wir, wollten wir diesbezüglich ins Detail gehen, abermals als Institutionen beschreiben könnten. Wir können darum wieder auf die personalen und institutionellen Bedingungen verweisen, derer wir uns oben befleißigt haben, denn diese sind auch für die Third Party ‚smarterwork' relevant. Die Akquisition von Akteuren für die Plattform ist aus Sicht von ‚smarterwork' nichts anderes als die Investition in Identitätskapital und damit in die *Kooperationsfähigkeit* individueller Akteure mit ‚smarterwork'. Die effiziente Form für ‚smarterwork', die genannten Differenzen möglichst weit zu reduzieren/kompensieren und diese *dauerhaft* als Quellen möglicher Kooperationshemmnisse auszuschließen ist nun die, in den jeweiligen Ländern Niederlassungen einzurichten und diese mit einheimischen Mitarbeitern zu besetzen, die natürlicherweise ein tiefes Verständnis der lokalen Bedingungen und Gepflogenheiten im Wirtschaftsverkehr haben.

3 Zusammenfassende Bemerkungen

Problematisch ist bei beiden Konzepten, dass die Initiatoren für sich in Anspruch nehmen, die kooperationsrelevanten Regeln für alle betroffenen Akteure umfassend und effizient formulieren zu können, ohne dabei die Adressaten ihrer Intervention zu beteiligen. Die effizienten governance structures können aber nur dann etabliert werden, wenn die Akteure an der Regelbildung und -änderung beteiligt werden. Durch die Integration der Akteure schon bei der Entstehung allgemein verbindlicher Regeln würden die Präferenzen der von den Regeln betroffenen Akteure abgefragt. So könnten diese beinahe vollständig in die für sie handlungsbestimmende Rahmenordnung einfließen. Würde den Akteuren die ordnungspolitische Strategie ‚zugemutet', würden sie

‚in die Verantwortung genommen', weil diese dann selbst in der dialogischen Auseinandersetzung mit den Differenzen, die sie selbst identifizierbar machen, über die Zeit herausfinden, welche robuste Grundordnung zunächst für alle, dann für einzelne Branchen, gelten soll.

FSC
www.fsc.org
MIX
Papier | Fördert
gute Waldnutzung
FSC® C083411

Kolibri 360 GmbH
Ferdinand-Jühlke-Straße 7
99095 Erfurt, Deutschland
produktsicherheit@kolibri360.de

Druck:
CPI Druckdienstleistungen GmbH
im Auftrag der
Kolibri 360 GmbH
Ferdinand-Jühlke-Str. 7
99095 Erfurt